Hansueli Weber

Klassenrat abwechslungsreich gestalten

Den Klassenrat vielfältig und abwechslungsreich gestalten
Anleitung in 7 Schritten
Handreichung für Lehrpersonen
(Primar- und Sekundarstufe I)

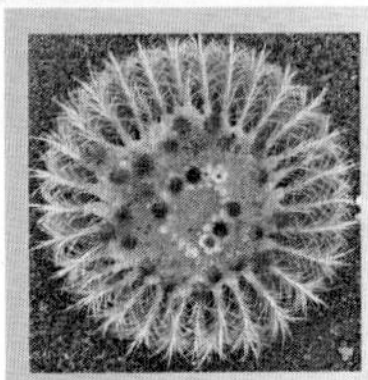

Hansueli Weber. Klassenrat abwechslungsreich gestalten

Herstellung und Verlag: Books on Demand GmbH, Norderstedt
ISBN: 9783842342231
Bibliografische Information der Deutschen Bibliothek: Die Deutsche Bibliothek verzeichnet diese Publikation in der Deutschen Nationalbibliografie; detaillierte bibliografische Daten sind im Internet über <http://dnb.ddb.de> abrufbar.

Inhaltsverzeichnis

Teil 1: Einleitung – erste Übersicht

Teil 2: In sieben Schritten zum Ziel

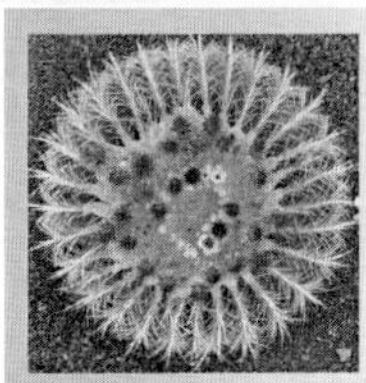

Teil 3: Übersicht – die 8 Schwerpunkte

Teil 4: Grundlagen und Materialien zu Ihrer Unterstützung

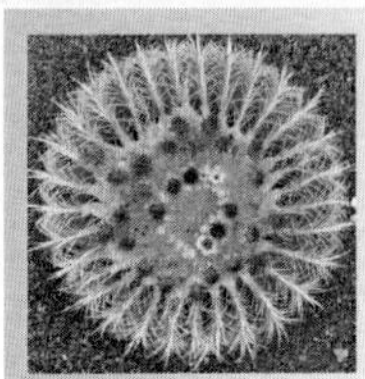

Einleitung

Seit vielen Jahren führe ich Weiterbildungen im Bereich Partizipation durch. So arbeite ich einerseits mit Schulen, die ein Konzept erarbeiten wollen, wie Partizipation in der Schulkultur umgesetzt werden kann; andrerseits leite ich Kurse für Lehrpersonen, die sich einführende und vertiefende Ideen vor allem zum Thema Klassenrat erhoffen.

Oftmals höre ich, wie dem Klassenrat (oder Gesprächskreis oder Klassenrunde oder ...*) – nach einer gewissen Zeit des Erfolgs – der Atem ausgeht. Es wird langweilig. Immer dieselben Streitereien, immer dieselben Themen. Das muss nicht sein. Im Laufe der Zeit habe ich viele Ideen zusammengetragen und geordnet. Ich habe eine klare Vorstellung, was der Klassenrat leisten soll – und das kann eine ganze Menge sein. Von diesen Vorstellungen möchte ich in diesem Buch berichten.

Es freut mich, wenn ich Sie mit dem vorliegenden Werk dazu verführen kann, weiterhin einen abwechslungsreichen und zieldienlichen Klassenrat oder auch eine andere Form der Partizipation zu gestalten. Vielleicht dient diese Handreichung dazu, Ihnen Ideen zu geben, wenn Sie mal anstehen. Ich bin überzeugt, dass der Klassenrat ein lustvolles, hilfreiches und stärkendes Instrument sein kann, das in jeder Art der Unterrichtsgestaltung seinen festen Platz haben sollte. Ich hoffe, Sie mit meiner Handreichung dafür gewinnen oder gar begeistern zu können.

** siehe nachfolgende Ausführungen über Formen des Klassenrats*

Klassenrat, Gesprächskreis, Klassendiskussion: Die Kinder und Jugendlichen auf unterschiedliche Weise beteiligen

Eine kleine Einführung

Jede Woche wird ein Kind ausgewählt und bekommt von den anderen ein stärkendes Feedback. Eva freut sich, denn heute ist sie an der Reihe.

Im Gesprächskreis wird der Konflikt zwischen Anita und Denis gemeinsam ausgetragen. Annika übernimmt die Moderation.

Jede Woche stellt ein Kind seine liebste Tätigkeit vor. Diese Woche bringt Dani sein Meerschweinchen mit in die Schule.

Herr Sedlacek hat keine Freude an der Art und Weise, wie die Kinder miteinander reden. Im Klassenrat bringt er dieses Thema ein. Gemeinsam wird nach Lösungen gesucht.

Seit einigen Wochen lernen die Kinder auf faire Weise miteinander zu kommunizieren und Probleme zu lösen. Da dies mit Rollenspielen geschieht, freuen sich auch Stefan und Daniela.

An der Ideen- und Veränderungswand hängen ...

Diese Aufzählung kann beliebig erweitert werden. Den Möglichkeiten im Klassenrat sind wenig Grenzen gesetzt.

Wenn ich in dieser Handreichung von Klassenrat spreche, gehe ich unter anderem davon aus,

- dass es ganz **viele Bezeichnungen** für dieses Gefäss gibt (ich benütze in dieser Handreichung das Wort „Klassenrat"),
- dass der Klassenrat ein Gefäss des Austausches und des Problemlösens ist, der **regelmässig jede Woche** stattfindet,
- dass der Klassenrat geführt und diese **Führung** in erster Linie von der Lehrperson übernommen werden muss – erst in einem späteren Stadium kann es sein, dass die Verantwortung bei den Schülerinnen und Schülern liegt,
- dass der Klassenrat sehr vielgestaltig sein kann und ganz im Dienste eines Unterrichts steht, in dem Kinder sich **wohl fühlen** und **gestärkt werden**,
- dass nur jene Formen der Mitbeteiligung genutzt werden, hinter denen die Lehrperson auch stehen kann (nichts ist schlimmer als eine Scheinpartizipation),
- dass die Lehrperson sich über die **Ziele** des Klassenratsgefässes im Klaren ist.

Der Klassenrat kann nur gelingen, wenn er echt ist, d.h. wenn er ehrlich gemeint ist und transparent durchgeführt wird. Lehrpersonen, welche einen Klassenrat durchführen, weil die Schulleitung es verordnet hat oder weil es halt zu einem modernen Unterricht gehört, oder weil ..., sollten davon lieber

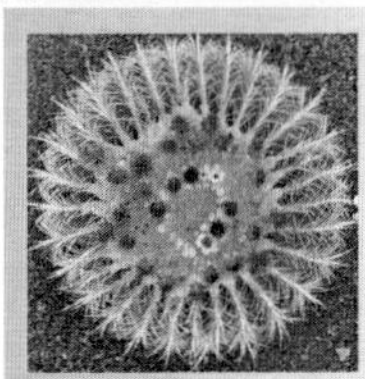

die Finger lassen – auch wenn ich tatsächlich davon ausgehe, dass ein gelingender moderner Unterricht ohne Formen der Partizipation nicht auskommen kann.

Klassenrat verleitet leider zur Petzerei. Die Probleme werden zerredet, es wird moralisiert, alle dürfen die längste Zeit ihre beobachteten oder erlebten Schwierigkeiten darlegen, eine eigentliche Problemtrance in der Klasse wird aufgebaut. Dass damit schnell einmal die Motivation verloren geht, ist verständlich. Es braucht konstruktive Vorgehensweisen und Konzepte. Und eine klare Haltung der Lehrperson: Sie muss dafür, was im Klassenrat passiert, die Verantwortung übernehmen. Klassenrat muss gestaltet sein!

Es gibt Kolleginnen und Kollegen, die sich erhoffen, dass einfach schon durch eine Einführung des Klassenrats die Selbstständigkeit der Schülerinnen und Schüler wächst. Das ist ein durchaus mögliches Resultat. Aber nicht, wenn der Klassenrat zum „laisser faire" verkommt: Kinder sitzen im Kreis zusammen, die stärksten geben den Ton an, die Lösungen dienen dem Machtgefälle in der Klasse. So wie eine Demokratie nicht ohne Spielregeln und (partizipative) Führung gelingen kann, so wird das auch in der Klasse sein. Ich plädiere sehr für eine dem Alter und den Fähigkeiten der Schülerinnen und Schüler entsprechende Führung mit geeigneten Angeboten. Und diese Angebote sind für jede Klassengemeinschaft andere.

Eine solche Vorstellung fordert. Sie erwartet von den Lehrpersonen ein Repertoire an Konzepten und Möglichkeiten. Das vorliegende Werk möchte in dieser Richtung Hilfestellung bieten. Es soll vom einfachen Einstieg bis zum vertieften und komplexen Partizipationsangebot führen. Nehmen Sie daraus, was Sie für sich gebrauchen können.

Mögliche Zielsetzungen für den Klassenrat

Der Nutzen des Klassenrates kann sehr vielfältig sein und verschiedene Zielsetzungen haben (Auflistung ohne Wertung):

- Stärkung des Selbstvertrauens, der Selbstständigkeit, der Persönlichkeit von Schülerinnen und Schülern
- Steigerung des Einfühlungsvermögens
- Aufbau von Toleranz
- Training der Ausdrucksfähigkeit
- Stärkung des Verantwortungsbewusstseins
- Auseinandersetzung mit aktuellen Themen
- Raum für Vorschläge und Beschwerden
- Erfahrung der Möglichkeit zur Einflussnahme (Selbstwirksamkeitserleben)
- Raum für vielfältige Reflexionen

- Erfahrung, dass mit Hilfe der MitschülerInnen Probleme besser bewältigt werden können
- Stärkung der Kooperationsfähigkeit
- Zuhören können
- Stärkung der Meinungsbildung und der Kritikfähigkeit
- SchülerInnen haben auf KollegInnen mehr Einfluss als Lehrpersonen
- Möglichkeit zum Philosophieren, d.h. erfahren, dass Menschen unterschiedliche Wirklichkeitskonstruktionen haben
- Konflikte lösen
- Aufbau von Vertrauen
- Unterricht wird entlastet, weil weniger gestört wird
- Aufbau einer Klassengemeinschaft

Bevor Sie starten

„Den" Klassenrat gibt es nicht! Jede Lehrperson gestaltet Formen der Partizipation auf ihre eigene Weise. Im Klassenrat werden Gleichwertigkeit, Demokratie und Wertschätzung gelebt. Wenn der Klassenrat versteckt als Instrument direktiver und autoritärer Führung gebraucht wird, werden diese Grundwerte verraten.

Sicherlich haben Sie bei der obigen Auflistung der Zielsetzungen gemerkt, wie entscheidend ich die Haltung der Lehrperson für einen erfolgreichen Klassenrat finde. Am Schluss dieses ersten Teils habe ich aufgeführt, was mir selbst wichtig scheint, damit ein Klassenrat gelingen kann. Falls Sie gerne auch über Ihre Haltung bzw. Ihre subjektiven Theorien zum Thema nachdenken wollen, finden Sie im ersten Schritt in Kapitel 2 eine Anleitung dazu.

Wer mit diesem Leitfaden arbeitet, sollte sich bewusst sein, dass hier Angebote gemacht werden, die jeweils **einen Weg unter vielen** beschreiben. Selbstverständlich können oder müssen Schritte angepasst, erweitert, verändert werden. Ich meine, dass es wichtig ist, die Vorgehensweise so anzupassen, dass es Ihrer Klasse und Ihrer Art zu unterrichten entspricht.

Die vorliegende Handreichung zielt auf die Verwendung in der Primarstufe und in der Sekundarstufe I. Anpassungen ans Alter der Kinder und Jugendlichen sind notwendig und sinnvoll.

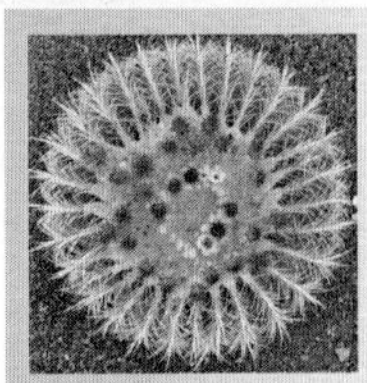

Weitere nützliche Informationen zum Gebrauch dieses Leitfadens

Aufbau

Sie lesen nun im **ersten** Teil dieser Schrift. Hier geht es darum, Ihnen den Einstieg zu erleichtern und eine Übersicht zu geben.

Im **zweiten** Teil, dem eigentlichen Kernstück, finden Sie die sieben Schritte, welche sie – recht direktiv geführt – zum Ziel bringen sollen. Alle sieben Schritte haben denselben Aufbau. So soll gewährleistet sein, dass die Lesbarkeit mit fortschreitender Arbeit zunimmt und die Inhalte so schnell wie möglich erfasst werden. Beim 5. Schritt gilt es auszuwählen. Vielleicht beginnen Sie mit 5-1 und ergänzen bald darauf auch mit 5-3 ...

Der **dritte** Teil soll eine Gesamtübersicht zu den hier vorgeschlagenen acht Schwerpunkten für einen erfolgreichen Klassenrat geben. Bei jedem Bereich werden Vorgehensweisen, Spielformen oder Verfahren kurz beschrieben. Zudem finden Sie in diesem Teil Hinweise auf detailliertere Anleitungen und Hilfsmittel weiter hinten. Dieses „Nachschlagewerk" soll vor allem zur Planung in einer späteren Phase dienen.

Im **vierten** Teil sind Materialien zu finden, die im Teil 2 erwähnt werden. Auch hier ist zu sagen: Es ist eine Auswahl, die ich gewichtet habe. Menschen, die mit dieser Handreichung arbeiten, werden mit der Zeit diese Hilfsmittel verändern, andere Quellen finden oder neue, eigene Materialien entwickeln.

Im **fünften** und letzten Teil werden Bücher aufgeführt und vorgestellt. Diese sind mit einer subjektiven Einschätzung versehen. Zudem finden Sie hier noch weitere mir nützlich erscheinende Informationen.

Die fünf Teile:

1
Einleitung – erste Übersicht

2
In 7 Schritten zum Ziel

3
Übersichten
Zum Nachschauen

4
Materialien zu Ihrer Unterstützung
- Hilfsmittel
- Vorlagen
- Nützliches

5
... und ausserdem
- Gut zu wissen
- Bücher
- Links im Internet

Kleine Anwendungsanleitung

Sie finden in **Teil 2** das **Kernstück dieser Handreichung**. In diesem Teil wird für jeden Schritt eine detaillierte Vorgehensweise vorgeschlagen. Im Bereich „Ziel-Checkliste" werden die wichtigsten Ereignisse eines Schrittes abgefragt. Unter „Aufgepasst!" weise ich auf wesentliche Aspekte hin. Zusätzliche Materialien finden Sie in Teil 3 und 4.

Führen Sie erstmals einen Klassenrat ein, dann ist die Schritt-für-Schritt-Anleitung für Sie vermutlich besonders nützlich. Dieses Vorgehen basiert auf Erfahrungen und hat sich schon vielfach bewährt.

Als fortgeschrittene Anregerin und „Sinnstifterin" eines Klassenrats können Sie mit der Schritt-für-Schritt-Anleitung und den zusätzlichen Materialien ein **auf Ihre Situation angepasstes Vorgehen** zusammenstellen – und immer wieder neu gestalten.

Brauchen Sie diese Handreichung wirklich als Handreichung! Nehmen Sie das, was Ihnen nützlich erscheint. Es können Schritte weggelassen werden, wenn es Sinn macht. Es müssen Schritte dazukommen, wenn die Situation es erfordert. So gestalten Sie schliesslich ihr eigenes Projekt.

Zu guter Letzt: Zwei Cliparts führen Sie durch die Handleitung. Es geht darum, dass Sie im Text Hinweise erhalten, wo genau sich die betreffenden Materialien befinden.

Dieses aufgeschlagene Buch weist auf das Literaturverzeichnis hin. Sie finden dort die genauen Titel und weitere Angaben.

➲ S. 4-12

Oft wird auf Materialien (Kopiervorlagen, Anleitungen und dergleichen) verwiesen. Das nebenstehende Symbol gibt Ihnen die Richtung an, wo genau diese zu finden sind.

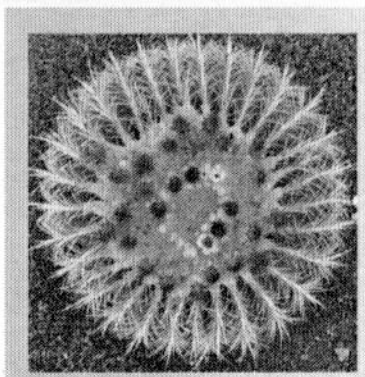

Was es braucht

... für einen erfolgreichen und abwechslungsreichen Klassenrat
... fürs längerfristige Durchhaltevermögen und den Spass an der Sache

- *Ein Zeitgefäss, in welchem in **regelmässigen** Abständen Raum für den Klassenrat gegeben ist (ritualisiert).*
- *Eine gute **Gesprächskompetenz** der Lehrperson (Vorbildcharakter).*
- *Die Haltung, den Klassenrat **konstruktiv und aufbauend** gestalten zu wollen (keine „Gerichtsverhandlungen", Konflikte sollen nicht vermieden, sondern bewusst, konstruktiv und phantasievoll geregelt werden).*
- *Den Blick nach vorn. Es soll darum gehen, **Lösungen für die Zukunft** zu finden und nicht darum, alte Geschichten aufzuwärmen.*
- *Die Haltung, dass vor allem eine **positive Feedbackkultur** aufgebaut sowie **Selbstwert** und die **Gemeinschaft stärkende Angebote** gemacht werden sollen.*
- *Das Verständnis dafür, dass im Klassenrat **Prozesse** gestaltet werden. Ergebnisse sind **manchmal nur über kurze Zeit wirksam**. Es braucht immer wieder neue Anregungen.*
- *Die vorgängige Klärung der **Grenzen** (z.B. bestehende und nicht veränderbare Schulhausregeln, finanzielle Engpässe, persönliche Grenzen etc.).*
- *Die Überzeugung der Lehrperson: **SchülerInnen sind fähig** mitzubestimmen und Verantwortung zu übernehmen.*
- *Ein **systemisch-konstruktivistisches Verständnis**, das für die verschiedenen Angebote im Klassenrat als Hintergrund dient*.*

* Zu den theoretischen Modellen siehe die Texte in Teil 5

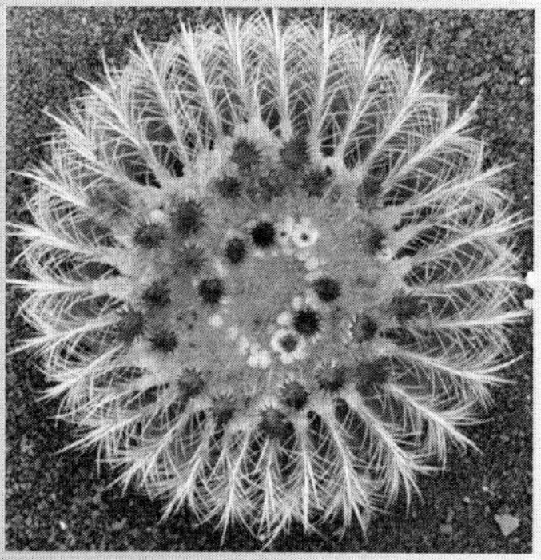

In sieben Schritten zum Ziel

Teil 2

Die einzelnen Schritte

Teil 2 im Überblick

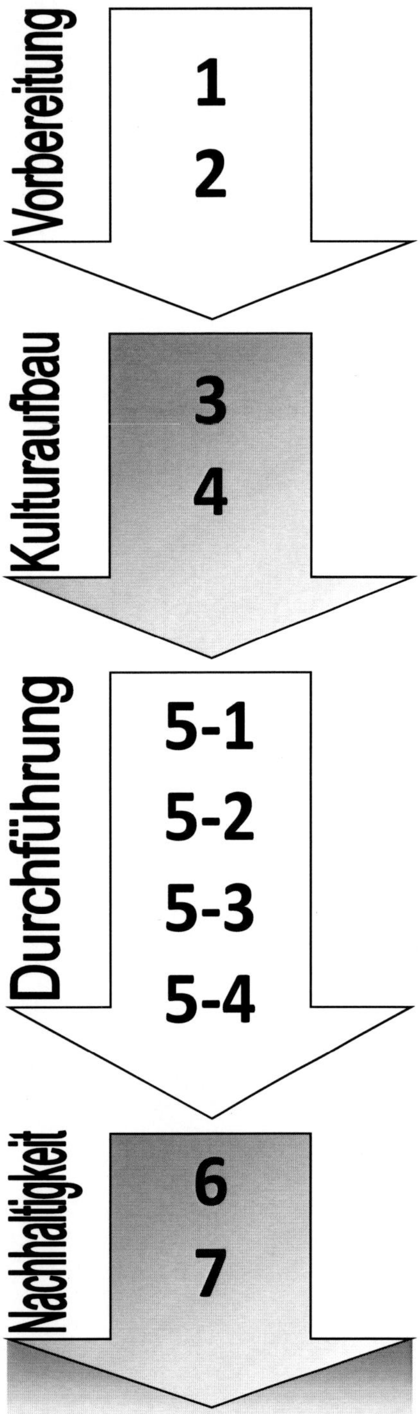

Erforschung der eigenen Möglichkeiten

Planung und Organisation

Kultur der Wertschätzung

Gesprächskultur

Zum Beispiel:
Einstiegsrituale

Schwerpunkt:
Moderation von Konflikten

Schwerpunkt:
Feedback geben und erhalten

Schwerpunkt:
Informationen austauschen

Weitere Schwerpunktthemen in Kapitel 3

Erfolge auswerten

Dranbleiben – Wirkung erhalten

Was schon ist

Vorbereiten

Aufwand:
30–60 Min.

Beteiligte

Lehrperson

vorher

Eine wesentliche Grundhaltung, auf welcher diese Handreichung aufbaut, zielt darauf, dass Bestehendes und bereits Erreichtes gewürdigt und genutzt werden soll. So lohnt es sich, auch im Zusammenhang mit dem Klassenrat auf Vorerfahrungen aufzubauen. Vorerfahrungen sind sowohl bei Ihnen als Lehrperson wie auch bei den Schülerinnen und Schülern zu finden.

Im Sinne des Systemischen Imperativs

> **„Wenn etwas klappt und nützlich ist, mach mehr davon!**
> **Wenn etwas nicht klappt, tue etwas anderes!"**

ist es hilfreich, darüber nachzudenken, was an Wissen und Vorerfahrungen bereits vorhanden ist.

Fragen zu hilfreichen Vorerfahrungen:

- Welche eigenen Erfahrungen mit partizipativen Elementen bringen Sie mit? Als ehemaliger Schüler, als ehemalige Schülerin? Als Lehrperson?
- Welche Formen der Mitgestaltung haben Sie als Schülerin oder Schüler selbst erlebt: Mitorganisation bei Reisen, Veranstaltungen? Mitarbeit in Schülerräten? Mitgestaltung des Unterrichts? Formen des aufbauenden Feedbacks, Rückmelderituale? Philosophische und demokratische Einrichtungen in der Schule? Konfliktlöserituale? Ideenräume?
- Welche Reflexionselemente kennen Sie als Berufsfrau oder Berufsmann: Führen eines Lerntagebuches? Eines Erfolgstagebuches? Reflexionsrunden zum Wochenabschluss? Intervision? usw.
- Welche Gesprächs- und Kommunikationskulturen erlebten Sie als hilfreich? Was war daran wesentlich? Was führte dazu, dass Sie diese als besonders nützlich erlebt haben? Was taten die Lehrpersonen? Was die Schülerinnen und Schüler? Stellen Sie sich diese Fragen als ehemaliger Schüler oder ehemalige Schülerin, aber auch als erfahrene Lehrperson.
- Was davon pflegen Sie bereits jetzt in Ihrer Klasse?

Mit den Antworten auf diese Einstiegsfragen sind Sie vermutlich mitten im Thema. Im nächsten Schritt soll dies weiter vertieft werden.

Ziel-Checkliste

- ❑ Sie sind sich bewusst, dass Ihre Klasse, wie auch Sie, bereits Vorerfahrungen haben.
- ❑ Sie haben viele bereits vorhandene Ressourcen für den Klassenrat entdeckt.

Aufgepasst!

Sie könnten schon jetzt viele Ideen für die Umsetzung eines interessanten und zieldienlichen Klassenrats entdeckt haben ...

Erforschung der eigenen Möglichkeiten

1. Schritt

Vorbereiten

Aufwand: ca. **1–2 Std.**

Beteiligte

Lehrperson

Ziel-Checkliste

- ❑ Sie haben sich mit Ihren eigenen Erfahrungen mit Klassenrat und Partizipation auseinandergesetzt.
- ❑ Auf Grund der Reflexion Ihrer Erfahrungen wagen Sie Neues.

Hinweis

Neues zu wagen führt anfangs häufig zu Verunsicherung. Hier sind Durchhaltevermögen und Ausdauer gefragt.

Zum einen gehe ich davon aus, dass es Sinn macht, erfolgreiche Verhaltensweisen aufzugreifen und zu wiederholen, zum anderen, dass unsere Erfahrungen zu einem grossen Teil mitbestimmen, welche Angebote wir Schülerinnen und Schülern machen. Dies wird vermutlich auch in den Bereichen Klassenrat und Partizipation so sein. Deshalb scheint es mir lohnenswert, diese Erfahrungen zu erforschen und zu reflektieren. Aus der Reflexion kann Verständnis entstehen und allenfalls der Mut, Neues zu wagen.

Nutzen Sie dazu verschiedene Zugänge:

Schreiben Sie einfach auf, was Ihnen zum Thema Klassenrat in den Sinn kommt. Versuchen Sie Ihre Denk- aber Verhaltensweisen in Bezug auf den Klassenrat im Privaten, in der Öffentlichkeit, in der Schule zu beschreiben. Versuchen Sie, die Werthaltungen dahinter sowie Ihre Befürchtungen und Wünsche zu entdecken.

oder:

Lassen Sie sich anregen: Unter dem Titel „Erforschung der eigenen Möglichkeiten" finden Sie im 4. Kapitel entsprechende Fragestellungen. In „Anleitung zu einer kleinen Selbst-Reflexion" möchte ich Sie zum Nachdenken über Ihre Erfahrungen mit Klassenrat und partizipativen Elementen in der Schule anregen. Sie finden hier die bereits erwähnten Fragen zu hilfreichen Vorerfahrungen, wie auch zusätzliche vertiefende Fragestellungen.

➲ S. 4-2

oder:

Sprechen Sie mit einer Vertrauensperson: Manchen Menschen dient der Austausch mit einer anderen Person. Mögliche Fragestellungen können Sie den bereits erwähnten Unterlagen entnehmen.

Gut planen und organisieren

2. Schritt

Vorbereiten

Aufwand:
ca. **2 Std.**

Beteiligte

Lehrperson

Ziel-Checkliste

- ❑ Sie haben das Thema Klassenrat in Ihre kurz- und langfristige Planung aufgenommen.
- ❑ Sie wissen, welche Steuerungselemente Sie einführen wollen.

Hinweise

Ohne gute Planung kann Ihr Vorhaben scheitern ...

Überprüfen Sie nochmals Ihre Motivation.
Sind Sie wirklich bereit, den Kindern zuerst etwas – und dann immer mehr Verantwortung zu übergeben?

Lehrpersonen sind kreative Menschen. Oftmals höre ich von KollegInnen: „Was soll ich Klassenrat machen, wenn die Kinder keine Anliegen haben? Da mache ich doch lieber etwas, das im Moment wichtig ist und gemacht werden muss. Ich verzichte auf den Klassenrat als Alibiübung." Ich verstehe diese Haltung sehr gut, zeigt sie doch das grosse Verantwortungsbewusstsein der Lehrperson.

Dennoch meine ich, dass es wichtig ist, dass dem Klassenrat **regelmässig** und für die Schülerinnen und Schüler **verlässlich** Raum gegeben wird. Die Gefahr ist gross, dass der Klassenrat „vergessen" geht, wenn von den Schülerinnen und Schülern keine Impulse mehr ausgehen. Das sollte aus meiner Sicht vermieden werden. Deshalb brauchen wir Lehrpersonen Ideen, wie das Gefäss Klassenrat mit nützlichem Inhalt gefüllt werden kann. Diese Handreichung vermittelt Ihnen dazu hoffentlich einige Impulse.

Von mir selber weiss ich, dass konkrete neue Verhaltensweisen im Unterricht zusätzliche Energie brauchen: Ich musste jeweils etwas „Zwang" auf mich ausüben, damit ich an einer neuen Idee auch längerfristig dranblieb. Was mir am meisten diente, war die konkrete schriftliche Planungsarbeit in meinen Vorbereitungsunterlagen.

Machen Sie einen Plan.
Diese Schritte schlage ich Ihnen für Ihre Vorbereitung vor:

• Erforschung der eigenen Möglichkeiten, Planung (Schritte 1 und 2 dieses Kapitels)	1–3 Stunden
• Aufbau einer Kultur der Wertschätzung (Schritt 3)	3–6 Stunden
• Aufbau einer Gesprächskultur (Schritt 4)	1–2 Lektionen
• Einführung einer Form des Klassenrates (Schritt 5)	1 Lektion
• Klassenrat durchführen (Schritt 5)	regelmässig 1 Lektion/Woche
• Erfolg auswerten (Schritt 6)	1–2 Lektionen
• Dranbleiben – Wirkung erhalten (Schritt 7)	1–2 Lektionen

Alle diese Schritte sind nachfolgend beschrieben. Damit sie erfolgreich durchgeführt werden können, gilt es zuerst noch einige Entscheidungen zu fällen.

Regelmässigkeit
Der Klassenrat soll jede Woche zur gleichen Zeit stattfinden. Die Schülerinnen und Schüler müssen sich darauf verlassen können. Bei der Aussage „Ich mach den Klassenrat nur, wenn etwas für die Klasse Wesentliches vorliegt" besteht die Gefahr, dass dann tatsächlich oft für die Lehrperson Wichtigeres vorliegt. Die Durchführung des Klassenrats darf nicht beliebig sein, sondern muss einen verlässlichen Wert darstellen.

Steuerungselemente

❖ *KlaRa-Wand, Themensammlung*
Ein Teil des Klassenrates soll dazu dienen, dass aktuelle Problemfelder konstruktiv angegangen werden können. Die Sammlung solcher Themen kann auf vielfältige Weise geschehen. Bewährt hat sich eine Themenwand im Schulzimmer. Dort können Anliegen aufgepinnt werden. Wer ein Anliegen hat, schreibt dieses auf einen Moderationszettel und unterschreibt den Text. Wenn andere Schülerinnen und Schüler dasselbe Anliegen haben, schreiben Sie dies dazu und unterschreiben auch. Eine Abmachung könnte sein, dass die Themen die ganze Klasse oder einen Grossteil der Klasse betreffen müssen. Für andere Probleme und Themen sind dann andere Gefässe vorgesehen oder ein Teil des Klassenrates wird dafür eingesetzt, dass Gruppenthemen bearbeitet werden. Eine weitere Vereinbarung mit den Kindern könnte sein, dass vor dem Aufhängen eines Themas zuerst der Versuch gemacht werden muss, unter den direkt Betroffenen Lösungen zu finden. Erst wenn dieser Versuch erfolglos ist, kommt der Zettel an die KlaRa-Wand.

Es gibt jedoch noch viele andere Formen der Themensammlung: Wandzeitung, Themenschachtel, Klassenratsheft/-ordner usw. Von dem weit verbreiteten Themenbriefkasten rate ich aus verschiedenen Gründen eher ab. Ein wichtiges Argument für einen Klassenrat ist Offenheit und direktes Angehen von Konflikten. Der anonyme Briefkasten entspricht dem nicht.

❖ *Gesprächsregeln*
Die Gesprächsregeln sollten im Vorfeld mit der Klasse gemeinsam erarbeitet werden.

➲ S. 4-9

❖ *Rollen im Klassenrat*
Die zentrale Rolle im Klassenrat ist die Leitung. Ich plädiere dafür, dass die Leitung über längere Zeit bei der Lehrperson bleibt. Die Vorbildwirkung ist dabei entscheidend. Wenn Sie eine Leitungskultur vorleben, die Sie selber als hilfreich erachten, dann werden die Kinder unbewusst, aber nachhaltig mitlernen. Nach und nach können Sie dann diese Funktion abgeben. Das hängt allerdings auch etwas vom Alter der Kinder ab.

➲ S. 4-4

Neben der Leitungsperson können viele weitere Rollen eingeführt werden:

ZeithüterIn: Es lohnt sich, für die einzelnen Themen Richtzeiten abzumachen, damit die Diskussion nicht endlos geht. Diese Richtzeit kann durch eine Schülerin „gehütet" werden.

VorbereiterIn: Eine Gruppe von Schülerinnen und Schülern erstellt im Voraus die Traktandenliste des Klassenrats und bespricht die Durchführung mit der Leitung.

RegelwächterIn: Eines oder zwei Kinder überprüfen die Einhaltung der Gesprächs- und allenfalls weiterer miteinander abgesprochener Regeln. Sie haben ein Vetorecht. Das Veto kann durch eine symbolische Handlung nonverbal sichtbar gemacht werden: „Rote Karte", in den Kreis legen eines Symbols, einen Magneten an einer bestimmten Stelle auf der Wandtafel anbringen, denjenigen, die gegen eine Regel verstossen, einen symbolischen Gegenstand überreichen usw.

FähigkeitenfinderIn: Eine wichtige Aufgabe des Klassenrats ist aus meiner Sicht die Stärkung der Schülerinnen und Schüler. Um diese Grundhaltung weiter zu unterstützen, bekommen ein oder zwei Kinder/Jugendliche die Aufgabe, alle Fähigkeiten der am Gespräch Teilnehmenden zu entdecken und diese am Ende zurückzumelden. Es lohnt sich vermutlich, mit den Schülerinnen und Schülern darüber zu reden, welche Fähigkeiten beispielsweise beobachtbar sein könnten.

ProzessbeschreiberIn/FeedbackgeberIn: Eine oder zwei SchülerInnen übernehmen die Rolle der Prozessbeobachtung. Hilfreich ist, wenn diese Beobachtung an eine Fragestellung gekoppelt ist, z.B.: Beobachtet, wer wie viel redet." Am Schluss einer Sequenz wird der Klasse ein Feedback gegeben. Denkbar sind auch andere Formen des Schlussfeedbacks: Was ist euch aufgefallen bezüglich gegenseitiger Unterstützung? Wen habt ihr beobachtet, der viele konstruktive Vorschläge einbrachte? Welche Vorschläge waren das?

ProtokollschreiberIn: Falls ein Protokoll geschrieben wird, ist zu klären, was genau beschrieben werden soll. Beschlüsse? Prozesse? ... ?

MindmapperIn: Wenn die Mindmap-Methode eingeführt ist, können ein oder zwei Jugendliche ein Prozess-Mindmap erstellen. Dies ist auch eine Alternative zum Protokoll.

ThemenhüterIn: Vielleicht gibt es Themen, die immer wieder auftauchen. Die Themenhüterin bringt diese dann zum miteinander bestimmten Termin ein.

Hofnarr/Hofnärrin: Ein Hofnarr darf ja Dinge sagen, die andere nicht sagen dürfen, aber etwas Wesentliches treffen. Und sie dürfen dies sagen, wann sie wollen. Eine interessante Rolle, die viel Fingerspitzengefühl, aber auch Akzeptanz erfordert.

... *und weitere Rollen*: Erfinden Sie mit den Kindern und Jugendlichen zusammen weitere Rollen, die hilfreich sein könnten. Wichtig ist auch hier wieder: Rollen sollten sinnvoll sein. Keine Rolle der Rolle wegen!

❖ *Redestein*
Vermutlich wird bei der Erarbeitung der Gesprächsregeln klar, dass es nützlich ist, jene Menschen zu „bezeichnen“, die aktuellerweise das Recht zu reden haben. Ein Redestein oder irgendein anderer Gegenstand können dazu sehr nützlich sein.

❖ *Traktandenliste*
Vor dem Klassenrat gilt es, aus der vorliegenden Themensammlung eine Traktandenliste zu erstellen. Dabei geht es auch darum, die für das Thema benötigte Zeit einzuschätzen und abzuklären, ob alle Themen während der zur Verfügung stehenden Zeit bearbeitet werden können.

➲ S. 4-6

Diese Auswahl kann entweder durch die Lehrperson getroffen werden oder eine Gruppe von Schülerinnen und Schülern (2–3) ist dafür verantwortlich.

❖ *Methoden und Rituale*
Damit die Zeiten eingehalten werden und die Prozesse sich möglichst konstruktiv entwickeln können, muss geklärt sein, mit welchen Methoden und Ritualen gearbeitet wird. Problemlöserituale, Konfliktbearbeitungsschritte und andere hilfreiche Abläufe müssen vorgängig eingeführt und eingeübt werden. Eine Reihe solcher Methoden finden Sie in Kapitel 3 und 4.

➲ S. 4-2

❖ *Protokoll*
Je nach Klassenkultur sind Protokolle hilfreich. Wenn sie jedoch zur Sprachübung missbraucht werden, dient das der Sache nicht. Es soll darum gehen, pragmatisch einzuschätzen, wozu ein Protokoll genutzt werden kann. Oft macht es Sinn, Beschlüsse zu protokollieren und auf einem Plakat für alle sichtbar zu machen. Auch Mindmaps oder andere Formen der Protokollierung können genutzt werden. Ich selber ging relativ zurückhaltend mit dem Protokollschreiben um. Manchmal habe ich selbst einige Notizen gemacht oder ich gab einzelnen Schülerinnen und Schülern einen gezielten Auftrag.

In Kapitel 4 finden Sie eine **Checkliste KlaRaOrganisation** und einen **Vorschlag für eine Einführungslektion**.

➲ S. 4-3 und S. 4-6f.

Kultur der Wertschätzung

3. Schritt

Kultur

Aufwand: **klein, kontinuierlich**

Beteiligte

Lehrperson
Schülerinnen
Schüler

Ziel-Checkliste

- ❑ Sie haben Ihre Vorbildfunktion überprüft und angepasst.
- ❑ Sie gehen wertschätzend mit Fehlern um (mit jenen der Kinder und auch mit den eigenen).
- ❑ Schülerinnen und Schüler erleben gegenseitige Wertschät-

Hinweis

👁 Nur schon eine einzige Veränderung in dieser Richtung kann Wunder bewirken (**kann** – leider ohne Garantie!).

Die Kultur der Wertschätzung liegt mehrheitlich in Ihrer Hand. Ich weiss, das ist eine etwas provozierende Aussage. Ich bin jedoch sicher, dass vieles von Ihrer Art der Kommunikation abhängt. Ihre Vorbildwirkung ist entscheidend:

- Wie zeigen Sie den Kindern Wertschätzung?
- Was tun Sie, damit die Kinder wertschätzend miteinander umgehen?
- Wie gehen Sie mit Fehlern der Kinder um? Wie reagieren Sie, wenn ein Kind immer wieder denselben Fehler macht?
- Was tun Sie, wenn ein Kind aus Ihrer Sicht asozial handelt? Bleiben Sie dann wertschätzend? Und wie machen Sie das?
- Welche Ausdrücke gebrauchen Sie, wenn Sie ungehalten sind oder schimpfen?
- Auf welche Weise lösen Sie Ihre Konflikte? Auch jene mit den Kindern.

Was Sie tun können

- ➲ Seien Sie wo immer möglich **Vorbild**. Leben Sie selber Wertschätzung.
- ➲ Verlangen Sie liebevoll, aber bestimmt wertschätzendes Verhalten der Kinder.
- ➲ Fokussieren Sie immer wieder darauf, was **erfolgreich** war. Das stärkt die unterstützenden neuronalen Muster (siehe auch Kapitel 4 und 5).
- ➲ Geben Sie **positives Feedback** (dazu mehr in Schritt 5-3).
- ➲ Lassen Sie die Kinder untereinander unterstützendes Feedback geben (siehe ebenfalls Schritt 5-3).
- ➲ Gehen Sie **konstruktivistisch** mit Vorkommnissen und Aussagen um: Alle Sichtweisen sind möglich und entspringen der aktuellen subjektiven Sicht der Beteiligten. Jedes Kind hat „gute Gründe“ für sein aktuelles Tun. Bei Fehlverhalten kann das Kind **als Person gewürdigt**, in seinem Verhalten jedoch müssen Änderungen gefordert werden.
- ➲ Geben Sie den Kindern Raum für Privates (Erzählungen, zeitliche Freiräume, Orte im Schulzimmer, ...). Und zeigen Sie sich ebenfalls als Mensch mit Privatleben.
- ➲ Usw.

Gesprächs- und Kommunikationskultur

4. Schritt

Bei der Gesprächs- und Kommunikationskultur ist wiederum das konstruktivistische Paradigma notwendig: Jede Person kann nur eigene Wahrnehmungen machen und von denen reden. Daraus resultiert die erste Regel:

➲ S. 5-2ff.

➲ **Ich rede mit Ich-Botschaften.**

Hilfreich ist es, mit den Kindern das Modell von Schulz von Thun mit den **vier Ebenen einer Botschaft** einzuführen. Sie können dann einfach immer wieder die auf das Modell bezogene Frage stellen: Welche Seite meinst du jetzt genau? Wenn Sie das tun, werden auch die Kinder ein Gefühl dafür entwickeln, auf welcher Ebene sie gerade „senden" und dadurch Klarheit gewinnen.

➲ S. 4-9

Eine zweite Regel betrifft den Gebrauch von Wörtern. Da manche Kinder es lieben, andere zu provozieren, ist es gerade in Konfliktsituationen notwendig, dass „Kraftausdrücke" weggelassen werden müssen. Das ist nicht ganz einfach, aber enorm wichtig:

➲ **Ich gebrauche faire Wörter.**

Vielleicht müssen die Kinder zuerst lernen, wie das geht. Wie kann man anders sagen, dass der andere nervt? Die Einführung von **Gefühlskarten** und Gefühlssätzen kann sehr hilfreich sein. Auch dazu finden Sie in Teil 4 einige Beispiele.

Als dritte Regel bewährt sich, die Kinder darauf hinzuweisen, dass Zuhören wichtig ist:

➲ **Ich höre still und interessiert zu.**

Kultur

Aufwand: **klein, kontinuierlich**

Beteiligte

Lehrperson
Schüler
Schülerinnen

Ziel-Checkliste

- ❑ Schülerinnen und Schüler kennen die Gesprächsregeln.
- ❑ Gesprächsregeln und vielleicht auch die unterstützenden Informationen sind im Schulzimmer sichtbar.
- ❑ Gespräche werden fair geführt.

Hinweise

- Ihre Wahrnehmung und Ihr Handeln könnte sich durch die vertiefte Reflexion erweitern ...
- Das Vertrauen in die Fähigkeiten der Kinder ist zentral: Kinder können das!

➲ Ich rede, wenn ich dran bin.

Und schliesslich noch ein Hinweis darauf, dass es Abmachungen darüber braucht, wer gerade das Rederecht hat. Das kann diejenige sein, die gerade den Redestein bekommen hat. Oder jemand „vergibt" die Rederechte so gerecht und so sinnvoll wie möglich (meist ist das ja die Moderationsperson; dieser kann aber auch eine „Rechte Hand" zur Seite gestellt werden). Oder ...

Diese vier Regeln genügen aus meiner Sicht. Möglich ist, sie im Klassenzimmer gross aufzuhängen, vielleicht ergänzt mit einem Plakat der vier Ebenen einer Botschaft oder mit jenem der Gewaltfreien Kommunikation (siehe Kapitel 4). Nützlich ist zudem, wenn Ideen für Gefühlsausdrücke irgendwo sichtbar sind. Und bei jedem Gespräch kann nun mit diesen Regeln gearbeitet werden. Vielleicht bestimmen Sie immer ein Mädchen und einen Knaben als RegelbeobachterInnen.

➲ S. 4-11

➲ S. 4-12

Die Sache mit den Regeln ist manchmal etwas komplex. Sehr oft werden zu viele Regeln aufgestellt. Weniger ist oft mehr. Ich achte beim Formulieren von Regeln darauf, dass ich

- wenige, dafür prägnante Regeln (drei bis fünf reichen in den meisten Fällen) formuliere,
- sie positiv aufbaue,
- sie mit der Klasse erarbeite und
- darauf schaue, dass sie offen sind

Weitere Regeln können dazukommen, wenn dies notwendig sein sollte.

Durchführung des Klassenrats

5. Schritt

Durchführen

Aufwand: jede Wo **1 L.**

Beteiligte

Lehrperson
Schülerinnen
Schüler

Ziel-Checkliste

- ❑ Sie sind sicher, dass Sie den Klassenrat wirklich wollen.
- ❑ Sie sind sich im Klaren, wie der Klassenrat verlaufen soll.
- ❑ Sie haben sich mit Ihren StellenpartnerInnen abgesprochen.

Hinweise

- Es könnte Ihnen Spass machen und für den Klassengeist nützlich sein …
- Ausdauer ist gefragt.

Ich weiss, dass ich mich wiederhole. Trotzdem: Führen Sie den Klassenrat **aus Überzeugung** ein. Alles andere ist Alibi und dient der Sache wenig. Falls Ihnen diese Überzeugung fehlt, suchen Sie doch in Ihrem Kollegium oder anderswo nach überzeugenden Argumenten. Sonst lassen Sie es lieber.

Und eben: Der Klassenrat muss **jede Woche** stattfinden. Er gehört in den Stundenplan. Verwenden Sie abwechslungsweise Sprach-, Lebenskunde-, Religions- oder andere Stunden dafür. Falls Sie Teilzeit arbeiten, klären Sie das Zeitgefäss mit Ihrer Stellenpartnerin bzw. mit dem Stellenpartner – und falls dies mehrere Menschen betrifft, sprechen Sie sich auch da genau ab.

Die **Ritualisierung** des Klassenrates ist wichtig. Es macht Sinn, den Klassenrat eine Zeit lang nach dem gleichen Ablauf durchzuführen. Nutzen Sie die Checkliste und die Beispiele im vierten Kapitel.

Meine eigene Erfahrung zeigt, dass der Klassenrat in vielfältiger Weise unterstützend wirkt. Der Klassengeist wird gestärkt. Das Selbstvertrauen der Kinder wird weiter aufgebaut. Und ich selber wurde immer wieder entlastet. Weshalb sollte das bei Ihnen nicht auch so sein?

Nachfolgend beschreibe ich vier wesentliche Schwerpunkte des Klassenrats: Einstiegsrituale, Moderation von Konflikten, Feedback geben und erhalten, Austausch von Informationen. Im dritten Teil der Handreichung finden Sie detailliertere Informationen und weiterführende Ideen zu diesen vier Aspekten. Ergänzend sind zusätzliche mögliche Schwerpunkte aufgeführt.

Und nun: Ab geht's!

Durchführen

Aufwand: **5–10 Min.**

Durchführung Klassenrat
Einstiegsrituale

5. Schritt

Ein sinnvoller Einstieg in die Klassenratsstunde erleichtert einen guten Verlauf. Hilfsmittel finden Sie in Kapitel 4 (Hinweise unten). Hier einige Ideen, die erprobt und nützlich sind (bitte auswählen und abwechseln):

➲ Alle wissen, was in der Klassenratsstunde besprochen wird und wie sie verläuft. Eine **Traktandenliste** ist hilfreich. Diese kann flexibel gestaltet werden.

➲ Falls die Schülerinnen und Schüler noch wenig Erfahrung mit Klassenrat mitbringen oder diese Erfahrungen sehr unterschiedlich sind: Fantasieren Sie mit den Kindern zuerst über eine gute Klassenratsstunde – so detailliert wie möglich. Damit machen Sie ein **Priming** (siehe Kapitel 4).

➲ Lassen Sie eine **positive Feedbackrunde** zur Woche durchführen.

➲ Führen Sie eines oder mehrere **Spiele zur Stärkung des Selbstvertrauens und des Zusammenlebens** durch.

➲ Machen Sie einen **Wochenrückblick** mit den Kindern. Als Erstes lassen Sie die wichtigsten Ereignisse der Woche zusammentragen und schreiben diese an die Wandtafel. Anschliessend schreibt jedes Kind still für sich seinen eigenen Wochenrückblick mit seinen eigenen Erfahrungen ins Lerntagebuch.

➲ Gestalten Sie den **Wochenrückblick mit Einpunktfragen**.

➲ Beginnen Sie mit einem **Anfangsritual**: Jeweils ein Kind darf seine liebste Tätigkeit vorstellen. Eine Liste mit der Reihenfolge hängt im Schulzimmer. Jeweils drei Kinder dürfen fünf Minuten lang eine Weiterspinngeschichte erzählen. Jeweils ein Kind darf fünf Minuten so gestalten, wie es Lust hat. Jeweils ...

➲ ...

Traktanden: ➲ S. 4-6
Priming: ➲ S. 4-27
Feedback: ➲ S. 4-14ff.
Stärkung: ➲ S. 4-23
Einpunktfragen: ➲ S. 4-21

Beteiligte

Lehrperson
Schüler
Schülerinnen

Ziel-Checkliste

- ❑ Sie haben sich für einen Einstieg entschieden, der zu Ihnen und zur Klasse passt.
- ❑ Sie haben Ausdauer. Allfällige Misserfolge sind Lernchancen.
- ❑ Sie stärken die Kinder mit einem nützlichen Einstieg.

Hinweis

Wenn ein Einstieg positiv ist und gelingt, kann er nützlich für nachfolgende Problemlösungsprozesse sein. Also bitte ernst nehmen!

Durchführen

Aufwand: **offen**

Durchführung Klassenrat
Schwerpunkt Moderation von Konflikten

5 Schritt

In vielen Klassenzimmern ist der Umgang mit Konflikten „das" Thema. Oft werden in Gesprächen gute und konstruktive Lösungen gefunden. Manchmal wird jedoch wochenlang „gekreist": Ein Kind, das immer wieder auffällt, ist dauernd Thema. Oder: Eine Gruppe Knaben ärgert immer wieder eine Gruppe Mädchen. Solche Situationen gibt es viele. Sobald sich die Sache im Kreis dreht, beginnen Lehrpersonen sich über Sinn und Zweck des Klassenrats Gedanken zu machen. Es empfiehlt sich, den Umgang mit Konflikten unterschiedlich zu gestalten.

- Was Kinder **eigenständig und problemlos lösen** können, das sollen sie auch weiterhin auf diese Weise tun. Wenn also in Ihrem Klassenrat alle auftauchenden Konflikte auf faire und konstruktive Art gelöst werden, braucht es keine Veränderung.
- Wenn **nur einzelne Schülerinnen und Schüler an einem Konflikt beteiligt** sind, gibt es zwei Möglichkeiten: Die beteiligten Kinder lösen ihren Konflikt nicht im Klassenrat, sondern irgendwann (z.B. mit Ihrer Hilfe, falls notwendig, nach der Schule oder in einer eher offenen Lernsituation). Oder aber Sie nutzen die Chance, um mit den Kindern zusammen über konstruktive Konfliktlösungen nachzudenken und diese durchzuspielen. Sie führen zum Beispiel eine **Peer-Mediation** ein (siehe Kapitel 4 und mein spezifisches Buch zum Thema), die von nun an von allen Kindern/Jugendlichen so angewendet werden kann. Weiter wäre denkbar, dass die eine Gruppe den Konflikt im kleinen Kreis löst und die eher Nichtbeteiligten im Hintergrund zeichnen oder zuhören dürfen (meist tun sie dann beides!).
- Wenn **Mobbing** vorliegt, sind andere Vorgehensweisen angebracht. Auch hierzu verweise ich auf Kapitel 4 und das entsprechende Buch, das ich zusammen mit Regina Hiller geschrieben habe.
- Wenn **die ganze Klasse** beteiligt ist, lohnt es sich, mit der Spinnwebanalyse zu arbeiten.
- Wenn **Kinder von anderen Klassen** beteiligt sind, haben sich mediative Verfahren ebenfalls bewährt.

Beteiligte

Lehrperson
Schülerinnen
Schüler

Ziel-Checkliste

- ❑ Ihre Klasse kennt konstruktive Möglichkeiten, um Konflikte zu lösen.
- ❑ Ihnen und den SchülerInnen ist klar, auf welche Weise die verschiedenen Konflikte gelöst werden können.
- ❑ Auch Sie leiten konstruktive Konfliktgespräche.

Hinweise

Oft sind Kinder, die gerne in Streitigkeiten verwickelt sind, gute StreitschlichterInnen.

Kinder könnten Ihnen ab und zu den Spiegel vorhalten, im Sinne von: Das haben wir doch anders gelernt!

Peer-Mediation: ➲ S. 4-30ff.
Mobbing: ➲ S. 4-34ff.
Spinnwebanalyse: ➲ S. 4-32

Durchführen

Aufwand: **offen**

Durchführung Klassenrat
Schwerpunkt Feedback geben und erhalten

5. Schritt

Das Thema „Feedback geben und erhalten" zielt in zwei Richtungen:

Zum einen stärken Sie Kinder in ihrem Selbstwerterleben, wenn Sie vor allem positives Feedback ermöglichen. Manchmal ist es zudem sehr nützlich, wenn Kinder ein Feedback darüber erhalten, wie ihr eher negatives Verhalten auf andere wirkt.

Zum anderen kann mit gezieltem Feedback sehr positiv auf das soziale Gefüge und das soziale Verhalten der gesamten Klasse Einfluss genommen werden.

Ideen zur Stärkung des Selbstwertgefühls

- Führen Sie im Laufe des Jahres mindestens eine „Warme Dusche" für jedes Kind durch (auch „Heisser Stuhl" genannt).
- Machen Sie ab und zu das Spiel „Der gute Kollege/die gute Kollegin".
- Lassen Sie die Kinder untereinander Komplimente machen. Der Aufbau dieser Komplimente sollte in der Form „Beobachtung, dann persönliches Gefühl und allenfalls Wirkung auf die anderen" gegeben werden.
- ...

Ideen zur Stärkung des Sozialgefüges

- Beginnen Sie jeden Morgen mit einer Beschreibung dessen, was Sie am Tag zuvor in Bezug auf ein gutes Sozialverhalten der Klasse beobachtet haben. In der Regel reichen drei formulierte Beobachtungen aus. Auch für Sie ist wichtig, dass Sie dies in der Form „Beobachtung – Gefühl – Auswirkungen" tun (Vorbildwirkung!)
- Setzen Sie positive Sozialdetektive ein, die immer am Ende einer Woche der ganzen Klasse Feedback über ihre Gemeinschaft geben (und wieder beharre ich darauf: Beobachtung – Gefühl – Auswirkung).
- Schreiben Sie beobachtete hilfreiche Sozialverhalten auf Moderationszettel und hängen Sie diese im Schulzimmer auf. Von Zeit zu Zeit kann mit der Klasse gemeinsam eine Einschätzung gemacht werden.

Beteiligte

Lehrperson
Schüler
Schülerinnen

Ziel-Checkliste

- ❑ Unterstützendes Feedback ist in Ihrer Klasse „Alltag".
- ❑ Sie und Ihre SchülerInnen wissen, wie ein Feedback gegeben wird (Dreischritt!).
- ❑ Die Kinder freuen sich darauf, immer wieder Feedback zu bekommen.

Hinweise

Kinder sind gute FeedbackgeberInnen. Das könnte Auswirkungen haben ...

... nämlich darauf, dass sich das soziale Gefüge sehr stark verbessert!

Stärkungen: ➲ S. 4-23
Priming: ➲ S. 4-27
Plakate Feedback: ➲ S. 4-16

Durchführen

Aufwand: **offen**

Durchführung Klassenrat
Schwerpunkt Informationen austauschen

5. Schritt

Es gibt viele Möglichkeiten, wie im Klassenrat Informationen ausgetauscht werden können. Eine Auswahl:

- Einzelne Kinder/Jugendliche stellen ihre **liebste Beschäftigung** vor oder das, worin ihre beste Fähigkeit zum Ausdruck kommt.
- **SchülerInnen geben Informationen** zu selbst geplanten Anlässen.
- **Sie selbst informieren** über die nächste Woche oder andere Schulgegebenheiten.
- SchülerInnen lesen **freie Texte** vor. Das kann auch in Kleingruppen geschehen.
- SchülerInnen berichten über ihre **wichtigsten Erkenntnisse** der vergangenen Woche. Das muss in der Regel etwas angeleitet werden. Führen Sie dazu mit den Kindern ein Lern-Tagebuch.
- Jugendliche **diskutieren** in Kleingruppen aktuelle Themen. Danach stellen sie ihre wichtigsten Ergebnisse vor.
- Schülerinnen und Schüler berichten einander, was sie in die **nächste Klassenzeitung** schreiben wollen. Dann wird koordiniert.
- ...

Manchmal sind „Informationen“ ermüdend. Es muss mit den Kindern zusammen darüber nachgedacht werden, in welcher Form sie selbst Informationen als interessant erleben. Und denken auch Sie daran: Machen Sie rechtzeitig einen Punkt! (Ich erlebe es ab und zu auf Schulbesuchen, dass Lehrpersonen sich scheinbar sehr gerne reden hören ... gähn!)

Beteiligte

Lehrperson
Schülerinnen
Schüler

Ziel-Checkliste

- ❑ Im Klassenrat gibt es ein Gefäss, in dem informiert werden kann.
- ❑ Die Informationen werden so spannend dargeboten, dass es nicht langweilig wirkt.

Hinweise

Informationen austauschen ist grundsätzlich wichtig. Es gilt, diese Informationen jedoch gut auszuwählen, damit sie nicht zu viel Platz einnehmen.

Verzichten Sie auf „selbstverliebte“ Monologe!

Erfolge auswerten

6. Schritt

Dran bleiben

Aufwand: **20 Min. pro Semester**

Egal, auf welche Weise Klassenrat in Ihrem Unterricht durchgeführt wird, zu professioneller und qualitativ guter Arbeit gehört das Messen des Erfolgs nach einer gewissen Zeit. Im Sinne des Systemischen Imperativs „Wenn etwas nützlich ist, mach mehr davon – wenn nicht, finde etwas anderes, um die Wahrscheinlichkeit des Gelingens zu erhöhen!" sind Erfolgsauswertungen unbedingt notwendig. Eine wichtige Auswirkung von Evaluationen besteht darin, dass die Beteiligten eine stärkende Rückmeldung über den Erfolg ihrer Bemühungen erhalten. Nichts ist motivierender als erfolgreiche Arbeit.

Mögliche Fragestellungen:

- *Was ist in der Klasse anders seit der Einführung oder seit der letzten Auswertung?*
- *Was war hilfreich?*
- *Was war erschwerend?*
- *Was möchten wir ändern?*
- *Was könnte unterstützend sein, um weiterzukommen?*

Im Folgenden mache ich Ihnen einige weitere Vorschläge, wie der Erfolg gemessen werden kann.

Auswertung mit Skalierungen / Einpunktfragen

Skalierungen werden in der Beratung von Erwachsenen oft gebraucht. Im Klassenzimmer sind sie ebenfalls vielseitig anwendbar. Mit Skalierungen kann sehr schnell ein aktuelles Meinungs- oder Stimmungsbild aufgezeigt werden. Skalen werden oft von 1 bis 10 verwendet. Dabei bedeutet eine 1, dass das Ziel gar nicht erreicht ist, eine 10, dass das Ziel absolut erreicht wurde. Dazwischen liegen viele Möglichkeiten.

Beteiligte

Lehrperson
Schüler
Schülerinnen

Ziel-Checkliste

- ❑ Der Nutzen des Klassenrats wird für alle sichtbar gemacht.
- ❑ Der Erfolg wurde gewürdigt und evtl. auch gefeiert.
- ❑ Erfolgsevaulationen finden mindestens einmal pro Semester statt.

Hinweise

- Ziel der Evaluation ist Erfolg festzustellen.
- Erfolge motivieren! Das kann grosse Auswirkungen haben.

Am besten gehen solche Skalierungen mit Einpunktfragen. Diese heissen deshalb so, weil jedes Kind zu jeder Frage einen Punkt bekommt und diesen gemäss der eigenen Einschätzung aufklebt. Dasselbe ist auch denkbar mit einer Aufstellung im Raum. Da wird die Skalierung auf dem Boden sichtbar gemacht und die Kinder stehen dorthin, wo sie denken, dass diese Position ihrer Meinung und ihrer Einschätzung entspricht. Schliesslich kann man über die Gründe des Hinstehens ins Gespräch kommen. So oder so ist es sinnvoll, die sichtbaren Resultate mit der Klasse zu besprechen.

Ideen für Einpunktfragen

➲ S. 4-20ff.

- Der Klassenrat hilft mir, den anderen zu sagen, was ich sagen will.
- Ich rede im Klassenrat gerne.
- Ich traue mich im Klassenrat zu sprechen.
- Ich habe gerne eine Rolle im Klassenrat.
- Die Lehrerin nimmt uns ernst.
- Im Klassenrat können sich alle einbringen, wenn sie das wollen.
- Im Klassenrat lerne ich etwas.
- usw.

Formen

Der Klassenrat ist wichtig.

-- ++

Der Klassenrat ist für mich oft wichtig.

1	2	3	4	5	6	7	8	9	10

Im Klassenrat fühle ich mich wohl.

☺	😐	☹

Im Klassenrat reden wir fair miteinander.

--	-	+	++

Kurz-Fragebogen

➲ S. 4-17

Dazu können Sie die bereits aufgeführten Fragen nutzen und/oder eigene auf die Situation zugeschnittene Fragen einbauen. Einen Vorschlag für einen Auswertungsfragebogen finden Sie in Kapitel 4.

Dran bleiben

Aufwand: **nach Bedarf**

Dranbleiben – Wirkung erhalten

7. Schritt

Das Durchhalten kann vor allem dann ins Stocken geraten, wenn es aus irgendwelchen Gründen Schwierigkeiten gibt.

Hier finden Sie eine längst nicht umfassende Auflistung vom Umgang mit solchen Problemen:

Schwierigkeit	*Lösungsideen*
„Stumme" Klassen	➲ Mit Runden und Satzanfängen arbeiten ➲ Gehirnjogging ➲ Nonverbale Übungen, Pantomime ➲ Gespräche in Kleingruppen mit „schülerInnen-nahen" Themen ➲ Weitere Ideen siehe auch Kapitel 4
Fehlende Motivation „Nicht schon wieder Klassenrat!"	➲ Themen eines Klassenrates in den „üblichen" Unterricht einbauen (kontinuierlich die ganze Woche hindurch!) ➲ Den Nutzen klären (es muss den Kindern sinnvoll erscheinen)
Langeweile Immer die gleichen Themen	➲ Wechsel der Zielsetzungen und damit der Inhalte des Klassenrats ➲ Fokussierungswechsel: Nicht „Probleme besprechen", sondern „Lösungen beschreiben"
Vergessen	➲ Nehmen Sie den Klassenrat in Ihre Wochenplanung auf. ➲ Machen Sie die Kinder mit-verantwortlich, indem sie Sie daran erinnern.
Erklärungsbedarf bei Eltern	➲ Den Eltern den Nutzen erklären (siehe „Zielsetzungen" in Kapitel 1)

➲ S. 4-10

Beteiligte

Lehrperson
Schülerinnen
Schüler

Ziel-Checkliste

❑ Sie haben eine Vorstellung, was Sie tun werden, um dranzubleiben.

Hinweise

Die Kinder werden Ihnen beim Dranbleiben gerne helfen. Fordern Sie sie doch einfach dazu auf.

Nochmals: Ihre Haltung wird entscheidend sein!

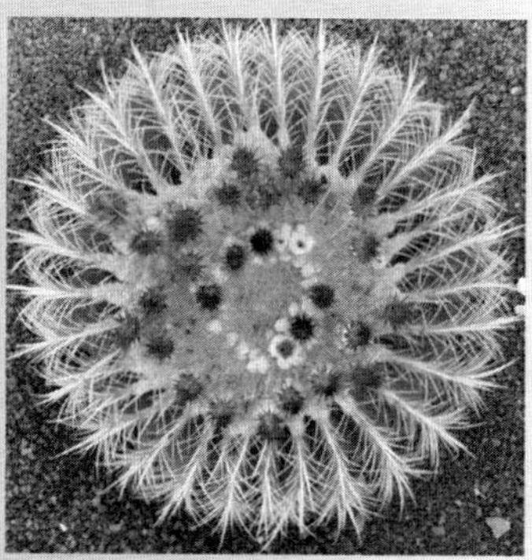

Übersicht
Die 8 Schwerpunkte

Teil 3

Gesamtübersicht

Mögliche Schwerpunkte für den Klassenrat und Ideen zur Umsetzung

Im Kapitel 2 habe ich Ihnen im 5. Schritt einige Vorschläge gemacht, wie Sie mit Ihren Schülerinnen und Schülern den Klassenrat gestalten können. Es gibt jedoch noch viele weitere Möglichkeiten. Ich zeige Ihnen hier acht mögliche Schwerpunkte auf, aus denen Sie wählen können, was Ihnen dienlich erscheint.

Zu allen Bereichen finden Sie auf den nachfolgenden Seiten viele Anregungen. In den Kapiteln 4 und 5 biete ich Ihnen ergänzende und weiterführende Materialien an. Ich habe entsprechende Verweise angebracht.

Mögliche Zielsetzungen	*Ideensammlung (nachfolgend detailliert beschrieben)*	
Kompetenzen und Selbstvertrauen stärken	• Stärkenrunde, Ressourcenrunde • ExpertInnenstunden • Lösungsorientierte Gespräche	• Empathie fördern • Gefühle wahrnehmen und äussern • Soziale Spielformen
Feedback geben und erhalten, „Teamentwicklung"	• Befindlichkeitsrunde • Soziales Lernen • Warme Dusche • Up and down	• Einpunktfragen • Kommunikationsregeln • Mein rechter Stuhl … • Stummes Feedback
Moderation von Konflikten	• Peer-Mediation • Mobbing in der Klasse ∘ Spinnwebanalyse?	• Regeln gemeinsam erarbeiten und für deren Einhaltung sorgen
Projekte planen/durchführen	• Lernprojekte • Individuelle Projekte	• Klassenprojekte
Sich eine Meinung bilden und sie äussern	• Gehirnjogging • Dilemmadiskussionen • Sachdiskussionen	• Mädchen-/Jungenkonferenzen • Philosophieren
Probleme lösen, einander coachen	• Peer-Coaching • Regeln gemeinsam erarbeiten und für deren Einhaltung sorgen	• Vertrauenskind (Paten) • Ideenbüro • Lösungsgeschichten spinnen
Informationen austauschen	• Verschiedenes-Runde • Juwelenfenster • Klasseninformationen	• Arbeiten der Woche vorstellen
Lernerfahrungen reflektieren	• Wochenreflexion, Lerntagebuch • Wochenziele	• Formulierung und Austausch wichtiger Lernerkenntnisse

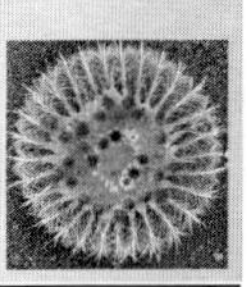

Wann ging's dir gut? was warum ist es dir gelungen?

Kompetenzen und Selbstvertrauen stärken

Die Aufmerksamkeit auf Ressourcen fokussieren

Stärkenrunde, Ressourcenrunde

Mit Runden auf Stärken und Ressourcen von einzelnen SchülerInnen oder der ganzen Klasse zu fokussieren, zeigt immer wieder grosse Wirkung. Alle erhalten durch diese Beschreibungen hilfreiche Hinweise zum Umgang miteinander. Nützlich ist der Einsatz eines Redesteins oder von etwas Ähnlichem und die Vorgabe eines Satzanfangs wie: „Ich bin am liebsten ...“ „Für die Lösung eines Konflikts bin ich froh, dass ich ... kann.“ „Für das Zusammenleben in unserer Klasse ist es gut, dass wir ...“

ExpertInnenstunden, -viertelstunden

Die Möglichkeit, von etwas zu erzählen, worin jemand ein grosses Wissen oder spezielle Erfahrungen hat, stärkt. Manche Kinder haben ein besonderes Hobby. Andere machten schon eine grosse Reise. Viele können etwas, das andere nicht können.

Lösungsorientierte Gespräche

Die Bewegung „Das Problem kurz beschreiben – eine Vision aufbauen – in der Vergangenheit Situationen finden, wo sich das Lösungsverhalten schon etwas zeigte – erste kleine Schritte planen“ lässt sich in vielen Situationen anwenden. Zudem bilden die Fragen „Was soll so bleiben, wie es ist? Was kannst du gut?“ eine hilfreiche Basis zum Lösen von Problemen.

➲ S. 4-37ff.

Empathie fördern

Empathiefähigkeit gilt als wichtige präventive Fähigkeit. Jegliche Form, sie zu stärken, macht Sinn: sich in die Rolle von anderen versetzen, nachdenken, wie sich andere fühlen könnten, Empathiespiel usw.

➲ S. 4-25

Gefühle wahrnehmen und äussern

Die Fähigkeit, Gefühle wahrzunehmen und sie zu äussern, gehört zu den Fähigkeiten, die präventiv wirken. Gefühlsspiele, Arbeit mit Gefühlskarten, Reflexion über die Wirkung von Handlungen u.a.m. tragen zum vertieften Umgang mit Gefühlen bei. Zu diesem Thema ist umfangreiche Literatur vorhanden.

➲ S. 4-29ff.

Soziale Spielformen

Spielerisch stärkend handeln lernen ist vermutlich eine der direktesten und erfolgreichsten Möglichkeiten, Kinder in diesem Bereich zu unterstützen. Auch hierzu gibt es umfangreiche weiterführende Literatur.

Bewährte Beispiele, die auch in Kapitel 4 beschrieben sind:

- Der gute Kollege, die gute Kollegin
- Die warme Dusche
- Positive Detektive gesucht

➲ S. 4-23f.

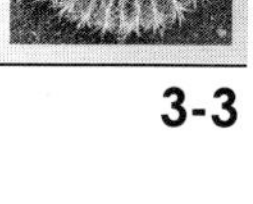

Feedback geben und erhalten

Teamentwicklung in der Klasse

Befindlichkeitsrunde – Mit einem Satz. Mit einem Wort. Mit Gesten, wie dem Daumen, der hochgehalten, waagrecht oder senkrecht zeigt. Mit Satzanfängen. Mit ...

Stumme Feedbackrunde – Mit dieser schriftlichen Form des Feedbacks erhält jedes Kind eine persönliche Rückmeldung von jedem anderen Kind. Diese Übung braucht viel Zeit. Die detaillierte Beschreibung finden Sie in Kapitel 4.

➲ S. 4-26

Soziales Lernen – Jegliche Form des sozialen Lernens kann Teil des Klassenrates sein. Lehrpersonen verfügen meist über ein grosses Repertoire von Ideen in diesem Bereich. Als nützlich erwiesen hat sich das Buch „Spiele, die stark machen" von Rosemarie Portmann.

Die warme Dusche – Ein Kind sitzt auf einem Stuhl in der Mitte. Rundum werden ihm Komplimente gemacht. Es nimmt diese Komplimente mit einem Dank an. In Kapitel vier finden Sie eine genaue Beschreibung. Manchmal wird hier auch vom „heissen Stuhl" gesprochen.

➲ S. 4-24

Komplimentebaum – An einem Ort im Schulzimmer werden Komplimente für alle sichtbar aufgehängt. Eine Möglichkeit ist, sie mit Zetteln an einen Baum zu hängen, wie Schmuck am Weihnachtsbaum.

Up and down – Stehen (up) bedeutet „ja" oder „viel von dem", sitzen (down) bedeutet „nein" oder „wenig von dem". Die Lehrperson oder Kinder machen einfache Aussagen, die mit ja oder nein beantwortet werden können. Die Kinder sitzen oder stehen ihrer Meinung entsprechend.

Einpunktfragen – Einpunktfragen heissen so, weil man einen Punkt pro Frage setzen kann. Auf Papier oder auch im Raum wird ein Bereich vorgegeben, in dem man sich von sehr positiv bis sehr negativ bewegen kann.

➲ S. 4-21

Kommunikation – Zentrale Fähigkeiten, die gefördert werden müssen: „Ich rede von mir selber" (Ich-Botschaften) und „Ich höre den anderen zu" (aktiv zuhören). Es gibt verschiedene Modelle, die sich dafür eignen. Sinnvoll ist zum Beispiel, den Kindern von den vier Ohren zu erzählen, die Schulz von Thun in seinen Büchern erarbeitet hat. Auch die Einführung der Gewaltfreien Kommunikation nach Rosenberg ist äusserst effektiv. Kurzeinführungen finden Sie im 4. Kapitel.

➲ S. 4-11ff.

Mein rechter Stuhl ist leer, ... – Dieses bekannte Spiel kann auch mit stärkenden Feedbacks gespielt werden. Auf den freien Stuhl auf der rechten Seite wählt man jemanden, von dem man eine positive Geschichte, ein gemeinsames Erleben erzählen kann.

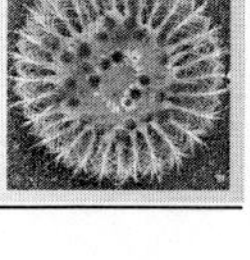

Moderation von Konflikten

Mit den Schülerinnen und Schülern konstruktive Wege gehen.

Peer-Mediation

Auch für Kinder und Jugendliche ist das Hilfsmittel zum Lösen von Konflikten die Mediation. Dabei können Kinder jeder Altersstufe selbstständig Konflikte moderieren. Voraussetzung dafür ist die Einführung eines klaren Modells und das vorbildliche Verhalten der Lehrpersonen (Kurzeinführung in Kapitel 4, Literaturhinweis „Mediation im Klassenzimmer").

➲ S. 4-30ff.

Mobbing in der Klasse

Mobbingsituationen bedingen ein klares und schnelles Eingreifen der Lehrperson. Dies kann im Klassenrat geschehen. Manchmal reicht diese Zeit jedoch nicht und es müssen weitere Zeitgefässe dafür gefunden werden. Der Klassenrat eignet sich sehr gut für präventive Arbeit. Mittels Fragebogen und anderen geeigneten Hilfsmitteln kann ergründet werden, was denn aktuellerweise in der Klasse geschieht. Falls sich Mobbing bereits „eingenistet" hat, gibt es gute Interventionsmöglichkeiten für den Klassenrat. Oft ist es allerdings notwendig, Fachpersonen von aussen beizuziehen (Kurzeinführung in Kapitel 4, Literaturhinweis „Das mobbingfreie Klassenzimmer").

➲ S. 4-34ff.

Umgang mit Regeln

Häufig führt auch das Nichteinhalten von Regeln zu Konflikten. Mancherorts ist der KlaRa sogar „der" Hauptkommunikationspunkt für Bearbeitungen solcher Verstösse bzw. Anliegen.

➲ S. 4-9

Beim Thema „Umgang mit Regeln" zeigen sich jedoch ganz viele Facetten: Wozu dienen Regeln genau? Geht es darum, die Macht der Schule oder gar der Lehrperson zu demonstrieren? Geht es darum, unseren „Gesetzesstaat" nachzubilden? Geht es darum, dass es keine Probleme mehr geben darf? Was soll mit den Regeln genau sein? Es lohnt sich darüber nachzudenken. – Und je nach Resultat dieser Überlegungen ist der Klassenrat ein sehr gut geeignetes Gefäss, um Regeln zu thematisieren:

Regeln sind gemeinsam erarbeitet am wirkungsvollsten. Es zeigt sich, dass es sinnvoll ist, mit einigen wenigen Regeln zu arbeiten. Diese sind einfach zu überschauen – für Sie wie für die Kinder – und es kann leichter für deren Einhaltung gesorgt werden. Im Umgang mit Regeln können Kinder mit speziellen Kompetenzen eingesetzt werden. Siehe auch Schritt 4 im zweiten Kapitel.

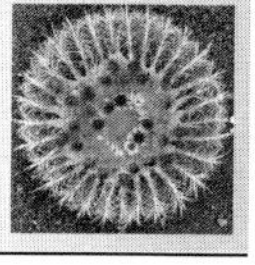

Projekte planen und durchführen

Den Jugendlichen das Lernen auf eigenen Wegen ermöglichen

Projekte gehören aus meiner Sicht in jede Art von Unterricht. Üblicherweise sind sie an bestimmte Fächer oder Themen gebunden. Das kann sein, ist aber kein Muss. Auch im Klassenrat ist es möglich, dass Projekte durchgeführt werden. Es sind dann jedoch Themen, in denen es nicht darum geht, nach Lehrprogrammen von Lehrpersonen zu arbeiten, sondern vor allem bei Themen, die Schülerinnen und Schüler die eigene Welt erforschen und den eigenen Fragestellungen nachgehen lassen (was ich auch im „üblichen" Projektunterricht unbedingt unterstützen würde ...).

Natürlich gehört diese Art von Unterrichtsangebot in den Bereich der freien Lernformen, der freien Arbeit. Von einer ganzheitlichen Warte aus gesehen, kann jedoch gut auch im Klassenrat mit Projekten gearbeitet werden.

Lernprojekte	Lernprojekte können Thema im Klassenrat sein. Oft wird es so sein, dass dafür andere Zeitgefässe genutzt werden. Bei Lernprojekten ist es wichtig, dass das Schwergewicht aufs eigene Entdecken und Forschen gelegt wird. Es soll um Formen und Themen gehen, die vom Schüler bzw. von der Schülerin gewählt sind.
Klassenprojekte	Gemeinsam eine Reise machen, eine Zeitung herausgeben, einen Flohmarkt planen und durchführen, für die ganze Schule ein Fest veranstalten und viele andere Aktivitäten können im Klassenrat gestartet und begleitet werden.
Individuelle Projekte	Ebenfalls ganz im Sinne von eigenständigem Lernen: „Ich habe eine Idee, was ich gerne erforschen, was ich gerne entdecken möchte!" Klassenrat kann dann genutzt werden, um Feedback einzuholen, um neue Ideen zu entwickeln, um ...

Sich eine Meinung bilden und sie äussern

Mutig zur eigenen Meinung stehen – „Politische Bildung" im Unterricht

Die nachfolgenden Angebote sollen Schülerinnen und Schüler in erster Linie befähigen, den Mut zu haben, sich „einfach mal" ohne Angst vor Fehlern zu äussern. Später soll es auch darum gehen, gezielte Angebote zu machen, die zu einer vertiefenden Auseinandersetzung mit einer Sache führen. Wie weit auch politische Bildung Thema sein wird, hängt sehr stark davon ab, welchen Bezug Sie selbst dazu haben.

Gehirnjogging, Runden

Als Gehirnjogging wird u.a. bezeichnet, wenn es zu einem Thema mehrere Runden gibt, in denen alle Anwesenden zum Sprechen aufgefordert werden (z.B. mittels Sprechstein, der herumgegeben wird) und dabei die Möglichkeit besteht, etwas zu sagen *oder eben auch nicht*. Dies gibt den eher ruhigen oder auch langsameren Kindern die Möglichkeit, sich in der zweiten oder dritten Runde einzubringen. Die Schnellen lernen sich zu gedulden.

Dilemma-diskussionen

Die Dilemmadiskussionen werden in Umsetzungen von Kohlbergs Theorie der moralischen Entwicklung verwendet. Es werden Alltagsgeschehnisse bearbeitet, in denen ein Dilemma gegeben ist. Dabei kann sichtbar werden, dass es in manchen Situationen verschiedene Entscheidungsmöglichkeiten gibt, von denen keine absolut richtig ist. Weiterführende Informationen finden Sie in Kapitel 4.

➲ S. 4-44ff.

Mädchen-/ Jungen-konferenzen

Manchmal ist es sinnvoll, eine Klasse aufzuteilen. Mädchen und Knaben besprechen bestimmte Themen getrennt. Die Ergebnisse werden anschliessend einander vorgestellt und allenfalls wird gemeinsam nach weiterführenden Lösungen gesucht. Die Schulsozialarbeiterin bzw. der Schulsozialarbeiter, Kolleginnen oder Kollegen unterstützen Sie sicherlich gerne.

Sachdiskussionen

Für Sachdiskussionen gibt es viele Themen. Hilfreich ist, diesen eine klare Struktur zu geben. So können zuerst Hypothesen gebildet, dann Lösungen gesucht werden. Bevor die ganze Klasse diskutiert, können in Kleingruppen Gespräche geführt werden.

Philosophieren

Wie geht das nun mit den Mondphasen? Das macht doch der liebe Gott, der eine Scheibe über ein grosses Loch im Himmel schiebt. Oder wie kommt es, dass Blumen wachsen? Sehen wir das gleiche innere Bild, wenn wir ein Wort wie „Katze" hören? Ist blau immer blau? – Mit Kindern über solche Phänomene reden und dabei merken, dass es eben ganz verschiedene Sichtweisen gibt – ja geben muss –, dafür gibt es im Schulalltag immer wieder Gelegenheiten. Nutzen Sie diese! Oder planen Sie diese gar ein.

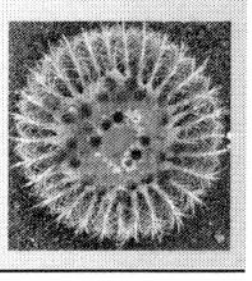

Probleme lösen, einander coachen

Hilf mir, es selbst zu tun!

Peer-Coaching

Einander helfen, Probleme zu lösen, kann im Schulalltag eingeführt werden. Nicht die Tipps der Lehrerin oder des Lehrers helfen, sondern das gemeinsame darüber Nachdenken in den fünf Schritten: 1. Was ist das Problem? 2. Was kann ich, können wir tun (Brainstorming)? 3. Entscheide dich für eine Lösung und probiere sie aus! 4. Überprüfe die ausgewählte Lösung auf ihre Lebbarkeit! 5. Funktioniert die Lösung? Wenn nicht, was kannst du jetzt tun? Diese fünf Schritte stammen aus dem Faustlos-Programm, das laut Untersuchungen eine starke präventive Wirkung hat.

➲ S. 4-42ff.

Vertrauenskind

Einzelne Kinder haben manchmal Schwierigkeiten in irgendeinem schulischen oder verhaltensorientierten Bereich. Hier könnte ein anderes Kind, das die Fähigkeit zur Bewältigung bereits besitzt, für ein vertrauensvolles Coaching über eine gewisse Zeit eingesetzt werden. Lehrpersonen können dies anregen und begleiten. Gemäss Untersuchungen helfen Kinder anderen Kindern so oder so sehr oft. Es lohnt sich, dies gezielt einzusetzen. Schön beschrieben sind solche Hilfestellungen in Beate Grabbes Buch: Dennis: „Ich bin hier der Schulschreck!".

Ideenbüro

Zum Beispiel: Jede Woche während einer gewissen Zeit betreiben vier Kinder aus „höchsten" Klassen ein Lösungsbüro. Dort können Problemstellungen abgegeben werden und Vorschläge zur Lösung werden zurückgeliefert. Siehe auch: *www.ideenbuero.ch*.

Lösungs-geschichten spinnen

Jemand beginnt mit einer Geschichte, in welcher ein Problem in der Klasse oder von einzelnen SchülerInnen kurz beschrieben wird. Die anderen Kinder (in einer Kleingruppe) beginnen, die Geschichte so weiterzuspinnen, dass sie für alle gut endet. Viel Fantasie ist erlaubt. Das Sprechen über die Lösungsideen kann sogar zu konkreten Lösungen im Schulalltag führen.

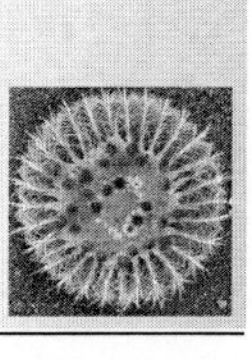

Informationen austauschen

Teilhaben lassen fördert den guten Klassengeist

Juwelenfenster

Jedes Kind hat „Juwelen". Das sind Hobbies, Spielzeuge, Wissen und Können, welche den anderen vorgestellt werden. Ein Juwelenfenster kann zehn bis fünfzehn Minuten des Klassenrats einnehmen. Ein Kind stellt dann sein Juwel vor: Erzählung von Sporterfolgen, wunderschön gebautes Legoschloss, Briefmarkensammlung, Fachwissen über Eisenbahnen, spezielles Reiseerlebnis, ...

Verschiedenes-Runde

Damit jedes Kind die Möglichkeit bekommt, von Dingen zu berichten, die es gerne mitteilen würde, kann dazu eine spezielle Runde im Klassenrat eingebaut werden.

Arbeiten der Woche vorstellen

Arbeiten, die im Unterricht entstanden und vorzeigbar sind, können im Klassenrat präsentiert werden. Zum Beispiel stellen immer drei Kinder ihre beste Arbeit der Woche vor. Vielleicht werden Portfolios erstellt. Daraus könnten ausgewählte Teile präsentiert werden.

Klassen-informationen

Manchmal gibt es Informationen der Klassenlehrperson oder eines Kindes, die für die ganze Klasse gedacht sind. Was nicht geeignet ist, sind lange Informationssequenzen der Lehrperson. Damit wird den Kindern Raum für ihre eigenen Anliegen genommen. Also: Gut überlegen, was wirklich im Sinne von Partizipation in den Klassenrat gehört und was eher nicht.

Lernerfahrungen reflektieren

Erfolgreiche Lernwege entdecken und unterstützen

Wochenreflexion, Lerntagebuch

Für die verschiedenen Arten der Metareflexion gibt es viele Gefässe und Bezeichnungen: Lerntagebuch, Lernjournal, Reflexionsheft usw. Als Hilfestellung für schriftliche oder zeichnerische Einträge in ein solches Journal wird mit den Schülerinnen und Schülern gemeinsam erinnert, was während der Woche stattgefunden hat. Sie notieren dies in Stichworten auf der Wandtafel. Es geht darum, dass die Schülerinnen und Schüler Anregungen erhalten. Dies ist vor allem auch für die Schwächeren wichtig. Reflexionsthemen gibt es viele: Meine erfolgreichsten Zeiten in dieser Woche. Da fühlte ich mich super. Wenn ich auf diese Woche/auf diesen Tag zurückblicke, lernte ich vor allem ... Möglich sind auch immer wieder Einträge, welche die Gedanken beim Lösen von Aufgaben beschreiben. Nachdenken über Konfliktsituationen kann ebenfalls gezielt angeregt werden.

➲ S. 4-18ff.

Formulierung und Austausch wichtiger Lernerkenntnisse

Solche Formulierungen können, wie oben bereits erwähnt, Teil der Wochenreflexion oder anderer Einträge ins Lerntagebuch sein. Eine zusätzliche Phase kann diese Arbeit ergänzen: Die Erkenntnisse werden anderen Schülerinnen und Schülern in Kleingruppen oder im Plenum mitgeteilt. Danach wird ein Feedback eingeholt und dieses wiederum mittels Eintrag ins Lerntagebuch reflektiert.

Wochenziele geben und reflektieren

Im Klassenrat können gemeinsame Wochenziele erarbeitet werden. Die Woche darauf wird darüber ausgetauscht, wie die Ziele erreicht wurden. Hilfreich sind vor allem Erfolgsgeschichten. Es lohnt sich, darüber nachzudenken, mit welchen Ressourcen erfolgreiches Handeln möglich wurde.

Organisationsformen

Abwechslung macht das Leben reich!

„Klassenrat ist ein Ort im Klassenzimmer, wo ein Stuhlkreis ist und dann werden Probleme besprochen!“ Dies eine Kurzbeschreibung eines Kindes, das den Klassenrat kennt. Damit beschreibt es jedoch einfach seine eigene bisherige Erfahrung. Der Klassenrat ist viel mehr. Ich meine, dass auch bei Struktur und Organisationsformen ganz viel Verschiedenheit möglich ist. Es braucht nicht immer den Stuhlkreis. Und dass es nur zu einem kleineren Teil um Konfliktlösungen geht, sollte bis hierher auch klar geworden sein.

Sie finden hier eine Auswahl bewährter Formen, die im Klassenrat genutzt werden können. Treffen Sie die Wahl so, dass es für Sie und Ihre Klasse stimmt.

Stuhlkreis	Das ist vermutlich die üblichste Form des Klassenrates. Alle Kinder und Jugendlichen sitzen zusammen mit der Lehrperson – oder auch ohne – im Stuhlkreis und besprechen ihre Themen gemäss dem „Klasse-typischen“ Verfahren.
Kleingruppenarbeit	Je nach Situation können Lösungen auch in Kleingruppen erarbeitet und anschliessend allen präsentiert werden. Erst danach werden Abmachungen mit der ganzen Klasse getroffen.
Fishbowl	Nicht alle Kinder und Jugendlichen sind jeweils von den Klassenratsthemen gleich stark betroffen. In solchen Situationen bewährt sich, nur mit den Betroffenen zu arbeiten. Fishbowl nennt sich eine Arbeitsform, in welcher einzelne Schülerinnen und Schüler einen Innenkreis mit einem oder mehreren freien Stühlen bilden. Hier drin wird diskutiert. Die Leute aussen haben eine stille Arbeit, können aber kurzzeitig mitreden, indem sie sich auf einen freien Stuhl im Kreis setzen, ihre Ansichten einbringen und dann wieder zurück an den Platz gehen.
Reflecting Team	Zwei oder drei Schülerinnen oder Schüler bekommen während einer gewissen Zeit eine Beobachtungsaufgabe: Beobachtet, wie jene, die reden, von sich selber reden (Ich-Botschaften?)! Oder: Beobachtet, wer wie viel redet! – Am Ende einer Gesprächssequenz geben die BeobachterInnen den anderen ein Feedback bezüglich ihrer Aufgabenstellung. Evtl. haben solche Beobachtungen dann Auswirkungen auf das aktuelle Setting (es wird zum Beispiel eine andere Form der Diskussion gewählt).

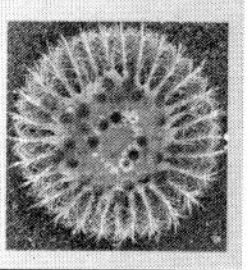

➲ S. 20

Arbeit mit Moderationszetteln

Um möglichst viele Kinder und Jugendliche zu beschäftigen, können auch Moderationsmethoden eingesetzt werden. Die eine ist die, dass, z.B. beim Sammeln von Lösungen, jede Idee mit dickem Filzstift auf einen Zettel (A3 längs geschnitten) geschrieben wird. Diese Zettel werden dann aufgehängt, können geordnet und allenfalls mit Punkten gewichtet werden.

Stummer Dialog

Die Wandtafel dient als Möglichkeit zur schriftlichen und stillen Diskussion. Es steht eine Fragestellung an der Wandtafel. Wer etwas dazu sagen will, schreibt das still daneben/dazu. Evtl. braucht es eine Beschränkung, wie viele Schülerinnen und Schüler an der Tafel sein dürfen. Eine Zeitbeschränkung ist hilfreich. Bei Kleingruppen empfiehlt sich die Arbeit mit einem Plakat. Interessant ist danach der Austausch über das Geschriebene.

Runden (z.B. mit Satzstrukturvorgaben)

„Runden" sind hilfreich, um Gespräche mit dominanten Schülerinnen und Schülern zu entlasten. Dabei geht es darum, dass alle Anwesenden der Reihe nach die Möglichkeit erhalten, etwas zu sagen, dies aber nicht tun müssen (z.B. den Redestein bekommen, ihn aber dann ohne Aussage weitergeben können). Zudem verteilt sich so die Redezeit „gerechter". Beispiele von Satzstrukturvorgaben:

- Heute gefiel mir besonders ...
- Ich wünsche mir für ...
- Ich fühle mich ..., wenn ...
- Wenn ... ist, dann mache ich ...
- Ich schätze (Name), wie er/sie (Handlung beschreiben) ...)

usw.

Gehirnjogging

Wie auf Seite 27 bereits beschrieben, werden so lange Runden gemacht, bis eine Sache für alle geklärt ist oder bis Lösungen zum Weiterfahren gefunden sind. Jogging heisst dieses Werkzeug, weil viel Ausdauer gefragt ist.

Redestein, Redetier

Die Regel „Nur eine Person spricht" ist am einfachsten einzuhalten, wenn nur jene Kinder oder Jugendlichen reden dürfen, welche einen symbolischen Gegenstand in der Hand halten. Das kann ein Stein sein, ein Holzstab oder andere „griffige" Gegenstände. Bei kleinen Kindern eignet sich auch ein Plüschtier.

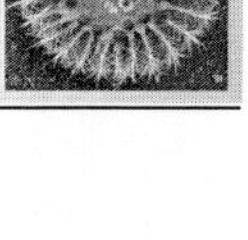

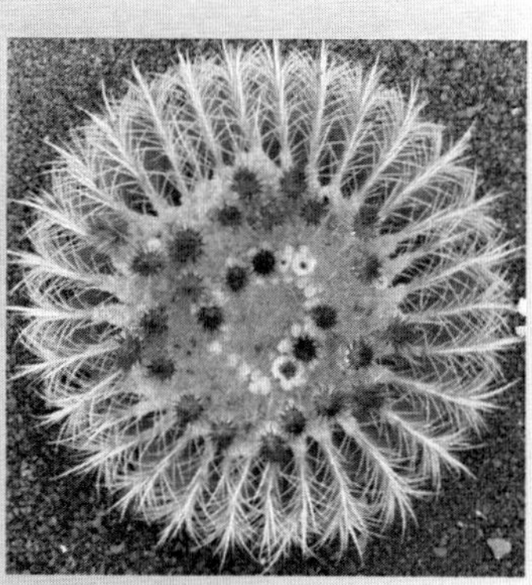

Grundlagen
und
Materialien
zu Ihrer Unterstützung

Teil 4

Anleitung zu einer kleinen Selbst-Reflexion

Um sich den eigenen Haltungen und Verhaltensweisen bewusst zu werden, empfehle ich Ihnen als ersten Schritt über eigene Klassenratserfahrungen zu reflektieren. Dazu biete ich Ihnen einige Fragen an, welche die Aufmerksamkeit auf die konkreten Problemstellungen und Ressourcen richten. Ich schlage vor, dass Sie die Fragen schriftlich beantworten und – da Haltungen sich ändern können – Ihre Aussagen von Zeit zu Zeit nachlesen.

Aufgabenstellung

Schreiben Sie auf, was Ihnen in Bezug auf den Klassenrat einfällt oder allgemeiner, in Bezug auf die Möglichkeiten der Mitbestimmung und der Mitsprache in der Schule überhaupt. Die nachfolgenden Leitfragen sollen lediglich als Anregung dienen.

Leitfragen

Anhand folgender Fragen können Sie sich noch vertiefter mit den eigenen Erfahrungen und Ressourcen befassen:

- Wie durften Sie in Ihrem Elternhaus mitreden?
- Gab es Menschen in Ihrer Kindheit, bei denen Sie sich akzeptiert fühlten, wenn Sie mit ihnen in Kontakt waren? Woran lag das?
- Erkennen Sie dabei typische Grundreaktionen besagter Menschen oder bei Ihnen?
- In welchen Situationen hatten Sie das Gefühl akzeptiert zu sein und mitreden zu dürfen?
- Was war, als Sie das erste Mal das Gefühl hatten: Wow, da bewirke ich ja etwas? Hatte das mit Mitreden zu tun?
- Wie konnten Sie in Ihrer Schulzeit Ihre Meinung einbringen? Lagen die Gelingens- oder Misslingensgründe eher bei Ihnen oder eher beim Umfeld (die Schule bot gar keine Gelegenheit)?
- Wie erlebten Sie allfällige Klassenratssituationen in Ihrer eigenen Schulzeit? Was gefiel Ihnen, was nicht?
- Was davon wollen Sie übernehmen?
- Reden Sie selber gerne mit? In grossen Gruppen? Was brauchen Sie, damit Sie sich gerne und auch überlegt äussern können?
- Welche Erwartungen haben Sie an sich selbst, wenn Sie an eine Durchführung des Klassenrats mit Ihrer Klasse denken?
- Erkennen Sie Ihre eigenen Ressourcen, die zum Gelingen beitragen könnten? Welche sind es?
- Wie erklären Sie sich das gute Funktionieren eines Klassenrates?
- Welche Motive bei Ihnen oder bei den Schülerinnen und Schülern könnten dienlich sein für einen erfolgreichen Klassenrat? (Was motiviert?)
- Welche psychischen Bedürfnisse könnten es sein, die durch den Klassenrat erfüllt werden? Bei Ihnen? Bei den Schülerinnen und Schülern?
- Welche grundsätzlichen Fragen und Gedanken beschäftigen Sie zum Thema Klassenrat? Wie erklären Sie sich Ihre Überlegungen?

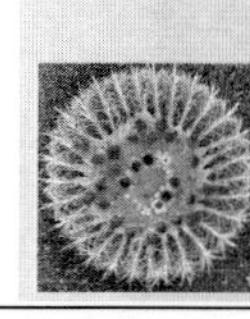

download

Checkliste KlaRa-Organisation

Es gilt Entscheidungen zu treffen!

Detailliertere Informationen in Kapitel 2, ab Seite 2-5.

	Wie nennen Sie das Gefäss der Partizipation in Ihrer Klasse?
	Wann findet der Klassenrat statt?

Den Klassenrat steuern

<table>
<tr><td></td><td colspan="3">Wie werden die Themen gefunden und ausgewählt?</td></tr>
<tr><td></td><td colspan="3">Wie lauten die Gesprächsregeln in Ihrer Klasse? Was ist eingeführt? Was müsste noch sein?</td></tr>
<tr><td></td><td colspan="3">Leitung:</td></tr>
<tr><td rowspan="3"></td><td rowspan="3">Weitere Rollen:</td><td></td><td></td></tr>
<tr><td></td><td></td></tr>
<tr><td></td><td></td></tr>
<tr><td></td><td colspan="3">Gesprächssteuerung (Redestein?)</td></tr>
<tr><td></td><td colspan="3">Vorbereitung: Wer schlägt die Themenauswahl vor? Wird eine Traktandenliste erstellt? Wer übernimmt diese Aufgabe?</td></tr>
<tr><td></td><td colspan="3">Welche Rituale sind regelmässig eingebaut und auch klar organisiert? (Wer tut was? -> Einsatz von Übersichtslisten?)</td></tr>
<tr><td></td><td colspan="3">Wird ein Protokoll geführt? Wer erstellt das und auf welche Weise soll das geschehen?</td></tr>
<tr><td></td><td colspan="3">Letzte Überprüfung:
Sind nun alle steuernden Teile des Klassenrats klar strukturiert?</td></tr>
</table>

Rollen im Klassenrat

Vielen Schülerinnen und Schülern Verantwortung übergeben

Die Übergabe von Verantwortung für das Geschehen im Klassenrat kann, wie vorgeschlagen, mittels Rollenübernahmen geschehen. Die nachfolgenden Rollenkarten können kopiert, ausgedruckt und schlussendlich laminiert den Rolleninhaberinnen übergeben werden.

ZeithüterIn

Du schaust darauf, dass die abgemachte Zeit eingehalten wird. Etwas vor dem Ende der Zeitvorgabe machst du die Gesprächsleitung darauf aufmerksam.

VorbereiterIn

Du planst mit deinen VorbereitungskollegInnen den nächsten Klassenrat.

Das Ergebnis besprecht ihr mit der Gesprächsleitung.

RegelwächterIn

Du beobachtest die Gespräche im Klassenrat und meldest mit einem Zeichen, wenn eine Gesprächsregel oder eine andere vereinbarte Regel nicht eingehalten wird.

FeedbackgeberIn

Du gibst der Gesprächsleitung und/oder der Klasse am Ende des Klassenrats ein Feedback. Worüber du ein Feedback gibst, hast du vorher mit der Gesprächsleitung abgesprochen.

ProzessbeschreiberIn

Du beobachtest, wie der Klassenrat verläuft und machst dir dazu Notizen. Am Schluss gibst du der Klasse ein Feedback über deine Beobachtungen.

ProtokollverfasserIn

Du protokollierst die Beschlüsse des Klassenrats. Dabei sprichst du dich mit der Gesprächsleitung gut ab.

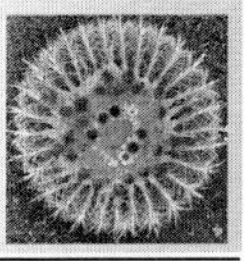

MindmapperIn

Du machst von den Klassendiskussionen ein Mindmap, aus dem ersichtlich werden kann, was wichtigster Inhalt der Diskussion war.

ThemenhüterIn

Du beobachtest die Gespräche im Klassenrat und meldest mit einem Zeichen, wenn Leute vergessen, beim Thema zu bleiben.

Hofnarr – Hofnärrin

Da ein Hofnarr oder eine Hofnärrin Dinge sagen darf, die andere nicht sagen dürfen, kannst du die Klasse auf Dinge hinweisen, über die man „normalerweise" nicht reden darf!

FähigkeitenfinderIn

Du beobachtest, welche deiner KlassenkameradInnen welche Fähigkeiten nutzen, damit die Gespräche gut und hilfreich verlaufen. Am KlaRa-Ende berichtest du darüber.

ZusammenfasserIn

Du beobachtest die Diskussion, fasst wichtige Aussagen zusammen und schreibst das auf Karten.

Diese hängst du an der Wandtafel auf.

Traktandenliste

Kopiervorlage

Für den Klassenrat vom ....

Was?	Zeit?	Wer?	Zum Drandenken
Einstimmung **Übersicht über Verlauf**			
Befindlichkeitsrunde			Hilfsmittel:
Rollen verteilen	2–5 Min.		
Stärkendes Spiel			
Abschlussfeedback			Heute mit:

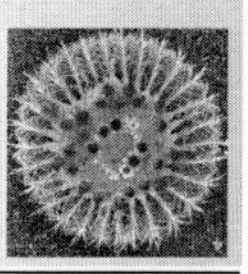

Einführungslektion

Ein Vorschlag zum Ausprobieren

Der Vorschlag ist auf die Stufe der 9- bis 12-Jährigen ausgerichtet. Er ist nach unten und oben anzupassen.

Zeit	*Vorgehen*	*Materialien*
10'	**Einstimmung**: Arbeit mit einer Geschichte Sitzordnung: Stuhlkreis • Geschichte vorlesen • Runde: Was gefällt euch an dieser Geschichte? Was würdet ihr auch gerne tun?	❑ Geschichte:
15'	**Vorstellung der Idee des Klassenrats** • Ziele • Verlauf: o *Einstimmung* mit Geschichte o *Befindlichkeitsrunde* o *Verteilung der Rollen* o *Klärung des Verlaufs*/Traktanden o *Forschen: Stärken in der Klasse* o *Stärkendes Spiel, wenn Zeit reicht* o *Abschlussfeedback* • Klärung von Fragen	❑ Ziele ❑ Verlauf auf Plakat oder auf Wandtafel, evtl. mit Karten, die später wieder verwendbar sind.
10'	**Befindlichkeitsrunde** • Einführung Redestein • Runde: Heute erlebte ich ... Daran hat mir besonders gut gefallen, dass ...	❑ Redestein
5'	**Rollen verteilen** • Zeithüterin • Feedbackgeberin • Leitung: Lehrperson	❑ Rollenkarten

Fortsetzung nächste Seite

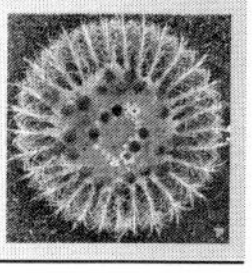

10′	**Forschen**: Stärken in der Klasse • Kurze Erklärung: Mit „Stärke“ ist gemeint, dass jemand etwas tut, das für sich selber/für viele/für alle hilfreich ist. • Bildung von Dreiergruppen • Auftrag: Jede Gruppe findet in 5 Minuten 3–5 Stärken in Bezug auf die gegenseitige Hilfsbereitschaft und schreibt sie je auf eine Karte. • Zurückbringen und in den Kreis legen	❑ Moderationskarten, Filzstifte
10′	**Stärkendes Spiel:** (falls noch Zeit) • Mein rechter Stuhl ist leer, mit Beschreibung von Fähigkeiten	❑ Siehe weiter unten
5′	**Abschlussfeedback** • Einpunktfragen: • Und wer noch ein Wort dazu sagen möchte, der kann das (evtl. auch nicht -> Zeit?).	❑ Einpunktfragen bereitmachen

Kommentar

Der Aufbau dieser Lektion ist so gestaltet, dass sie zum einen die eigentliche „Einführung“ bildet, zum anderen gleich „richtig“ loslegt. Dies führt allerdings zu einem relativ engen Zeitraster. Vielleicht organisieren Sie sich für diese Einführung mehr Zeit, z.B. eine Doppelstunde und können dann auch gleich das „stärkende Spiel“ durchführen (Beispiele in Kapitel 4) und sich für die einzelnen Punkte mehr Zeit nehmen.

➲ S. 4-23

Gesprächsregeln

Kopiervorlage

➔ **Ich rede mit Ich-Botschaften.**

➔ **Ich gebrauche faire Wörter.**

➔ **Ich höre still und interessiert zu.**

➔ **Ich rede, wenn ich dran bin.**

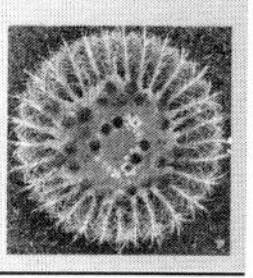

Gesprächsbeteiligung fördern

Nach einer Auflistung von Yvonne Wittenbach-Barth, nach Krapf 1997

Manchmal ist es etwas schwierig, die Beteiligung aller Kinder im Klassenrat zu fördern. Es gibt jedoch einige Möglichkeiten, die Wahrscheinlichkeit des Gelingens zu erhöhen.

Initiative stärken durch Peer-Coaching

- Die Klasse/Gruppe wird aufgeteilt in Sprechende und Coaches.
- Jede Sprecherin, jeder Sprecher erhält einen Coach.
- Das Gespräch zwischen SprecherIn und Coach wird im Flüsterton gehalten.
- Nur die SprecherInnen dürfen reden.

Diskussions- und Gesprächsfortgang mit Karten unterstützen: Brennpunkte sammeln

- Vor der Diskussion werden Gruppen gebildet.
- Jede Gruppe findet Brennpunkte für das Gespräch und schreibt diese auf Karten. Alle Karten werden am Ende der Arbeitszeit nach Wichtigkeit gestapelt.
- Im Plenum wird mit einer Karte einer durch die Gesprächsleitung bestimmte Gruppe als erstem Diskussionsthema begonnen. Passende Karten der anderen Gruppen werden nach Bedarf dazugelegt. Diskutierte Karten legt man zur Seite oder gruppiert sie thematisch.
- Anschliessend wird mit einer Karte der nächsten Gruppe auf die gleiche Weise weitergefahren.
- Viele Varianten sind hier denkbar.

Beteiligung mit Chips

- Jedes Kind erhält drei Chips (auch weniger oder mehr sind möglich).
- Bei jedem Gesprächsbeitrag wird ein Chip abgegeben.
- Wer den Vorrat aufgebraucht hat, muss zuhören.

Bewusste Wahl der Beitragsform

- Jede/r Jugendliche überlegt sich zu Gesprächsbeginn, welche Art von Beitrag er/sie einbringen will: Behauptung, gegenteiliger Standpunkt, Fragen aufwerfen, neue Sichtweisen einbringen, das Positive entdecken, Zusammenfassung usw.
- Hilfsmittel: Karten mit den möglichen Beitragsarten auswählen.

Behauptung einbringen	*gegenteiligen Standpunkt einnehmen*	*Fragen aufwerfen*
das Positive entdecken	*zusammenfassen*	*neue Sichtweisen einbringen*

Struktur sichtbar machen

- Die Gesprächsleitung erhält einen Coach. Dieser fasst die Kernaussagen der Diskussion jeweils zusammen und schreibt sie auf eine Karte, die „Mindmap-ähnlich" aufgehängt wird.
- Dadurch wird die Struktur des Gesprächs sichtbar gemacht. Das kann auch als Protokoll genutzt werden.

Vier Ebenen der Kommunikation

Nach Schulz von Thun

Selbstoffenbarungs-Ohr

Sach-Ohr

Beziehungs-Ohr

Appell-Ohr

Gewaltfrei kommunizieren

Nach Marshall Rosenberg

Das Konzept der Gewaltfreien Kommunikation (GFK) nach Rosenberg eignet sich sehr gut für den Einsatz im Unterricht. Rosenbergs Ansatz beinhaltet jene Kommunikationsregeln, die auch in anderen Ansätzen zu finden sind, wie aktives Zuhören und den Gebrauch von Ich-Botschaften. Was den Ansatz aus meiner Sicht speziell macht, ist die Idee, dass jeder Kommunikation Bedürfnisse zu Grunde liegen, welche es zu erkennen gilt – bei sich selber und bei den anderen Personen. Zum anderen ist das Erklärungsmodell mit der „Giraffensprache" und der „Wolfssprache" gerade für den Unterricht sehr anschaulich.

Die GFK hat als Basis ebenfalls ein Modell mit vier Schritten. Vor allem in konfliktbehafteten Gesprächen sollten gemäss Rosenberg vier Stufen „durchlaufen" werden:

1. Beobachtung beschreiben
2. Gefühl wahrnehmen und äussern
3. Bedürfnis erkennen
4. Wunsch äussern

Diese vier Bereiche einer Botschaft werden in jeder Art von Kommunikation gebraucht. Wenn ich von mir selber berichten will, dann baue ich meine Botschaft auf diese vier Schritte auf. Es ist aber auch möglich, Menschen empathisch zu begegnen, indem diese vier Schritte beim Gegenüber beobachtet und abgefragt werden. Für die Schule eignet sich die GFK vor allem auch, wenn Feedback gegeben werden soll oder zur Konfliktbearbeitung. Das in Kapitel 4 vorgestellte Mediationsmodell ist auch mit GFK-Schritten machbar (dort drin fehlt das Eingehen auf die Bedürfnisse – was jedoch problemlos in Schritt 3 eingebaut werden kann). Der Aufbau der vier Schritte der GFK ist auf der nachfolgenden Seite noch detaillierter beschrieben.

Von „Wolfssprache" redet Rosenberg, wenn sich die Menschen nicht empathisch zuhören, sondern sich gegenseitig beschuldigen, Schuldige zu finden versuchen, aufs Negative hinweisen usw. Die „Giraffensprache" fokussiert dagegen auf das gegenseitige Wahrnehmen der Bedürfnisse. Diese beiden Tiere sind im Unterricht hilfreich um aufzuzeigen, wie die Kommunikation gerade läuft. Ziel müsste sein, die Gesprächskultur immer mehr in Richtung Giraffensprache zu entwickeln.

Eine detaillierte Einführung in die GFK sprengt den Rahmen dieser Handreichung. Falls Sie sich vertieft mit ihr auseinandersetzen wollen, gibt es viele Bücher und Hilfsmittel auf dem Markt. Eine gute Einstiegsseite für weiterführende Informationen finden Sie im Internet unter www.gewaltfrei.de. Auch die Eingabe von „Gewaltfreie Kommunikation" in einer Suchmaschine führt zu einer Fülle von Informationen.

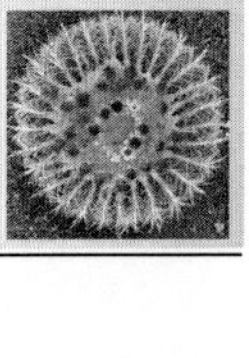

download

Gewaltfrei kommunizieren

Nach Marshall Rosenberg

Beobachtung

Wenn ich sehe / höre ...

konkrete Handlung
(bewusst mit leerem Kopf)

Gefühl

dann fühle ich mich ...

in Verbindung mit der Handlung

Bedürfnis

weil ich das Bedürfnis habe ...

echtes Bedürfnis

Bitte, Handlung

deshalb bitte ich dich ...

echter Wunsch
(verhandelbar, keine Forderung!)

Feedback geben und nehmen

Unterstützendes Feedbackgeben muss gelernt sein

Feedback im Allgemeinen bekommen Schülerinnen und Schüler dauernd, wie Sie als Lehrperson auch. Das können nonverbale Zeichen sein, die einfach so ankommen. Das sind aber oft auch sehr direkte Worte, die bei den jeweiligen Gegenübern jedoch unterschiedlich ankommen. Die Schule ist eine Feedbackinstitution par excellence. Tagtäglich beobachten und beurteilen Sie als Lehrperson die Schülerinnen und Schüler und geben danach Feedbacks. Doch welche Auswirkungen haben alle diese Feedbacks? Sind die Auswirkungen so, wie wir uns das wünschen? Reden die Schülerinnen und Schüler untereinander auf jene Weise, die unseren Werten und Vorstellungen entsprechen? Und was davon geht auf unsere Feedback-Anleitungen und unsere Art des Feedbackgebens zurück?

Wahrnehmungsorientiert gesehen ist Feedback gegenüber anderen ja immer eine sehr subjektive Sache. Auch Sie als Lehrperson geben andauernd subjektive Feedbacks (nicht nur Ihre Schülerinnen und Schüler!). Wir nehmen etwas wahr und gleichen dies „intern" mit den gespeicherten Erfahrungswerten im Gedächtnis ab. Da diese Erfahrung nicht anders als subjektiv sein kann, entsteht manchmal ein Spannungsfeld zwischen dem Beobachteten und den eigenen Werten. Und manchmal verspürt man Lust, dies auch gleich und direkt zu sagen. Wenn dies im Bewusstsein geschieht, dass es eine wirklich subjektive Ansicht ist, dann kann ein solches Feedback tatsächlich sehr hilfreich sein. Es gibt Autoren, die behaupten, dass man sich selber nur über die Feedbacks der anderen beschreiben könne.

Gemeinhin wird in der Schule davon ausgegangen, dass Feedback notwendig ist, damit sich der andere verändern kann. Wir Lehrpersonen geben Feedback in der Annahme, dass dieses verhaltenswirksam wird. Manchmal verzweifeln wir aber auch, weil die Feedbacks einfach nicht so ankommen, wie wir das gerne hätten. Aus meiner Sicht sind Feedbacks „ein" mögliches Instrument, um Veränderungen anzuregen. Wenn das Gegenüber bereit ist, das Feedback anzunehmen und zuzuhören, kann dies gelingen. Wenn das Gegenüber jedoch absolut keine Lust hat, sich ein Feedback anzuhören, wird es schwieriger. Man kann ein solches dann wohl geben, die Wahrscheinlichkeit, dass der oder die Andere in der gewünschten Art darauf reagiert, ist jedoch eher klein. Auch das erleben Sie vermutlich tagtäglich. In solchen Situationen macht Feedback höchstens Sinn, um sich abzugrenzen. Wozu also Feedbacks? Und in welchen Situationen?

Gezielte Feedbacks sind meines Erachtens vor allem dann einzusetzen, wenn diese auch erwünscht sind. Und das muss vereinbart werden. Sollen also im Klassenrat Feedbackformen genutzt werden, dann soll die Klasse ihr Einverständnis dazu geben können. Weiter sollte auch den Schülerinnen und Schülern klar sein,

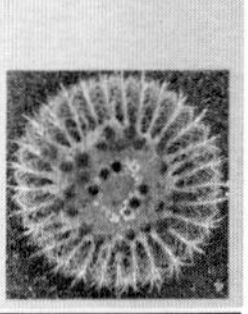

dass Feedback immer subjektiv ist. Das bedeutet: Schülerinnen und Schüler bekommen einen Hinweis darauf, wie ein eigenes Verhalten von den anderen wahrgenommen wird. Das muss aber nicht „die Wahrheit" sein. Dies ist einfach eine Deutung. Und damit dies auch hörbar und erlebbar wird, schlage ich einen Dreischritt beim Feedbackgeben vor.

1. Beobachtung:
Ich versuche möglichst wertfrei zu beschreiben, was ich wahrnehme.
Das ist gar nicht so einfach. Unser Gehirn hat die Eigenart, alle Wahrnehmungen sofort nach „gut" oder „nicht gut" zu sortieren. Deshalb braucht es bei diesem ersten Schritt etwas Übung.

2. Ausgelöste Gefühle:
Ich beschreibe meine Gefühle zum Wahrgenommenen.
Auch die differenzierte Wahrnehmung von Gefühlen ist anspruchsvoll. Deshalb braucht auch dies viel Übung. Es macht aus verschiedenen Gründen Sinn, Gefühle immer wieder zu thematisieren. Vielleicht hilft es, irgendwo ein Plakat mit den Grundgefühlen aufgehängt zu haben. Oder Sie hängen eine Sammlung der wichtigsten Gefühle auf, die Kinder und Jugendliche in ihrem Alter erleben. Eine solche Sammlung eignet sich auch gut zur Unterscheidung, was denn echte Gefühle sind und wo Gefühlsformulierungen eher als versteckte Vorwürfe gebraucht werden. Im Alltag bewährt hat sich der Stimmungsflip der Pro Juventute (www.pro-juventute.ch, Shop anklicken). In der Gewaltfreien Kommunikation nach Rosenberg wird dieser Wahrnehmung grosses Gewicht gegeben (Kurzvorstellung und Literaturhinweise siehe oben).

3. Auswirkungen und Wunsch:
Ich sage dir, was ich denke, was das beobachtete Verhalten bewirken kann und was ich mir allenfalls wünsche.
Verhalten haben meist Auswirkungen im sozialen Umfeld. In diesem dritten Schritt geht es darum, diese zu benennen. Was genau löst es bei mir aus, wenn du dieses und dieses Verhalten zeigst? (Ich möchte dann gar nicht mehr mit dir spielen. – Du wirst dann halt vielleicht weniger gewählt. – Usw.) Und falls das machbar ist, kann ich dem Gegenüber auch mitteilen, was ich mir in einer nächsten Situation wünsche. Damit ermögliche ich ihm, ein nächstes Mal ein anderes Verhalten zu zeigen.

Feedbacks können ankommen oder nicht. Feedbacks sind manchmal überlegt und manchmal überhaupt nicht. Das soll auch so sein. Zu wissen wie man Feedback in drei Schritten geben kann, ist jedoch durchaus hilfreich. Und das kann man auf vielfältige Weise gerade auch im Klassenrat üben. Feedbacks sollen auch nicht mit der Absicht gegeben werden, dem anderen zu sagen, was er zu tun hat. Fritz Pearls, der Gestaltpsychologe, meinte dazu einmal sinngemäss: *Ich danke dir für das Feedback. Ich werde es mir überlegen. Aber ich bin nicht auf der Welt, um so zu sein, wie du mich haben möchtest.*

Feedback-Dreischritt

Feedback gezielt einsetzen

1. Beobachtung

Ich versuche möglichst wertfrei zu beschreiben, was ich wahrnehme.

2. Gefühl

Ich beschreibe meine Gefühle zum Wahrgenommenen.

3. Auswirkungen und Wunsch

Ich sage dir, was ich denke, was das beobachtete Verhalten bewirken kann und was ich mir allenfalls wünsche.

Idee

Jede Schülerin, jeder Schüler hat ein solches Kärtchen auf seinem Pult:

download

Erfolge im Klassenrat auswerten

Hinschauen von Zeit zu Zeit, nach einer Idee von Yvonne Wittenbach-Wirth

Wie empfindest du den Klassenrat?

☐ nicht wichtig ☐ es geht ☐ gut ☐ sehr gut

Beteiligst du dich oft am Gespräch?

☐ nie ☐ selten ☐ oft ☐ sehr oft

Wie wichtig ist dir der Klassenrat zum Lösen von Konflikten?

☐ nicht wichtig ☐ es geht ☐ gut ☐ sehr gut

Wie viel Mitbestimmung erlebst du im Klassenrat?

☐ keine ☐ ein wenig ☐ ziemlich viel ☐ sehr viel

Nützt der Klassenrat aus deiner Sicht etwas?

☐ nein ☐ ein wenig ☐ ziemlich viel ☐ sehr viel

Möchtest du den Klassenrat weiterführen?

☐ nein ☐ vielleicht ☐ ja ☐ unbedingt

Wie würdest du einem fremden Kind erklären, was dir unser Klassenrat bedeutet?

Warum findest du den Klassenrat wichtig?

Welche weiteren Ideen, Wünsche, Kritik hast du zum Klassenrat?

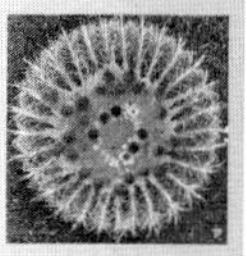

Das Lerntagebuch führen und weitere Reflexionsformen nutzen *... und im Klassenrat einsetzen*

Es gibt Untersuchungen, die zeigen, dass Kinder, die metakognitive Fähigkeiten entwickeln konnten, erfolgreichere LernerInnen sind. Mit metakognitiven Fähigkeiten sind jene Tätigkeiten gemeint, die ein Nachdenken über Lernprozesse und über das eigene Tun beinhalten. Erfolgreiche Lernerinnen und Lernen entwickeln auch ein grosses Bewusstsein über die Art ihrer Lernstrategien und bauen diese weiter aus.

Formen der Metakognition bzw. der Reflexion fördern selbstgesteuertes Lernen. Schülerinnen und Schüler übernehmen Selbstverantwortung für ihr Lernen. Für die Partizipation sind diese Kompetenzen sehr nützlich und sollten deshalb im Klassenrat eingesetzt werden.

Es gibt verschiedenste Formen, wie Metakognition bzw. Reflexion gefördert werden kann. Die einen benötigen mehr Zeit, führen tiefer, andere haben eher den Charakter einer „Momentaufnahme", um die eigenen Lernfähigkeiten einzuschätzen.

Lerntagebuch

Dafür gibt es auch andere Namen: Arbeitsrückblick, Lernjournal, Schultagebuch usw. Entscheidend ist nicht der Name, sondern wie dieses Element der Reflexion genutzt wird. Das Lerntagebuch kann als eigentliches Tagebuch verwendet werden: Die Kinder machen jeden Tag Einträge für sich. Die Lehrpersonen lesen diese Einträge nicht. Falls das Lerntagebuch für Wochenreflexionen im Klassenrat eingesetzt wird, können z.B. zuerst in einem Plenumsgespräch die wichtigsten Ereignisse der Woche an der Wandtafel gesammelt werden.

Oft wird das Lerntagebuch auch für *Lernreflexionen* verwendet: Wie ist dir diese oder jene Aufgabe gelungen? Spannender – und für die Reflexion auch wichtiger – sind Aufgabenstellungen, mit denen die Schülerinnen und Schüler angeregt werden, etwas zu erforschen und dies zu dokumentieren. Die Didaktik der Kernideen (Dialogisches Lernen) nach Gallin und Ruf ist für solche Forschungsaufträge sehr geeignet.

Lerntagebücher können auch nur aus Zeichnungen bestehen oder mit Comics, Collagen und anderen nonverbalen Ausdrucksformen ergänzt werden.

Der Tages- oder Wochenrückblick

Mit einem Tages- oder Wochenrückblick wird die getane Arbeit nochmals reflektiert. Je nach Fragestellung kann der Fokus auf verschiedene Bereiche gelenkt werden:

- Was war dir heute/diese Woche wichtig?
- Wann konntest du gut lernen? Woran mag das gelegen haben?
- Was haben wir heute/diese Woche gelernt?
- Wenn du über heute/diese Woche nachdenkst, was machst du nächste Woche sicher wieder so? Und was wirst du ändern?
- ...

Weitere Anregungen zu verschiedenen Reflexionsformen finden Sie gleich anschliessend. Bei den Fragestellungen ist es grundsätzlich sinnvoll, auf positive Erlebnisse und Erfahrungen zu fokussieren. Falls es darum geht, negative Erfahrungen zu reflektieren, sind Fragen nach einer erwünschten Zukunft nützlich (Wie ist das, wenn alles super ist?). Auch ist es wichtig, offen zu fragen. Am besten geht dies, wenn Erlebnisgeschichten erzählt werden können.

Stimmungsbarometer

Ein Stimmungsbarometer kann eine Rückmeldung für die Lehrperson am Ende einer Unterrichtssequenz oder einer bestimmten Zeiteinheit oder Aufgabe sein. Es hat zudem den Effekt, dass Schülerinnen und Schüler über ihre Arbeits- bzw. Lernprozesse nachdenken müssen. Einmal mehr ist es wichtig, geeignete Fragestellungen zu wählen: Offen, positiv, erlebnisorientiert, ...

Eine einfache Form:

Name: .... **Datum:** ....

Zur vergangenen Stunde fallen mir zu jedem Smiley folgende zwei Sätze ein:

☺
....

😐
....

☹
....

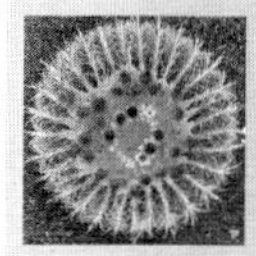

Reflexionsblätter – Evaluationsbogen

Zur Evaluation eignen sich Arbeitsblätter mit gezielt ausgewählten offenen Fragen. Die SchülerInnen erhalten damit die Möglichkeit, gewisse Schwerpunkte selbst zu setzen.

- Welche Aufträge aus der Baumwerkstatt haben dir am besten gefallen?
- Bei welchem Auftrag hast du am meisten gelernt?
- Was fällt dir ein, wenn du an die Baumwerkstatt denkst?
- Wann hast du dich diese Woche wohl gefühlt? Beschreibe eine Situation.
- In welchen Situationen kannst du am besten arbeiten?
- Welche Wünsche hast du in Bezug auf die Verbesserung des Gemeinschaftsgefühls in deiner Klasse?

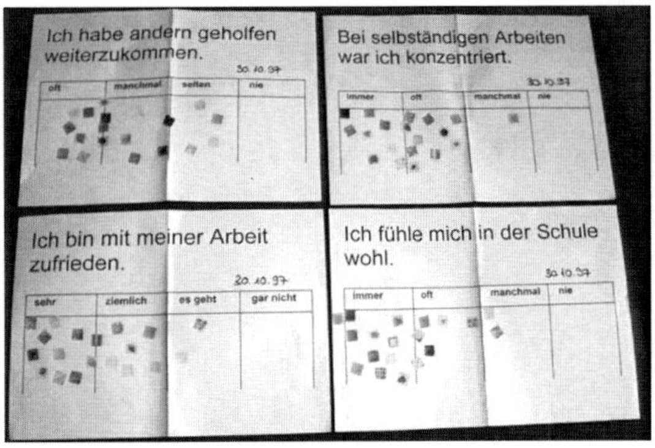

Einpunktfragen

Wie bereits früher erwähnt, können Einpunktfragen ganz schnell ein Stimmungsbild der Gruppe sichtbar machen. Einpunktfragen heissen so, weil zu einer bestimmten Fragestellung jeweils ein Punkt gesetzt wird.

In der Praxis kann diese Methode in vielen Varianten genutzt werden, z.B. auch in Form von soziometrischen Aufstellungen mit der ganzen Klasse (vgl. Kapitel 2): Die eine Ecke im Schulzimmer ist die Plus-Ecke. Grosse Zustimmung bedeutet, die SchülerInnen stellen sich ganz in diese Ecke. Für totale Ablehnung gehen sie auf die andere Seite in die Minus-Ecke. Dazwischen sind alle weiteren Standorte bzw. Abstufungen möglich. Die Mitte ist die „Ich-weiss-nicht-Stelle".

Manchmal stehen solche Einpunktfragen einfach auf Blättern, die aufgehängt werden. Das können vier, sechs oder mehr solche Blätter sein (siehe Abb. oben). Die Schülerinnen und Schüler wandern dann von Plakat zu Plakat und setzen eine Marke (mit Klebepunkten oder auch mit Filzstift-Kreuz).

Zettelabfragen

Eine weiteres einfaches und sehr aussagekräftiges Verfahren stammt ebenfalls aus der Moderationsmethode: Die Zettelabfrage (siehe Abb. unten). Zu einer bestimmten Fragestellung schreiben die Kinder ihre Gedanken auf einen Zettel. Pro Gedanke soll ein Zettel verwendet werden. Geschrieben wird mit dicken Filzstiften – so gross, dass die Zettel auch aus einer gewissen Distanz gelesen werden können.

Einpunktfragen

Kopiervorlage

Ich fühle mich in der Schule wohl.

immer	oft	manchmal	nie

Bei selbständigen Arbeiten war ich konzentriert.

immer	oft	manchmal	nie

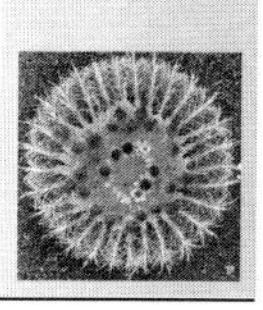

Einpunktfragen: Weitere Beispiele

Ich bin mit meiner Arbeit zufrieden.

sehr	ziemlich	es geht	gar nicht

Bei Partner- oder Gruppenarbeiten machte ich gut mit.

immer	oft	manchmal	nie

In der Mathematik arbeitete ich gut.

sehr	ziemlich	es geht	gar nicht

Ich konnte die Wochenplan-Arbeiten gut einteilen.

sehr	ziemlich	es geht	gar nicht

Ich arbeitete gerne mit dem Wochenplan.

sehr	ziemlich	es geht	gar nicht

Ich habe die Wochenplan-Ziele erreicht.

ganz	fast	es fehlt noch viel	gar nicht

Ich habe anderen geholfen, Streitsituationen fair zu lösen.

nie	wenig	einige Male	oft

Ich habe andern geholfen weiterzukommen.

oft	manchmal	selten	nie

Gemeinschaft und Selbstvertrauen stärken

Spiel- und Handlungsformen

Ich gehe davon aus, dass im Unterricht immer wieder auf die vorhandenen Stärken fokussiert werden sollte. Für die lernenden Gehirne vor Ihnen, ich meine damit Ihre Schülerinnen und Schüler, ist es sehr wesentlich, dass ihnen Angebote mit Erfolgs-Geschichten, erfolgreichen Erfahrungen und Handlungen gemacht werden. „Moralpredigten" taugen in den wenigsten Fällen, sie bieten selten nützliche Alternativen. Zudem aktivieren sie jene neuronalen Netzwerke, welche das Defizit in den Vordergrund stellen – und dies ist ganz und gar nicht hilfreich.

Spiele eignen sich sehr für Erfolgserlebnisse. Und sie machen Spass. Angebote in diesem Bereich gibt es viele. Sicherlich haben auch Sie Ihre Favoriten. Hier finden Sie einige Vorschläge, die sich in der Praxis als hilfreich erwiesen haben. Anpassungen ans Alter der Kinder und Jugendlichen sind nützlich.

Positive Detektive gesucht – in der Schweizer Mundart auch „Positivle"

Eine Form, die sich in vielfältiger Weise abwandeln lässt, führte ich vor einiger Zeit in einer Klasse ein, in welcher nach der Pause immer wieder längere Diskussionen über Streitereien stattgefunden haben. Der Hinweis, dass diese Streitereien nicht geduldet werden und die Aufgabenstellung, dass von nun an nach jeder Pause von den Schülerinnen und Schülern Berichte über freudige und positive Erlebnisse und Beobachtungen erwartet werden, führten relativ schnell zu einer grossen Entspannung. Die Fokussierung der Aufmerksamkeit auf das Gelingende als erfolgreiche Intervention wird durch Resultate der Hirnforschung ziemlich klar belegt. Der Zeitpunkt zum „Positivle" kann je nach Klasse und Konfliktsituationen auch am Anfang oder Ende eines Schultages sein.

Mögliches Vorgehen:

1. Klare Information an die Klasse: Wir wollen eine friedliche Pause.
2. Aufgabe über einige Tage bis einige Wochen: Nach jeder Pause sammeln wir Berichte über freudige und positive Erlebnisse und Beobachtungen. Die Freude muss dabei auf allen Seiten sein (also nicht auf Kosten anderer).
3. Nach jeder Pause fragt die Lehrperson die positiven Erlebnisse und Beobachtungen ab. Evtl. werden die Berichte auf Zettel geschrieben und aufgehängt oder in einem speziellen Ordner gesammelt.
4. Nach einer gewissen Zeit kann mit der Klasse darüber reflektiert werden, was sich bisher positiv verändert hat. Wenn dann zusammen mit den Kindern herausgefunden wird, woran das liegen könnte, bekommt die Klasse einige weitere Ideen für konstruktives Verhalten.

Die warme Dusche – eine angenehme Feedback-Dusche!

Auch diese Form ist vielfältig veränderbar: Kameradinnen und Kameraden geben einem Kind gezielt positives Feedback. Diese Feedbacks bewirken oft gewünschte Verhaltensveränderungen.

Bei den Feedbacks ist darauf zu achten, dass sie vor allem beschreibend sind: Also nicht: „Ich find dich gut!", sondern: „Als du mir heute dein Lineal ausgeliehen hast, war ich sehr froh." Oder „Dass du mich heute hast mitspielen lassen, hat mich sehr gefreut!" Die Kinder sollen von Erlebnissen berichten, in welchen sie ihre Kameradinnen und Kameraden positiv erlebt haben. Dies muss zu Beginn etwas geübt werden. Lesen Sie doch auch, was ich weiter vorne über Feedbacks allgemein geschrieben habe.

➲ S. 4-14

Sinnvoll ist, die warme Dusche über einen längeren Zeitraum durchzuführen – so dass möglichst alle Kinder in den Genuss von positiven Feedbacks kommen können. An einigen Orten wird bei diesem Spiel vom „heissen Stuhl" gesprochen. Heiss, weil das Erhalten von positivem Feedback ohne Kommentar manchmal ganz schwer auszuhalten ist. Hilfreich kann auch sein, wenn die positiven Feedbacks zuerst aufgeschrieben oder gezeichnet und im Anschluss an den mündlichen Vortrag dem Kind überreicht werden.

Mögliches Vorgehen:

1. Nach der Erklärung des Spiels kann ein Kind sich melden, es wird ausgelost oder Sie als Lehrperson bestimmen, wer dran ist. Wichtig ist hier eine Anleitung, wie positive Feedbacks gegeben werden sollten (siehe oben).
2. Das Kind setzt sich mit dem Stuhl in die Mitte.
3. Die positiven Feedbacks werden reihum oder frei gegeben. Das Feedback empfangende Kind hört einfach zu und freut sich – und es darf natürlich auch geklatscht werden ...

Der gute Kollege, die gute Kollegin

Dies ist eine Form der spielerischen Stärkung von erwünschtem Verhalten: Zuerst wird mit der Klasse darüber diskutiert, wie sich denn eine gute Kollegin verhält. Diese Erkenntnisse werden sinnvollerweise irgendwo aufgeschrieben (Wandtafel, Plakat, Flipchartblatt, ...). Schliesslich erklärt die Lehrperson zu Beginn eines Tages, dass heute jemand die Aufgabe habe, gute Kollegin oder guter Kollege zu sein. Er oder sie müsse dies jedoch so tun, dass es die anderen nicht merken. Zudem sei erlaubt, sich selber so zu verhalten, wie wenn man diese Rolle hätte. Danach schliessen alle die Augen und die Lehrperson berührt ein Kind, welches damit für den ganzen Tag die Aufgabe hat, sich gezielt kameradschaftlich zu verhalten. Am Tagesende wird ausgewertet: Wer hat etwas erlebt, bei dem er denkt, das kommt von der guten Kollegin? Wichtig ist, dass dabei die Erlebnisse beschrieben werden. Da werden sehr viele positive Geschichten erzählt und damit wird eine Grundlage für ein gutes Miteinander geschaffen.

Mögliches Vorgehen:

1. Gespräch über Verhaltensweisen von „guten KollegInnen“, evtl. Notiz an Wandtafel oder auf Moderationszetteln oder auf ...
2. Erklärung, dass nun „ein guter Kollege“ oder „eine gute Kollegin“ bestimmt würde, die kollegiales Verhalten so zeige, dass die anderen das nicht merken – und die anderen dürfen „Spielverderber“ sein und selber auch kollegial handeln ...
3. Auswahl des Kindes: Alle schliessen die Augen und legen den Kopf auf die verschränkten Arme. Lehrperson geht durch die Bankreihen und berührt irgendein Kind. – Andere Auswahlverfahren sind gut denkbar.
4. Los geht's!
5. Am Ende des Halbtages oder Tages wird ausgewertet. Planen Sie dafür vor allem in der ersten Phase genügend Zeit ein. Und denken Sie dran: Es geht nicht in erster Linie darum, das ausgewählte Kind zu finden, sondern es geht um das Erzählen von vielen Erfolgsgeschichten im Alltag.

Empathiespiel – Training fürs Einfühlungsvermögen!

Es zeigt sich, dass Empathie im Bereich der Gewaltprävention eine Schlüsselkompetenz ist. Deshalb lohnt es sich, auf vielfältige Weise Angebote zu machen, damit die Kinder und Jugendlichen lernen, sich in andere einzufühlen. Das hier vorgestellte Spiel eignet sich dazu sehr gut.

Zwei Kinder haben je ein Blatt gemäss der untenstehenden Vorlage (beliebig abzuändern) vor sich. Sie gehen abwechselnd Frage für Frage durch. Jedes Kind beantwortet jede Frage. Die zentrale Fragestellung lautet: Wie gut schätze ich mein Gegenüber ein? Wenn ich also beginnen würde, hiesse meine Frage, die ich dem Gegenüber stelle: Welche Lieblingsfarbe habe ich? Wenn die Einschätzung des Gegenübers zutreffend ist, darf ein Feld vorgerückt werden. – Dann wird gewechselt. Gespräche über die Antworten sind ausdrücklich erlaubt.

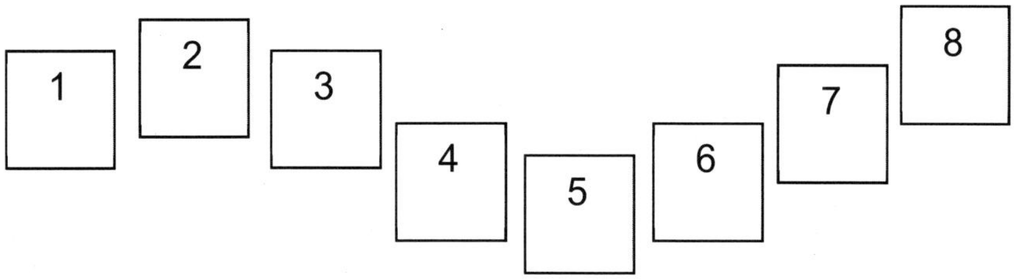

Welche Lieblingsfarbe habe ich?
Was mache ich am liebsten in der Freizeit?
Was möchte ich mal werden?
Was esse ich gern?
Was macht mich wütend?
Wann bin ich sehr traurig?
Zu wem habe ich das grösste Vertrauen?
Wann fühle ich mich stolz?

Stumme Feedbackrunde

Eine Gruppe von fünf bis zehn Kindern sitzt um einen Tisch. Jedes Kind erhält ein leeres Blatt und schreibt am unteren Rand seinen Namen hin. Ganz oben notiert es in einem Satz eine positive Eigenschaft von sich selbst. Dann wird dieser Satzteil nach hinten gefaltet und das Blatt der Sitznachbarin rechts weitergegeben. Diese liest den Namen unten auf dem Blatt, schreibt für dieses Kind einen Satz mit einer positiven Eigenschaft auf und faltet diesen Abschnitt wiederum nach hinten. Die Runde ist beendet, wenn jedes Kind wieder sein eigenes Blatt vor sich hat – es nun auffalten und lesen (geniessen) kann.

Hilfreich in Bezug auf die Qualität der aufgeschriebenen Feedbacks ist, dass die Kinder das Feedbackgeben bereits geübt haben. Hinweise dazu finden Sie weiter vorne (z.B. Feedback-Dreischritt).

➲ S. 4-14 bis S. 4-16

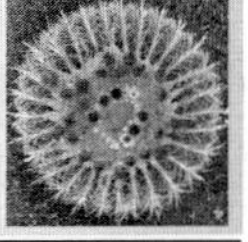

Priming

Die Aufmerksamkeit der Schülerinnen und Schüler geschickt nutzen

Amerikanische Wissenschaftler machten 1996 folgenden Versuch: Sie hatten vor, die internen Konzepte Höflichkeit und Unhöflichkeit zu aktivieren, um dann Auswirkungen auf das Verhalten der Probanden gegenüber dem Versuchsleiter zu beobachten. Dreissig Psychologiestudierenden wurden 30 Wörtersets vorgelegt. Ein Wortset bestand aus wenigen Wörtern, die von den Versuchspersonen so zusammengesetzt werden sollten, dass ein sinnvoller und grammatikalisch richtiger Satz entstand. Die so zu erstellenden Sätze enthielten Wörter, die entweder mit Höflichkeit (Experimentalgruppe 1), Unhöflichkeit (Experimentalgruppe 2) oder keinem von beiden (Kontrollgruppe) in Verbindung gebracht werden konnten. Zum Schluss dieses Experiments beobachtete man, wie höflich oder unhöflich sich die Probanden gegenüber dem Versuchsleiter verhielten. Diesem mussten sie ihr Resultat am Ende abgeben. Er gab jedoch vor, in ein intensives Gespräch verwickelt zu sein. Von den auf Höflichkeit „eingestellten" Versuchspersonen wurde dieses Gespräch am seltensten gestört (17 %), hingegen von 38 % der Kontrollgruppe und 63 % der auf Unhöflichkeit eingestellten Versuchspersonen. Die vorausgehende Aufgabe hatte bei den Probanden die entsprechenden Verhaltenskonzepte so aktiviert, dass sie im Anschluss leichter genutzt werden konnten. Man spricht hier von konzeptuellem Priming.

Wie dieses Beispiel zeigt, ist es entscheidend, wohin Aufmerksamkeit fokussiert wird. Nur über eine einfache Sprachübung, die auf unbewusster Ebene Inhalte vermittelte, wurden Verhaltensweisen beeinflusst. Es gibt in diesem Bereich viele weitere sehr interessante Untersuchungen.

Das Phänomen kann auch in der Arbeit mit SchülerInnen genutzt werden. Durch die bewusste Beschäftigung mit Lösungen und mit Lösungsgeschichten wird die Wahrscheinlichkeit erhöht, dass nachfolgendes Verhalten sich den vorher erzählten Geschichten angleicht (ähnlich wie im oben beschriebenen Experiment). Diese Art des Umgangs mit gewünschten inneren Vorstellungen nennt man Priming. Durch Priming werden im Gehirn neuronale Muster aktiviert und manchmal sogar neue gebaut. Diesbezüglich verweise ich gerne auf entsprechende Fachliteratur (z.B. Weber 2009, Schmidt 2005, Storch, Krause 2009).

Anwendungsbeispiel: *Als ich vor Jahren Probleme mit einer Turnklasse hatte, kam ich auf die Idee, die Klasse jeweils vor dem Turnen zu versammeln. Die Kinder durften erst in die Turnhalle, nachdem wir uns vorher miteinander bildlich und konkret vorgestellt hatten, wie ein angenehmes und lustvolles Turnen aussehen sollte. Erstaunlicherweise dauerte es nur kurze Zeit, bis das Turnen völlig anders ablief und viele der vorherigen Probleme verschwunden waren. Ich zog diese „Vor-Einstellung" etwa vier Wochen durch. Danach war die Veränderung in der Klasse so stabil, dass das bewusste „Primen" nicht mehr notwendig war.*

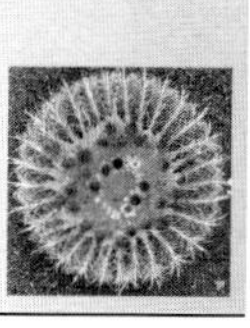

Priming kann in vielen Situationen wertvollen Nutzen bringen:

- **Positive Geschichten zu Beginn einer Unterrichtssequenz** oder eines Schultages können primenden Charakter haben: Wenn in den Geschichten positive und für die Schülerinnen und Schüler nachvollziehbare Handlungen beschrieben werden, ist die Wahrscheinlichkeit gross, dass diese im Unterricht öfter gezeigt werden.
- Lassen Sie die Kinder und Jugendlichen **vor einer Prüfung** darüber nachdenken, wie es ihnen gelingt, ihre bestmöglichste Leistung abzurufen. Stellen Sie sich zusammen vor, was zu tun ist, wenn etwas „Stress“ aufkommen sollte. Denken Sie mit den Kindern zusammen über hilfreiche Strategien in bestimmten Phasen der Prüfung durch.
- Mit Gruppen von Kindern oder Klassen, die störendes Verhalten zeigen, kann es hilfreich sein, sich immer wieder **gemeinsam vorzustellen, wie es ist, wenn es für alle angenehm und anregend ist**.
- **Beginnen Sie Unterrichtsstunden** oder -tage mit Erzählungen von positiven Beobachtungen vergangener Tage. Oder lassen Sie die Kinder über erfolgreiche Zeiten nachdenken.
- Mit einzelnen Kindern, die in irgendeinem Bereich Schwierigkeiten haben, kann der regelmässige **Aufbau eines Lösungsbildes** hilfreich sein (Erzähl: Was genau wird dann sein? Wie fühlt sich das an? Was gewinnst du dabei? Wer merkt es? Wer freut sich? Welche Auswirkungen hat es?). Das Kind entwickelt dann eine Idee dessen, was auch noch möglich ist (in der lösungsorientierten Beratung entspricht dies der „Wunderfrage“).
- ...

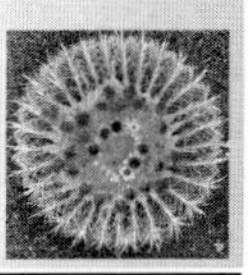

download

Gefühle: Satzanfänge

Kopiervorlage

Auf dieser Seite finden Sie eine Vorlag für das Training von Gefühlswahrnehmungen. Die Kärtchen können ausgedruckt, laminiert und dann vielfältig genutzt werden, z.B. für eine Beginnrunde im Klassenrat. Jedes Kind zieht ein Kärtchen und ergänzt den Satz in der Runde. Für den Bereich Gefühle ausdrücken und mit Gefühlen umgehen finden Sie viele sehr geeignete Unterrichtsmaterialien im Buch- und Fachhandel. Einige Vorschläge mache ich Ihnen bei den Literaturempfehlungen in Kapitel 5.

Freude Wenn ich in der Schule bin, freue ich mich, wenn …	**Freude** In der Pause freue ich mich, wenn …	**Freude** Wenn ich mit anderen zusammen bin, freue ich mich, wenn …
Angst Wenn ich abends im Bett liege und an die Schule denke, macht mir Angst, dass …	**Angst** Wenn ich an die Pausen denke, macht mir Angst, dass …	**Angst** Wenn ich an den Schulunterricht denke, habe ich Angst, wenn …
Wohlfühlen Ich fühle mich in der Schule wohl, wenn …	**Wohlfühlen** Das letzte Mal, als ich mich mit KollegInnen in der Schule wohl fühlte, war, als …	**Wohlfühlen** In Unterrichtsstunden ist mir am wohlsten, wenn ich …
Ärger Am meisten ärgert mich in der Schule …	**Ärger** Ich ärgere mich manchmal über mich selber, wenn …	**Ärger** Wenn ich mit anderen zusammen bin, kann man mich am meisten ärgern, wenn …
Wut Am meisten macht mich in der Schule wütend, …	**Wut** Ich bin manchmal über mich selber wütend, wenn …	**Wut** Wenn ich eine Riesenwut in mir habe, dann … (was du dann tust)

Mediation im Klassenrat

Es ist aus meiner Sicht und auf Grund meiner Erfahrungen im Schulalltag wesentlich, dass Kinder wie Lehrpersonen ein nützliches Vorgehen kennen, wie Konflikte angegangen werden können. Es gibt verschiedene Angebote für Schulen in diesem Bereich, die sich auf Mediationsverfahren stützen, die ursprünglich in Amerika für Wirtschaftsmediationen erarbeitet wurden. In meiner Handreichung „Mediation im Klassenzimmer" finden Sie Vorschläge, wie damit gearbeitet werden kann. In der vorliegenden Handreichung finden Sie eine Kurzfassung des Vorgehens. Kernstück meines Vorschlags ist die „Hosensackmedi" (Schweizer Mundart, bedeutet: Mediation für die Hosentasche). Diese kann auf einfache Weise gefaltet und dann in der Hosentasche mitgetragen werden.

Zu den sechs Schritten der Mediation

1. **Einverständnis**: Die Klärungsaufforderungen, die einleitend gemacht werden, sind: Seid ihr einverstanden? Keine Schimpfwörter, kein Dreinreden! – Damit wird sichergestellt, dass gewisse grundsätzliche Regeln eingehalten werden. Zudem kann eine Mediation zwischen Gleichaltrigen nur gemacht werden, wenn beide Parteien einverstanden sind. Falls Sie als Lehrperson einen Konflikt bearbeiten, können Sie dies ebenfalls mediativ tun, auch wenn nicht beide Parteien einverstanden sind. Es ist jedoch in dieser Situation wichtig, dass Sie „allparteilich" handeln. Es soll also nicht um Bestrafung, sondern um Lösung gehen – auch dann!

Noch ein Wort zur Mediationsperson: Wenn Gleichaltrige eine Person wählen, dann muss diese von beiden Seiten akzeptiert sein. Auch dies wieder, damit die Allparteilichkeit gewährt ist. Zudem müssen Mediationskinder wissen, dass sie diese vermittelnde Haltung brauchen. Sie müssen also für beide Parteien und für eine gute Lösung einstehen. Das muss eingeübt werden. Die allermeisten Kinder und Jugendlichen können das!

2. **Wie war der Streit?**: Die nächste Frage fokussiert auf das Geschehen aus Sicht beider Parteien. Die Aufforderung der Mediationsperson ist: „Alle Parteien sagen ihre Wahrheit! Eine Partei nach der andern erzählt. Medi (Abkürzung für Mediator, Mediatorin) wiederholt alles." Unterschiedliche Wahrnehmungen gehören zu einem Konflikt und müssen deshalb klar benannt, aber nicht bewertet werden. Von der Mediationsperson ist die sogenannte „allparteiliche" Haltung gefordert: Es gibt keine richtigen oder falschen Sichtweisen. Sichtweisen sind immer subjektiv richtig.

3. **Gefühle, Wünsche**: Auch der dritte Schritt, den ich jeweils unterteile, gilt der Klärung der Sichtweisen. Neu kommt hinzu, dass es im zweiten Teil dieses Schrittes bereits Richtung Lösung geht. Wenn gewünscht werden darf, dann sind das bereits „Vorboten" der Lösung. Die Frage der Mediationsperson im ersten Teil lautet: „Welche Gefühle habt ihr/hast du?" In der zweiten Runde lautet die Frage: „Welche Wünsche habt ihr/hast du?" So wird eine Partei nach der andern gefragt. Die Mediationsperson wiederholt alles.

4. **Lösungen**: Bei der Lösungsfindung gilt es, diejenige Lösung zu finden, die für beide Parteien passend ist. Manchmal muss dies intensiv und lange ausgehandelt werden, manchmal geht es blitzschnell. Das Suchen von Lösungen wird von der Mediationsperson mit diesen Worten eingeleitet: „Alle Parteien machen Lösungsvorschläge. Alle Lösungsvorschläge sind in Ordnung. Gemeinsam wird eine Lösung ausgewählt. Der/die Medi sollten keine Lösungen bestimmen. Alle Parteien müssen mit der Lösung einverstanden sein.“

5. **Abmachung, Vertrag**: Beim letzten Schritt reicht es zumeist, wenn sich alle Beteiligten die Hand geben. Als Zeichen sagen die Kinder „Abgemacht“ oder etwas Ähnliches. Ein schriftlicher Vertrag ist denkbar, wenn die Beteiligten es wollen. Allenfalls kann ein vorgefertigtes Formular verwendet werden.

6. **Dank und Abschluss**: Zum Abschluss bedankt sich die Mediationsperson für die Bereitschaft Lösungen zu finden. Sie kann auch den Vorschlag machen, dass sie in nächster Zeit irgendwann nachfragen wird, ob alles gut läuft.

Dieses Verfahren soll auf niederschwelliger Ebene wirksam sein. Wenn Sie die Erwartung haben, dass damit alle Probleme aus der Welt geschafft sind, werden Sie enttäuscht. Das Verfahren eignet sich für bestimmte Problemsituationen und seine Wirkung dauert manchmal eine Stunde und manchmal Tage oder Wochen. Und manchmal ist das Problem tatsächlich gelöst …

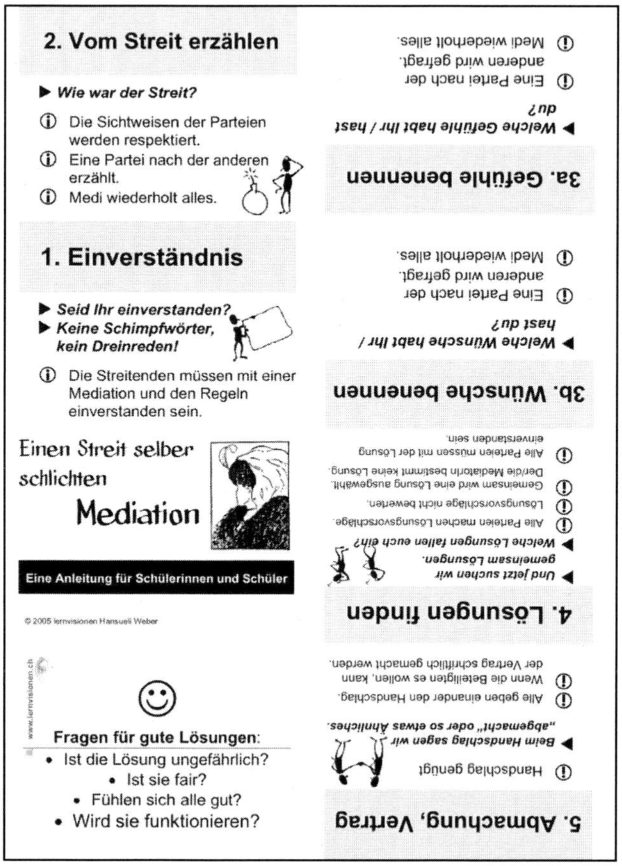

In der Abbildung links sehen Sie eine verkleinert dargestellte Kopiervorlage für die „Hosensackmedi“. Das Bild unten zeigt mich beim Falten einer solchen. Die Kopiervorlage in der Grösse A4 und die Faltanleitung können Sie im Internet herunterladen.

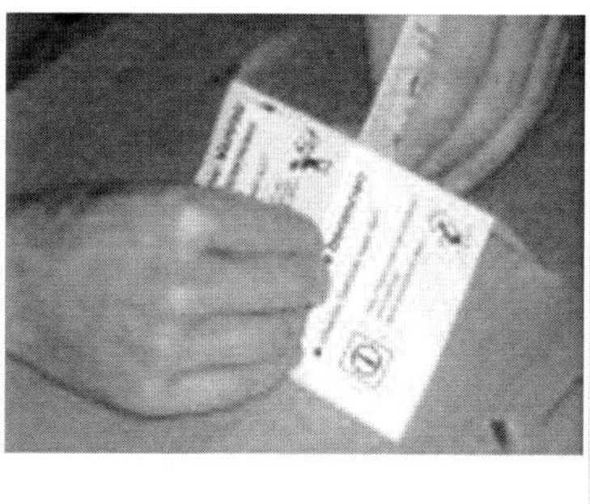

Mediative Spinnweb-Analyse

Lösung von Konflikten, welche die ganze Klasse betreffen

Die Spinnweb-Analyse ist ein einfaches Werkzeug, Konfliktentwicklungen darzustellen, sie besser nachvollziehbar zu machen und Lösungsmöglichkeiten zu erkennen. Ich konnte sie schon in den unterschiedlichsten Situationen nutzen.

Die Spinnweb-Analyse zeigt Verhaltensweisen im Konflikt und deren mögliche Hintergründe auf. Alle Beteiligten – auch auf den ersten Blick Unbeteiligte – werden aufgeführt. Wie eine solche Darstellung aussehen könnte, sehen Sie auf der nächsten Seite.

Schritt 1: Konflikt-Thema
Zu Beginn wird ein Kreis in die Mitte gezeichnet. In diesen Kreis wird das Thema des Streits geschrieben.

Schritt 2: Beteiligte
Um den Mittelkreis herum werden alle am Konflikt Beteiligten notiert. Diese können mit Rechtecken markiert werden. Neben den direkt Beteiligten des Konflikts ist auch an die Zuschauenden, an die Anfeuernden, an die Schlichtenden, an die Lehrpersonen und an weitere evtl. Beteiligte zu denken.

Schritt 3: Handlungen
In der nächsten Runde werden ausserhalb der Namen der Beteiligten das Verhalten, die Handlungen beschrieben, die gezeigt oder beobachtet wurden (möglichst wertfrei). Wichtig: Unterschiedliche oder gar gegensätzliche Sichtweisen werden alle notiert und als „Sicht der BeschreiberInnen“ akzeptiert.

Schritt 4: Gründe, Gefühle, Wünsche, Bedürfnisse
Ausserhalb der Verhaltensbeschreibungen, evtl. mit einem Oval umrahmt, werden nun mögliche Gründe, Gefühle, Wünsche, Bedürfnisse für das Verhalten notiert. Wenn die Beteiligten anwesend sind, können sie direkt gefragt werden.

Schritt 5: Lösungen
Nun kann die Suche nach qualitativ gute Lösungen beginnen. Vorschlag für das Vorgehen bei der Lösungssuche:

1. Aufbau einer Lösungsvision: Die Kinder und Jugendlichen beschreiben erfolgreiche Konfliktlösungen zur bearbeiteten Situation.
2. Auflistung möglicher Lösungen
3. Auswahl einer oder mehrerer Lösungen
4. Beurteilung der Lösung nach den vier Fragestellungen
   - Ist sie ungefährlich?
   - Wie fühlen sich die Beteiligten?
   - Ist sie fair?
   - Wird sie funktionieren?

Eine Spinnweb-Analyse kann dann so aussehen (Aufbau von innen nach aussen):

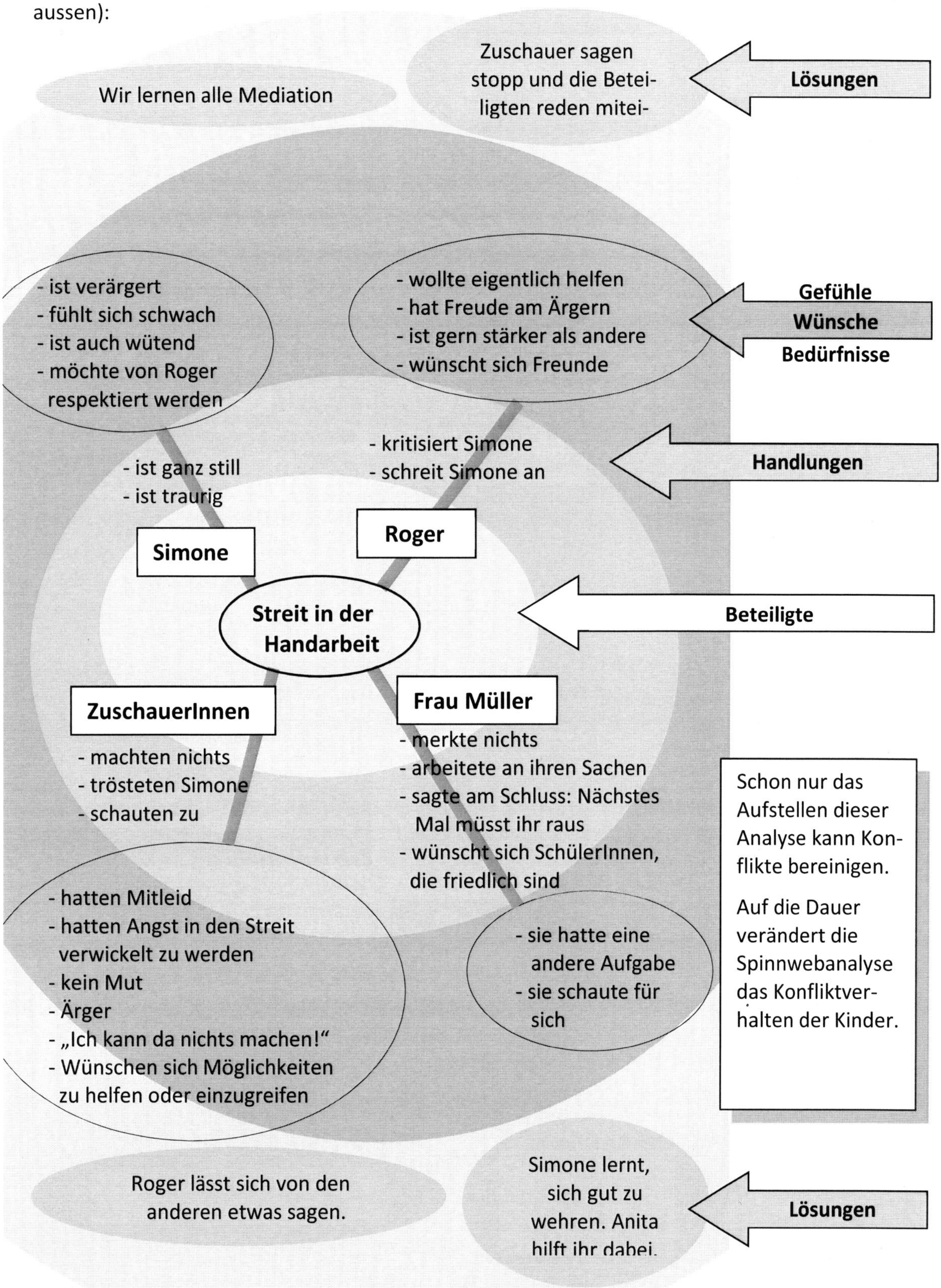

Vorgehen bei Mobbing

Hinschauen und Handeln ist not-wendig!

Auch dem Thema Mobbing kann in dieser Handreichung nicht genügend Platz eingeräumt werden. Ich verweise dafür gerne auf die Handreichung „Das mobbingfreie Klassenzimmer“, das ich zusammen mit Regina Hiller geschrieben habe (Hinweise im Kapitel 5).

Es scheint mir jedoch wichtig, dass dem Thema Aufmerksamkeit geschenkt wird. Dass Mobbing in vielen Klassen vorkommt, ist in der Zwischenzeit belegt. Unter Mobbing verstehe ich jene Situationen, in denen einzelne Kinder über längere Zeit systematisch von anderen ausgegrenzt und geplagt werden. Dies ist nicht immer auf den ersten Blick erkennbar. Zudem ignoriert man Mobbing oft mit der Meinung, das geplagte Kind trage eben selber seinen Teil dazu bei und man neigt zu sagen „Selber schuld!“. Dies ist eine zu oberflächliche Sichtweise. Häufig zeigt sich in Mobbingsituationen nur die Spitze des Eisbergs. Was „hintenrum“ läuft, kann von den Lehrpersonen häufig nicht wahrgenommen werden. Eine weitere Schwierigkeit liegt darin, dass die Trennung zwischen Opfer und Täter oft nicht klar zu erkennen ist. Opfer wehren sich z.B. und werden so manchmal auch zu Täterinnen.

Aus diesem Grund ist der erste Schritt immer das **genaue Hinschauen**. Dieses Hinschauen lohnt sich auch, wenn keine Anzeichen für Mobbing vorhanden sind. Zweimal im Jahr könnte dieses Hinschauen im Klassenrat eingeplant werden. Eine Form dieses Hinschauens ist der Fragebogen. Sie finden nachfolgend einen Vorschlag. Sehr gut geeignet ist auch der Smob-Fragebogen von Horst Kaspar (siehe Literaturangaben im letzten Teil).

Nach dem Hinschauen muss gehandelt werden, falls sich zeigt, dass Mobbing stattfindet. Auch da gibt es verschiedene Vorgehensweisen. Eine Möglichkeit ist, mit den Schülerinnen und Schülern zusammen nach Möglichkeiten des Aussteigens aus der Mobbingspirale zu suchen und Handlungsalternativen zu erarbeiten. Die Phasen des Mobbings sind nachfolgend mit der Mobbingspirale dargestellt. Bei jeder Phase kann über Ausstiegsmöglichkeiten gesprochen werden. Wichtig beim Umgang mit Mobbing ist, dass nach Lösungen gesucht wird und dass Handlungsmöglichkeiten aufgezeigt werden. Strafen und Strafandrohungen, wie auch langes Zer-reden der Situation, sind nicht hilfreich. Der Fokus muss eindeutig hin zu „gelösten Situationen und Geschichten“ sein, im Sinne einer Lösungsorientierung. Mehr dazu auch im erwähnten Buch. – **In der Praxis zeigt es sich, dass es bei Mobbing sehr oft notwendig ist, externe Fachpersonen hinzuzuziehen, da die Lehrperson nicht mehr in der Lage ist, mit genügend Distanz an die Situation heranzugehen.**

Auch zu diesem Thema gibt es viel hilfreiche Literatur. Einige Hinweise finden Sie am Ende des Buches.

Mobbing-Fragebogen

Nach einer Zusammenstellung von Esther Lauper, Institut für Neues Lernen

Setze ein Kreuz ins zutreffende Feld:

	Frage ***Bei uns in der Klasse ...***	*trifft ganz zu*	*trifft manch-mal zu*	*trifft nicht zu*	*ich weiss nicht*
1	*wird hinter dem Rücken von jemandem schlecht geredet*				
2	*fügt man jemandem regelmässig Schaden zu (z.B. Hefte verschwinden lassen, Velo auseinandernehmen ...)*				
3	*wird jemand vor andern lächerlich gemacht, blossgestellt*				
4	*wird jemand immer wieder ausgeschlossen, z.B. darf nicht an Partys kommen, darf nicht mitspielen usw.*				
5	*werden falsche Gerüchte über andere verbreitet*				
6	*werden Gerüchte verbreitet, z.B. über die Eltern oder das Heimatland*				
7	*lässt man jemanden nie zu Wort kommen*				
8	*macht man sich oft über etwas Persönliches lustig (Nase, Frisur, Behinderung, Körperformen, ...)*				
9	*wird jemand immer wieder daran gehindert, nach Hause zu gehen*				
10	*werden Schuhe oder Kleidungsstücke von Mitschülern versteckt oder beschädigt*				
11	*werden Schulsachen beschädigt oder zerstört (z.B. Seiten zusammenleimen oder herausreissen ...)*				
12	*wird jemand durch ständiges Kritisieren unter Druck gesetzt*				

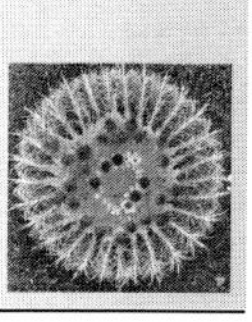

Die Mobbing-Spirale

Die verschiedenen Phasen des Mobbing-Prozesses

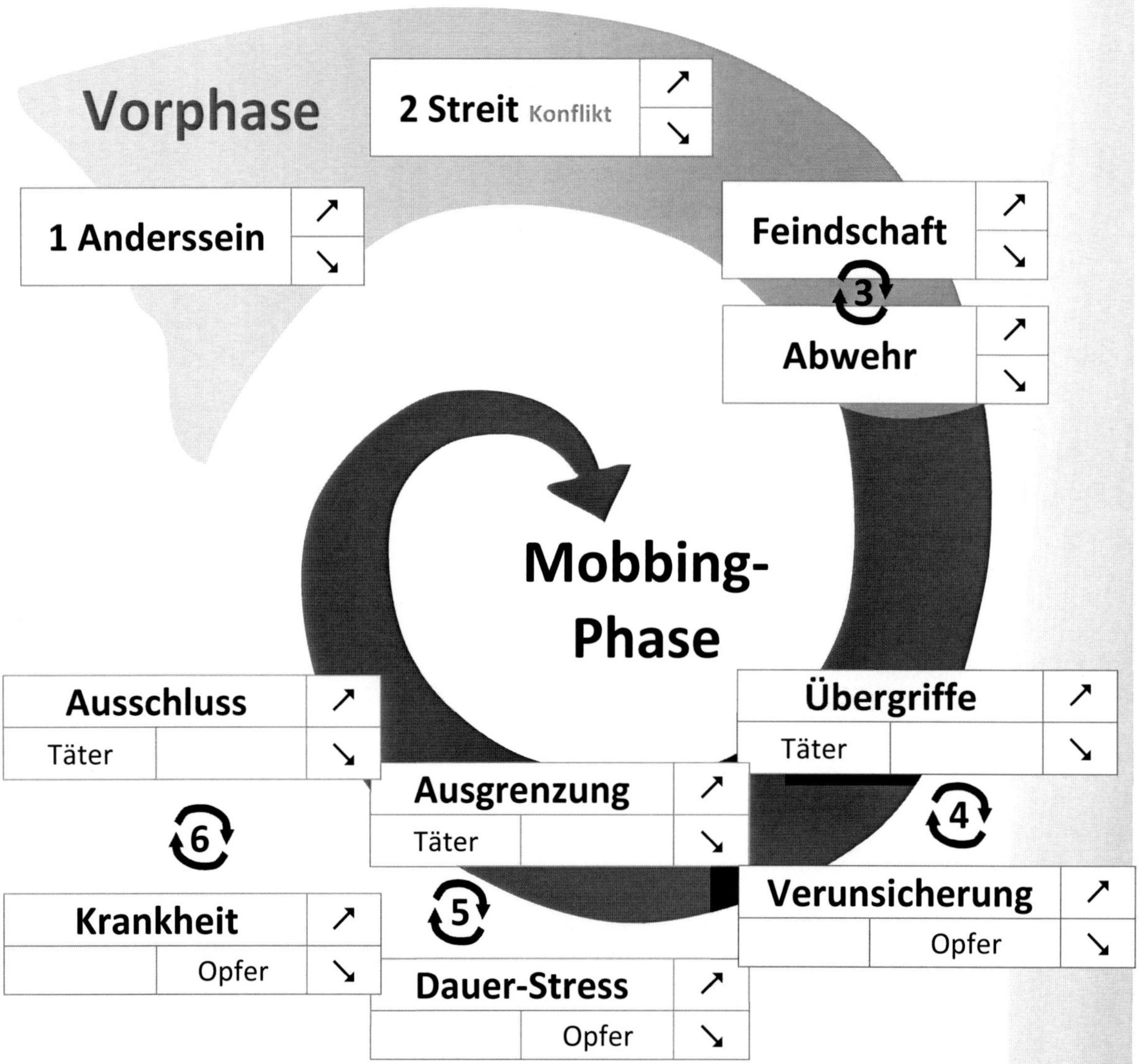

Bedeutung der Pfeile

↗	Wenn der Ausstieg in dieser Phase gelingt, geht es nicht mehr weiter auf der Mobbing-Spirale.
↘	Ohne Ausstieg aus der aktuellen Mobbing-Dynamik geht der Prozess nach einer gewissen Zeit zur nächsten Phase über.

Lösungsorientiert Gespräche führen

Sich in Gesprächen konsequent am Erfolg orientieren

Als ich vor Jahren die Eltern meiner Kleinklassenschülerinnen und -schüler zu einem Gespräch einlud, hatte ich die Absicht, vor allem über die Stärken der Kinder zu reden. Diese Eltern hatten mehrjährige Erfahrungen mit Gesprächen in der Schule. Nachdem ich kurz berichtet hatte, was ich an Positivem bei ihrem Kind festgestellt hatte, fragte ich die Eltern: Was sind die Fähigkeiten und Verhaltensweisen, die Ihnen an Ihrem Kind gefallen? Woran haben Sie Freude? Bei allen Gesprächen meine ich nach dieser Frage ein kleineres oder grösseres Fragezeichen in den Augen gesehen zu haben. Oftmals begannen die Eltern jedoch nach einer gewissen Zeit des Nachdenkens über ihr Kind Positives zu berichten. Manchmal musste ich einfach wieder darauf hinweisen, dass ich im Moment nur am Positiven interessiert sei. Am Ende des Gesprächs stand dann doch oft die Frage: Und was ist denn nun mit dem Problem, weswegen wir hier sind? Meine Erklärung, dass ich momentan lieber auf die Fähigkeiten schauen wolle als auf die Defizite, gefiel den meisten Eltern. Trotzdem wollten die Eltern auch wissen, was denn nicht so gut sei bei ihrem Kind. Ich blieb jedoch vorerst konsequent bei den positiven Aspekten. Die aus meiner Sicht längerfristige Auswirkung dieser kleinen Intervention war, dass ich die nächsten beiden Jahre eine sehr gute Zusammenarbeit mit den Eltern erlebte. Dabei gelang es uns immer wieder, in erster Linie mit und an den Stärken der Kinder zu arbeiten. Das ist es, was ich unter Lösungsorientierung verstehe. Der Fokus wird immer wieder darauf gerichtet, was gelingt. Die Fähigkeiten der Kinder werden gefunden und gestärkt.

Auch Gespräche mit den Schülerinnen und Schülern gestaltete ich je länger desto mehr mit einem lösungs- und erfolgsorientierten Fokus. So fragte ich jeweils nach einer Aufgabe nicht mehr, wo die Probleme seien, sondern danach, was für das Lösen der Aufgabe hilfreich war? In Gesprächen mit Schülerinnen und Schülern versuchte ich mit diesen zusammen die für die Lösung verschiedener Aufgabenstellungen genutzten Fähigkeiten herauszufinden. Manchmal überlegten wir uns auch gemeinsam, welche Fähigkeit noch zu lernen sei, um die geforderten Arbeiten gut zu bewältigen.

Ich meine, ich hätte dabei festgestellt, dass die Kinder und Jugendlichen wieder mit mehr Energie an die Arbeit gingen. Deshalb ist es mir wichtig, den Ansatz der lösungsorientierten Gesprächsführung auch in der Schule zu propagieren. In der Beratung und in der Therapie ist dieser Ansatz längst verankert. Das müsste er aus meiner Sicht auch im Schulalltag sein.

Bezogen auf den Klassenrat gibt es verschiedene Möglichkeiten, auf die Stärken und Lösungen zu fokussieren:

- Auswertungsfragen beinhalten vor allem Fragen, die darauf fokussieren, was zum Erfolg beigetragen hat. Auch wenn irgendetwas nicht so erfolgreich war, lohnt es sich (eben erst recht) herauszufinden, weshalb es nicht noch schlechter wurde.

- Einpunktfragen sind immer positiv formuliert und zeigen Stärken auf.
- Ressourcenorientierte Arbeit mit Skalierungen: Wo befindest du dich auf einer Skala von 0 (sehr wenig von etwas) bis 10 (sehr viel von etwas)? Das kann individuell von allen eingeschätzt werden. Danach kommt die entscheidende Frage: Was führt alles dazu, dass ihr nicht bei 0 seid? – So kann sehr schnell darauf fokussiert werden, welche Fähigkeiten und Möglichkeiten (dennoch) genutzt werden.
- Mit einzelnen Kindern kann ein „lösungsorientiertes Gespräch“ im Klassenrat durchgeführt werden (Anleitung siehe unten).
- ...

Bei Gunther Schmidt lernte ich eine schöne Darstellung kennen, die ich als hilfreich erachte, um die lösungsorientierten „Bewegungen“ zu verstehen:

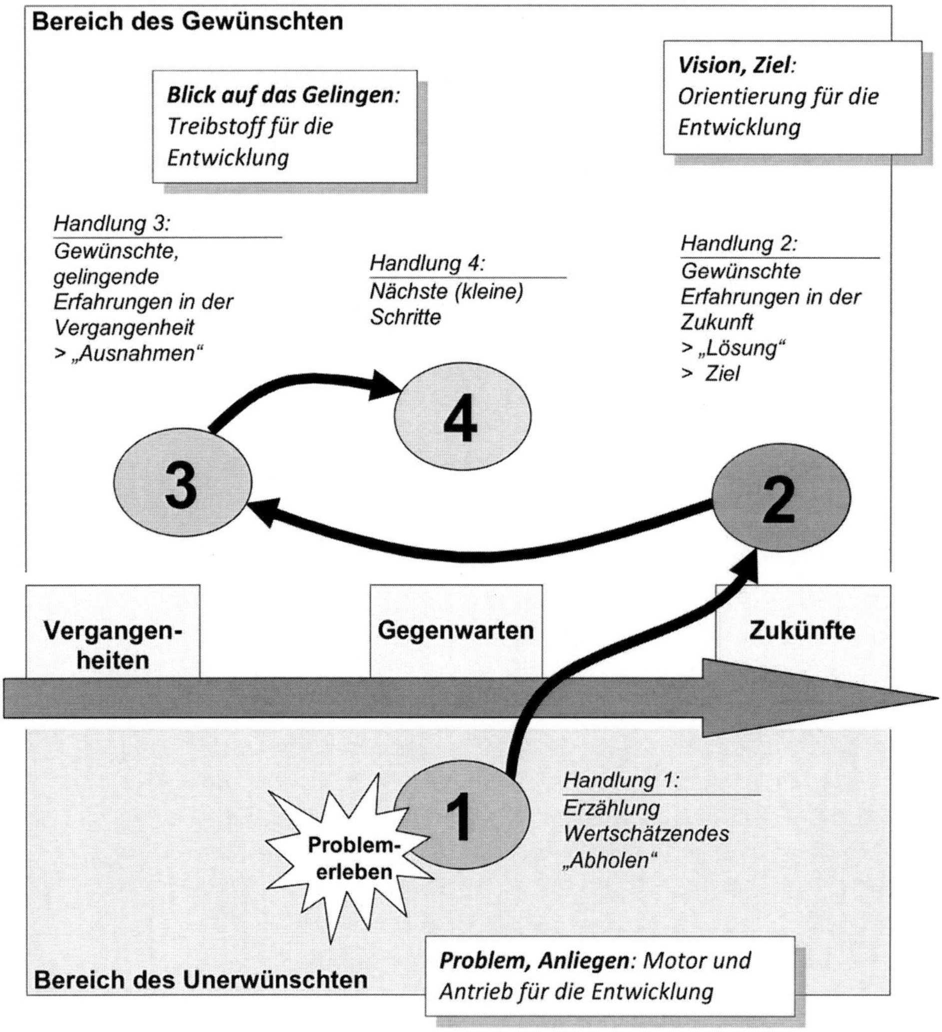

(unter Einbezug von Ideen von G. Schmidt und M.+K. Baeschlin)

Zu „Handlung 1"

Der dargestellte Prozess, den ich gerne als „Bewegung" bezeichne, läuft über vier Schritte. Zunächst geht es darum, das Problemerleben zu schildern. Im Sinne eines wertschätzenden Abholens soll nun so viel wie nötig – und auch so wenig wie möglich – vom Problem gesprochen werden. Mit Schülerinnen und Schülern genügt es oft, wenn das Problem kurz angesprochen, dann aber schnell zu Schritt 2 übergegangen wird. Ursachenforschung und Warum-Fragestellungen sind meist nicht hilfreich. Neurobiologisch betrachtet werden dadurch die Problemmuster verstärkt und damit wird die Wahrscheinlichkeit erhöht, dass das problematische Handeln unverändert weitergeht.

Zu „Handlung 2"

Im Schritt 2 werden jene Verhaltensmuster aktiviert, die dazu dienen, ein Problem tatsächlich zu lösen: Durch die Beschreibung von Situationen, in denen das Problem nicht mehr besteht, werden Visionen und Vorstellungen aufgebaut, die in kommenden Situationen hilfreich sein werden. Häufig erlebte ich Kinder und Jugendliche, die sagen konnten, was nicht mehr sein soll. Wenn es darum ging, sich Situationen vorzustellen, wie es denn „stattdessen" sein sollte, wurde es ganz still. Und „Hand aufs Herz": Wie ist das bei Ihnen selbst? Haben Sie eine Idee, was ein Kind „stattdessen" machen sollte? Aus eigener Erfahrung weiss ich, wie schwierig es auch manchmal für uns Lehrpersonen ist, diese Frage zu beantworten. Oftmals habe ich als Vorbereitung auf ein solches Gespräch mir selbst zuerst eigene positive Vorstellungen aufgebaut.

Eine weitere Möglichkeit, mit den Kindern ins positive Fantasieren zu kommen, kann über die Wunderfrage entstehen: „Stell dir vor, es geschieht ein Wunder und du weisst das nicht. Woran würdest du erkennen, dass dieses Wunder geschehen ist?" Nach der Wunderfrage geht es darum, möglichst lange in der Vorstellung (der Fantasie) der Zeit nach dem Wunder zu bleiben. Das kann ganz einfach mit der Frage „Und was noch?" geschehen. Immer wieder: „Und was noch?" Das verlangt etwas Geduld um nicht allzu schnell schon zum nächsten Schritt zu gehen. (Die Wunderfrage gibt es in vielen Varianten. Falls Sie dieser Ansatz interessiert, empfehle ich Ihnen entsprechende Literatur.)

Zu „Handlung 3"

Als Nächstes wird mit den Kindern und Jugendlichen darüber nachgedacht, in welchen Situationen sie schon früher nahe am gewünschten Verhalten waren und wann und wie das sogar schon geklappt hat. Nicht immer gelingt das gut und es braucht Anregung durch Sie. Auch hier hilft es, sich zuvor schon selbst Gedanken darüber zu machen, in welchen Situationen Sie das Kind „anders" erlebt haben. Dabei ist zu beachten, dass das Kind Zeit braucht, sich an vergangene Situationen zu erinnern. Sobald dies jedoch geschehen ist, kann zusammen darüber nachgedacht werden, was auf Grund der aktivierten Erinnerung machbar ist, um wieder das erfolgreiche und erwünschte Verhalten zu zeigen.

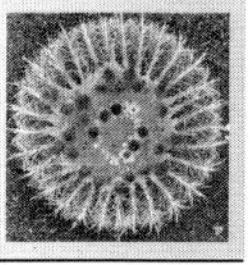

Zu „Handlung 4"

Wenn die Visionen aufgebaut sind und über bereits erfolgreiches Handeln nachgedacht wurde, können mit den Schülerinnen und Schülern erste kleine Schritte angedacht werden. Je kleiner der Schritt, desto grösser die Erfolgschance. Und Erfolg führt eben dazu, dass weitere nächste Schritte möglich werden. Jegliches Festlegen auf eine bestimmte Zeitspanne, in der die Veränderungen passieren müssen – und anderweitiger Zwang – sind in dieser Art der Gesprächsführung nicht hilfreich. Rückschläge sind normal! Es ist nützlich, darüber nachzudenken, wie man konstruktiv damit umgehen kann. Wenn Sie z.B. mit einem Augenzwinkern von „Ehrenrunde" sprechen, wirkt das entlastend und motiviert nicht gleich aufzugeben.

Es gibt viele solche lösungsorientierte Ansätze. Allen voran möchte ich auf das „Ich schaff's"-Konzept von Ben Furmann verweisen. Furmann liefert viele Ideen, wie man mit Kindern und Jugendlichen zu neuen Verhaltensweisen kommen kann. Aber auch Molnar/Lindquist beschreiben in ihrem Buch „Verhaltensprobleme in der Schule" einen sehr effektiven Weg, mit schwierigen Situationen im Schulalltag kreativ und erfolgreich umzugehen.

Einzelgespräche im Klassenrat – geht das?

Ja, das geht! Die eine Form, mit der ich viel Erfahrung habe, ist jene mit der Fishbowl-Methode. Diese wurde bei den Methoden in Kapitel 3 bereits erwähnt. Je nach Situation in der Klasse wählte ich jeweils ein Kind aus. Dieses durfte sich zwei oder drei andere Kinder auswählen, die dann auch in den Fishbowl sitzen durften. Schliesslich wurden noch zwei weitere Stühle aufgestellt, für jene Kinder, die temporär im Innenkreis mitreden wollten. Alle anderen Schülerinnen und Schüler durften zeichnen oder für sich still etwas erledigen. Oder auch einfach ruhig zuhören. Und dann ging das Gespräch los: Ich stellte jeweils zuerst dem gecoachten Kind eine Frage. Nach der Beantwortung wurden die Kolleginnen und Kollegen gefragt, was sie aus ihrer Sicht noch zu ergänzen hätten (vgl. Anleitung nächste Seite). Das ergibt sehr häufig spannende und stärkende Feedbacks.

➲ S. 3-11

Wichtig ist hier auch, dass solche Gespräche zeitlich begrenzt sind. Aus meiner Sicht sind ca. zwanzig bis fünfundzwanzig Minuten eines Klassenrats dafür zu gebrauchen. Denkbar sind solche Gespräche natürlich auch ausserhalb des Klassenrats. Mehrmals erlebte ich, wie solche Gespräche beflügelnd wirkten und bei einzelnen Kindern einen Veränderungsschub auslösen konnten.

Nachfolgend beschreibe ich ein mögliches Vorgehen eines lösungsorientierten Gesprächs im Klassenrat. Es gilt auch da auszuwählen und Erfahrungen zu machen. Nochmals: Lösungsorientierte Gespräche orientieren sich am Erfolg, an den Fähigkeiten der Schülerinnen und Schülern. Es gilt immer wieder diesen Fokus bei sich selber aktiviert zu halten. Das ist vielleicht die grösste Herausforderung.

download

Lösungsorientiertes Gespräch

Mittels Fishbowl im Klassenrat durchführen

Meine Vorbereitung

Name des Kindes: ……………………………………

„Problem" aus meiner Sicht: ……………………………………

Meine Lösungsvorstellungen: ……………………………………

……………………………………

……………………………………

Datum des Gesprächs: ……………………………………

Gesprächsverlauf

Notizen auf Zusatzblatt

Bei jeder Frage (in der Darstellung unten durch Gedankenstrich getrennt):

- Antwort des ausgewählten Kindes
- Ergänzungen durch die KollegInnen (auch die zwei freien Stühle können/sollen durch aussenstehende BeobachterInnen genutzt werden)

1. Was soll in deinem Leben so bleiben, wie es ist? – Was meint ihr, was soll X in seinem Leben beibehalten? Was würdet ihr ergänzend sagen? (5 Min.)
2. Was sind deine Stärken, deine Fähigkeiten? Was kannst du gut? – Was entdeckt ihr an X noch an Stärken und Fähigkeiten? Was kann er/sie gut? (5 Min.)
3. Was möchtest du allenfalls ändern? – Was denkt ihr, was X ändern könnte? (3 Min.)
4. Wie sieht das aus, wenn du die Änderung erfolgreich geschafft hast? Woran erkennst du das? Woran erkennen das andere? – Was meint ihr, woran ihr selber das erkennen würdet? Woran würden es andere erkennen? (5 Min.)
5. Was kannst du als Nächstes tun, damit deine Fähigkeiten im obigen Sinne noch grösser werden? – Wie könnt ihr X unterstützen, dass er seine Fähigkeiten weiter ausbauen kann? (5 Min.)

Weitere mögliche Fragestellungen:

- Auf einer Skalierung von 0 bis 10 (10 bedeutet, dass du das Problem gelöst hast): Wo bist du gerade? Was führt dazu, dass du nicht bei 0 bist? – Wo schätzt ihr X ein? Was macht es aus, dass er/sie nicht auf 0 ist?
- In welchen Situationen der Vergangenheit ist es dir gelungen, dein „Problem" ein bisschen zu meistern? – Kannst du solche Situationen beschreiben?

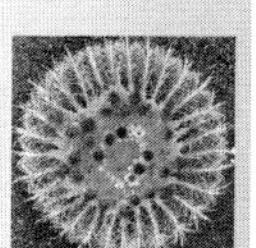

Peer-Coaching

Schülerinnen und Schüler unterstützen sich gegenseitig

Kinder helfen Kindern. Kinder und Jugendliche unterstützen sich gegenseitig. Sehr oft geschieht das unstrukturiert, automatisch und wiederholt. Untersuchungen zeigen, dass zum Beispiel auf der Unterstufe und im offenen Unterricht an einem Halbtag unstrukturiert bis zu 50 Mal Hilfe geleistet wird (Campana Schleusener in profi-L 3/09). Wie diese Studien belegen, profitieren dabei jeweils sowohl das helfende wie auch das empfangende Kind. Kognitive und soziale Kompetenzen werden gleichermassen gefördert. Warum dieses Phänomen also nicht auch im Unterricht bzw. im Klassenrat nutzen?

Im Präventionsprogramm Faustlos wird die Problemlösekompetenz mittels fünf Schritten aufgebaut. Die Auflistung dieser Schritte finden Sie auf der nachfolgenden Seite. Als Download finden Sie diese im Internet auch als Faltbüchlein.

Peer-Coaching im Klassenrat?
Für den Klassenrat sehe ich die Möglichkeit, dass bestimmte Problemsituationen genau mit diesen fünf Schritten bearbeitet werden. Nicht immer muss dies mit der ganzen Klasse stattfinden, sondern kann auch in Untergruppen geschehen. Je nach Problemsituation(en) können einzelne Gruppen verschiedene Themen einzelner Kinder angehen. Denkbar ist auch, dass ein Klassenproblem in Untergruppen bearbeitet wird, die Lösungen dann präsentiert und gemeinsam im Plenum Abmachungen getroffen werden. Damit kommt es weniger zu oftmals eher ermüdenden „Rundumdiskussionen“, die Erfolgschancen werden erhöht.

Wenn die Klasse das Verfahren einmal eingeübt hat, ist auch denkbar, dass einzelne Kinder unter der Woche einen „Problemlösekreis“ einberufen. Nicht unbedingt mit allen Kindern der Klasse, sondern mit jenen, die betroffen sind und mit jenen, die Interesse am Lösen des ausgewählten Problems haben. Eine interessante Idee, wie Kinder zu Problemlöserinnen und Problemlösern werden, ist das Ideenbüro. Da gibt es im Schulhaus ein Büro, das von Schülerinnen und Schülern betreut wird und wo Probleme eingebracht werden können. Die Büromitarbeitenden diskutieren dann Lösungen und schlagen diese vor. Weitere Informationen finden Sie auf www.schulbuero.ch.

Mit Sicherheit gibt es weitere Anwendungsmöglichkeiten des Peer-Coachings. Ich freue mich, wenn Sie mir diesbezüglich weitere Ideen mitteilen, und auch auf Erfahrungsberichte von Kolleginnen und Kollegen freue ich mich jederzeit.

Schritte Peer-Coaching

Mögliches Vorgehen, eine Idee nach Faustlos

1. **Was ist das Problem?**
   - Woran erkennst du das Problem?
   - Was ist typisch?
   - Willst du das Problem lösen?

2. **Was kannst du tun?**
   - Brainstorming, viele Ideen sammeln
   - Evtl. notieren

3. **Wähle eine Lösung aus und überprüfe:**
   - Ist sie ungefährlich?
   - Wie fühlen sich die Beteiligten?
   - Ist sie fair?
   - Wird sie funktionieren?

4. **Entscheide dich für eine Lösung und probiere sie aus.**

5. **Funktioniert die Lösung?**
   - Überprüf das nach einiger Zeit.
   - Falls sie nicht funktioniert, was kannst du nun tun?

Dilemmadiskussionen

Zur Unterstützung der eigenen Meinungsbildung

Aus meiner Sicht eignen sich die Dilemmageschichten sehr gut für vielfältige Auseinandersetzungen mit verschiedenen Ansichten und Meinungen, vor allem in Fragen, die nicht eindeutig beantwortbar sind. Gemäss einer Einführung in die Dilemmadiskussionen, die ich auf dem Landesbildungsserver von Baden-Württemberg gefunden habe (www.schule-bw.de/unterricht/faecher/biologie/medik/meth/dilemma/index_html, Zugriff am 12.2.10) dienen Dilemmadiskussionen der Förderung moralischer und demokratischer Grundfähigkeiten. Diese Methode habe sich als die bislang wirksamste und nachhaltigste Unterrichtsmethode erwiesen. Nachfolgend wird aus diesem Text zitiert:

Moralische Urteilsfähigkeit
Hinter den Dilemmadiskussionen steht die Theorie der moralischen Urteilsfähigkeit von Lawrence Kohlberg. 1964 beschrieb er diese Fähigkeit erstmals. Dabei gehe es darum, das eigene Denken an moralischen Idealen oder Prinzipien auszurichten und auf der Grundlage dieses Denkens zu handeln, und zwar auch dann, wenn man unter dem Druck steht, sich anderen Zwängen zu unterwerfen. Solcher Druck kann durch Mehrheitsmeinungen, Vorurteile, missbräuchlich eingesetzter Autorität oder einfach durch Trägheit und mangelnder Stimmung entstehen. Er kann aber auch aus der Tatsache resultieren, dass in einer Situation mehrere moralische Anforderungen zu beachten sind, die miteinander in Konflikt geraten können. Ein reifes oder entwickeltes moralisches Urteil, so Kohlberg (1958), muss daher beidem gerecht werden, a) den moralischen Prinzipien, denen sich eine Person verpflichtet hat, und b) der jeweiligen Situation. Es muss gleichzeitig konsistent (in Bezug auf die eigenen Moralprinzipien) und differenziert (in Bezug auf konkurrierende Moralprinzipien) sein. – Wenn ich Dilemmageschichten im Unterricht einsetzte, ging jeweils nicht von solch hehren Vorstellungen aus. Wichtig war mir, dass den Schülerinnen und Schülern klar gemacht werden konnte, dass in vielen Alltagssituationen unterschiedlich gehandelt werden kann und oft nicht eindeutig ist, welche Lösungen schlussendlich die richtigen sind. Das ist meines Erachtens ein wichtiges Toleranztraining.

Lernprozesse initiieren
Die beste Lehrmethode ist meist, Schüler und Schülerinnen mit Aufgaben zu konfrontieren, zu deren Bewältigung man sie befähigen will. Diese Aufgaben sollen jedoch einen für das Lernen optimalen Schwierigkeitsgrad haben. Bezüglich der Dilemmageschichten sind dazu Erzählungen am besten geeignet, die „semireal" sind: Das sind Erzählungen, die von anderen Personen als von den Lernenden erlebt wurden (oder so hätten erlebt werden können), die aber die Lernenden nicht direkt betreffen. Rein abstrakte moralische Aufgaben, bei denen zum Beispiel moralische Werte wie Freiheit und Gerechtigkeit nach ihrer Wichtigkeit eingeschätzt werden müssen, über- oder unterfordern die Lernenden und lösen kaum Lernprozesse aus. Ebenso werden kaum Lernprozesse ausgelöst, wenn die moralischen

Dilemmas, mit denen sie konfrontiert werden, zu nahe an ihrer eigenen Realität sind und in den Lernenden sehr starke Emotionen (vor allem Ängste) auslösen. Die Konfrontation mit wirklichen Dilemmas, das sind Dilemmas, die reale Konsequenzen für die Lernenden haben, sollte erst erfolgen, wenn die Bearbeitung von „semirealen" Dilemmas vorangegangen ist und wenn sicher ist, dass die Entscheidungen in der realen Dilemma-Diskussion pädagogisch und rechtlich vertretbar sind.

Was ist ein „moralisches Dilemma"?
Es gibt viele Arten von Handlungskonflikten, aber nicht jeder ist ein moralischer. Ein moralisches Dilemma beschreibt eine Situation, in der mindestens zwei moralische Prinzipien miteinander – oder sogar mit sich selbst – in Konflikt geraten, indem sie dem Handelnden zwei völlig entgegengesetzte Handlungen vorschreiben. Ein didaktisch gutes Dilemma sollte auf zwei bis drei Moralprinzipien begrenzt sein und sich kurz auf etwa einer halben Seite beschreiben lassen. Längere Beschreibungen lenken oft vom Dilemma-Kern ab. Zwei Beispiele sind nachfolgend aufgeführt.

Möglicher Verlauf einer Dilemmadiskussion
1. Dilemmageschichte vorlesen, darbieten – Dilemma erkennen
2. Erarbeitung oder Vorstellung von vier möglichen Verhaltensweisen, jede Verhaltensweise wird einer Ecke im Schulzimmer zugeordnet.
3. Gruppenbildung durch „Abstimmung": Die Schülerinnen und Schüler stehen in jene Ecke, welcher die Lösung zugeordnet ist, denen sie am ehesten zustimmen würden.
4. Sammlung von Argumenten in den Gruppen der vier Ecken (z.B. auf Moderationskarten). Bei grösseren Gruppen Bildung von Untergruppen.
5. Plenumsdiskussion mit den erarbeiteten Argumenten (Auslegen der Karten). Denkbar ist, dass jede Gruppe eine Abgeordnete in den Fishbowl schickt.

Dilemmageschichte 1

aus: Konflikte selber lösen, Kurt Faller u.a.

Vorgeschichte:
Dennis und Matthias gehen in dieselbe Klasse. Sie sind ausserdem dicke Freunde, Dennis hilft Matthias und Matthias hilft Dennis in allen Lebenslagen. Eines Tages verschwindet aus der Schultasche ihrer Mitschülerin Martina deren Geldbeutel mit 50 Franken. Dennis hat gesehen, wie Matthias in der Pause in Martinas Tasche gegriffen hat. Er weiss, dass Matthias hohe Schulden hat, wegen der Sache mit dem Fussball in der Schaufensterscheibe neulich. Und er weiss auch, dass Martina ein grosszügiges Taschengeld bekommt.

Als Martina schon wenige Minuten später, zu Beginn der nächsten Stunde, das Fehlen ihres Portmonees bemerkt und das Problem in der Klasse zur Sprache kommt, fühlt sich Dennis sehr unwohl. Er weiss nicht, wie er sich jetzt seinem Freund gegenüber verhalten soll.

Was würdest du tun?

- Lies die vier Felder durch.
- Verstehst du die vier Verhaltensmöglichkeiten? Frage sonst.
- Entscheide dich für eine Karte.
- Schreibe den Buchstaben der Karte hier auf:

Buchstabe ....

A	B
Den Mund halten, natürlich! Freunde müssen doch zusammenhalten und mit Martina hat es ja keine Arme getroffen.	Auch seinen Freunden darf man keine Schweinereien durchgehen lassen! Dennis soll sich melden und sagen, dass er Matthias gesehen hat.
C	**D**
Die Sache unauffällig ausbügeln. Wenn Dennis seinen Freund wirklich gerne mag und sich wegen des Diebstahls trotzdem schlecht fühlt, sollte er Martina anonym eine 50-Franken-Note aus eigener Tasche zustecken. Dann ist alles wieder heil.	Guten Einfluss ausüben! Dennis sollte seinem Freund gut zureden, dass der sich zu seiner Tat bekennt und sie so schnell wie möglich selbst wieder gutmacht. Wenn Matthias sich darauf aber nicht einlässt, hat Dennis wenigstens sein Bestes getan.

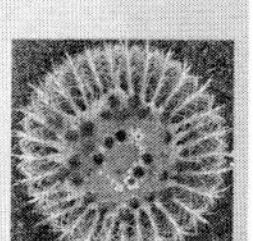

Dilemmageschichte 2

aus: Konflikte selber lösen, Kurt Faller u.a.

Vorgeschichte:
Eine Mitschülerin klärt dich darüber auf, dass deine Lieblingsdisco als Drogen-Umschlagplatz bekannt ist. Obwohl du alle ein bis zwei Wochen dort bist und auch den DJ ein bisschen kennst und wirklich cool findest, hast du noch nie was von Drogen dort mitgekriegt.

Was würdest du tun?

- Lies die vier Felder durch.
- Verstehst du die vier Verhaltensmöglichkeiten? Frage sonst.
- Entscheide dich für eine Karte.
- Schreibe den Buchstaben der Karte hier auf:

Buchstabe ....

A Immer vorsichtig! Bei deinen nächsten Besuchen in der Disco wirst du besonders aufmerksam sein. Dann kann dir eigentlich auch nichts Unangenehmes geschehen.	**B** Jetzt willst du's wissen! Bei deinem nächsten Besuch in der Disco stellst du den DJ zur Rede, um zu erfahren, was wirklich läuft.
C Was sagen die anderen? Du schlägst in deiner Klasse im Unterricht ein Gespräch über das Thema vor, um zu hören, wie deine Mitschüler sich bei so etwas verhalten.	**D** Da sind Experten gefragt! Du rufst das Rauschgift-Dezernat der Polizei an, um zu erfragen, in welche Disco du denn eigentlich ohne Gefährdung gehen kannst.

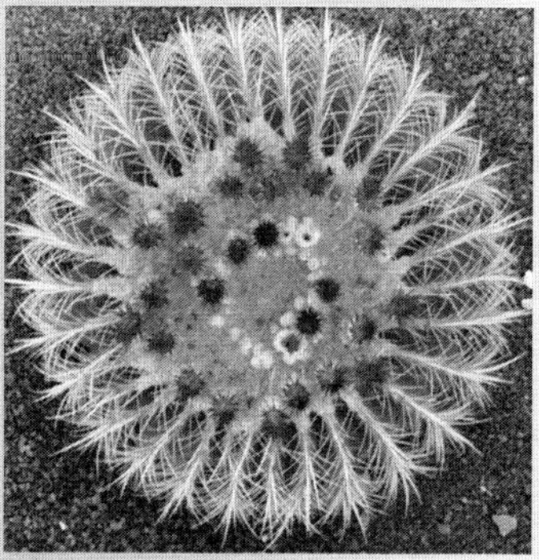

... und ausserdem

Teil 5

Konstruktivismus, Systemtheorie und Neurobiologie

Von Wirklichkeiten und Fragezeichen

Wer nicht weiss, wohin er will, der
muss sich nicht wundern,
wenn er ganz woanders ankommt.
Mark Twain

Die vorliegende Handreichung ist nicht neutral! Meine Gedanken und Konzepte sind eine Auswahl. Meine subjektive. Ich bin nicht objektiv, will es auch nicht sein. Ich habe auf Grund von Überzeugungen und Haltungen ausgewählt. Diese sind aus einer längeren Auseinandersetzung mit meinen Herkunftstheorien und jenen theoretischen Modellen entstanden, die ich bei anderen Menschen kopiert, vermutlich aber eher nachkonstruiert habe. Verschiedenes kann ich begründen, kann erklären, weshalb ich es aktuellerweise so und nicht anders sehe. Die nachfolgenden Gedanken sind dazu gedacht, meine Bezugstheorien zu erklären und bei Ihnen vielleicht die Lust auf „mehr davon" zu wecken. Falls Letzteres zutrifft: Es gibt in der Zwischenzeit viele gute weiterführende Literatur (siehe Literaturverzeichnis).

Gemeinsam Lösungen konstruieren

Vor Jahren las ich das Buch „Wahrheit ist die Erfindung eines Lügners". Das Gespräch zwischen dem „Neugierologen" Heinz von Foerster und dem Wissenschaftler Bernhard Poerksen über Wahrnehmung und Wirklichkeit veränderte mein Denken nachhaltig. Als ich später dann in einer Weiterbildung eines Doktoranden von Heinz von Foerster weiter dazulernen konnte, war es um mich geschehen: Die lineare Welt, die ich zuvor zu erkennen meinte, gibt es nicht! In der Folge war ich ziemlich verunsichert, freute mich aber auch über die neuen Welten, die sich mir auftaten. Ich war nicht mehr dem Zwang ausgesetzt, „das Richtige" zu wissen und möglichst von den anderen (im Besonderen von den Schülerinnen und Schülern) zu erwarten, dass sie diese Wahrheiten auch erkennen bzw. von mir übernehmen sollten. Neben der Verunsicherung, die sich einstellte, war das auch eine angenehme Erleichterung und Bereicherung.

Parallel dazu konnte ich meinen Unterricht öffnen. Begleitet von Dozentinnen und Dozenten einer für mich sehr intensiven Weiterbildung, entwickelte sich mein Unterricht von einer starken Lehrerzentrierung hin zu einer viel stärkeren Orientierung an den Wünschen und Bedürfnissen der Schülerinnen und Schüler. Ohne das konstruktivistische Lernverständnis, welches ich erstmals mit aller Kraft im erwähnten

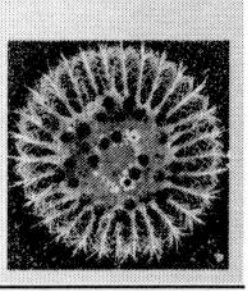

Buch fand, wäre das nicht möglich gewesen. Das war herausfordernd und zugleich sehr lehrreich und interessant.

Mit einem konstruktivistischen Lernverständnis sind partizipative Formen des Unterrichts aus meiner Sicht eigentlich gar nicht mehr zu umgehen. Da in jeder sozialen Situation so viele Wahrheiten im Raum stehen, wie Menschen anwesend sind, kann es keine einzig richtige Antwort auf die vielen Fragen geben. Es werden immer Antworten sein, die gemeinsam gefunden werden müssen. Und dafür eignet sich der Klassenrat besonders gut.

Mein Konstruktivistisches Für-wahr-Nehmen

- Ich erkenne, was ich weiss.
- Die Welt wird interessant durch mein Nachfragen, wie du dein „Für-wahr-Nehmen" beschreibst.
- Neugierde allem gegenüber macht mich lebendig.

Das konstruktivistische Lernverständnis ist für mich eng gekoppelt an Erkenntnisse der Systemtheorie und der Hirnforschung. Nach meiner Verunsicherung durch die konstruktivistischen Theorien suchte ich nach anderen Erklärungsmodellen. Wie kann ich es fassen, dass die Welt nicht mehr linear zu erkennen ist? In systemtheoretischen Ansätzen fand ich neue hilfreiche und passende Konstrukte. Und durch die Auseinandersetzung mit Erkenntnissen aus der Hirnforschung in den letzten Jahren wurden diese Konstrukte bestätigt und dadurch noch gefestigt.

Systemische Sichtweisen

Die nachfolgenden Zeilen können keine Einführung in die Systemtheorie sein. Dazu gibt es weit kompetentere und viel umfassendere Arbeiten. Es geht mir hier lediglich darum, meinen eigenen subjektiven Zugang aufzuzeigen und zu erklären, weshalb ich die systemischen Theorien und Zugänge hilfreich finde.

Zuallererst half mir die systemische Sicht auf die Dinge, viele komplexe Situationen auszuhalten, ohne sofort eine Lösung präsent haben zu müssen. Das hatte ich in meiner Jugend so nicht gelernt. Und vor allem als Lehrer nicht: „Lehrer wissen doch alles!" Ich lernte auszuhalten, dass es Prozesse gibt, die sich über Jahre erstrecken. Weiter wuchs die Zuversicht, dass Systeme im positiven Sinn veränderbar sind. Und vielleicht kam auch etwas Demut in meine Art die Dinge zu sehen und zu leben. Das Wissen, dass eben nicht jedes meiner schulischen Angebote für die mir anvertrauten Schülerinnen und Schüler in gleicher Weise passte und auch nicht passen konnte, entlastete mich. Und manchmal hatte ich tatsächlich Klassen, oder zumindest einzelne Schülerinnen und Schüler, bei denen meine Angebote nicht wirklich ankamen. Ich gehe davon aus, dass Ihnen das nicht unbekannt ist. Systemisch gesehen war ich nun jeweils gefordert, mir – oft zusammen mit den Schülerinnen und Schülern – neue Interventionen auszudenken. Ich suchte nach Möglichkeiten, wie das System Unterricht so gestaltet werden kann, dass es möglichst vielen der anwesenden Menschen dienen kann. Das war herausfordernd – und zugleich äusserst bereichernd und interessant. Die Arbeit wurde für mich dadurch viel lebendiger. Die alten Konzepte, die ich früher mit aller Kraft den Schülerinnen und Schülern überstülpen wollte, kamen mir immer langweiliger vor. So gewann ich aus der systemischen Perspektive oft viel Kraft für meine tägliche Arbeit.

Wenn ich an „systemisch" denke, dann ist für mich die Nichtsteuerbarkeit von Prozessen zuvorderst. In meiner Kindheit war ich davon überzeugt, dass ich nur das Richtige tun müsse, damit jene Resultate entstehen, die ich mir wünschte. Manchmal wurde diese Annahme auch bestätigt. Oft war dies jedoch nicht der Fall – und dann suchte ich nach eindeutigen Hinweisen in meinem Verhalten, die das Versagen erklären konnten. Diese Fehlersuche ging davon aus, dass es ein „Richtig" oder ein „Falsch" tatsächlich gibt. Aus systemischer Sicht gibt es jedoch nur besser passende und weniger passende Vorgehensweisen. Und nicht jede Vorgehensweise passt zu allen Menschen. Die grosse Kunst ist es, jene Verhaltensweisen zu finden, welche die Wahrscheinlichkeit des Gelingens erhöhen. Dabei geht es darum, viele „Sowohl-als-auch"-Möglichkeiten zu finden und anzubieten.

Mein Systemisches Für-wahr-Nehmen

- Systeme werden von mir konstruiert. Ich hab die Möglichkeit, sie auch anders zu konstruieren (umzudeuten).
- Umdeutungen von Verhaltensweisen, Funktionen und Motiven in problematischen Situationen sind hilfreich.
- Ich kann Systeme anregen, aber nicht direktiv verändern. Das gibt mir Gelassenheit.
- Durch die Veränderung meines eigenen Verhaltens habe ich die beste und direkteste Möglichkeit, in meinen Umfeldern etwas zu bewirken.
- Kleine Veränderungen können eine grosse Wirkung haben.

Die, wie ich meine, von Steve de Shazer geprägten systemischen Imperative „Wenn etwas klappt und nützlich ist, mach mehr davon! Wenn etwas nicht passt, tue etwas anderes!" und „Tue verantwortungsvoll etwas anderes als das Erwartete! Ändere die Spielregeln!" waren und sind für mich wertvolle Wegweiser. Daneben ist das Wissen, dass es Systeme per se nicht gibt, ebenfalls hilfreich. Aus neuerer systemtheoretischer Perspektive werden Systeme von den Beobachtenden, d.h. also von den Erzählenden einer Situation konstruiert. Bei dieser Konstruktion werden Spielregeln beschrieben, welche das beobachtete System ausmachen. So gibt es zum Beispiel Schülerinnen und Schüler die mit der Spielregel „schwatzhaft" beschrieben werden. Aus systemischer Sicht könnte man das auch als „mitteilsam" oder als „kommunikativ" beschreiben, was evtl. zu anderen Begegnungen führen kann. Solche Umdeutungen waren mir in meiner Unterrichtspraxis enorm hilfreich. Durch die neu gewonnene Sichtweise konnte ich mich passender verhalten. Die Umdeutungen lösten ein verändertes Verhalten bei mir aus. Dieses führte interessanterweise sehr oft dazu, dass ich neue, oft passendere Handlungsmuster bei Schülerinnen und Schülern beobachten konnte. So wie bei einem Mobile, bei dem sich alle Teile bewegen, wenn man an einer Stelle daran zieht.

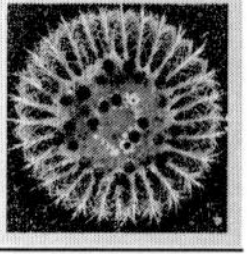

Diese Erkenntnis war für mich wichtig, weil ich spürte, wie ich dadurch viel stärkere Wirkungen erzielen konnte. Ich kam durch diese Erfahrungen immer mehr davon ab, die Schülerinnen und Schüler verändern zu wollen (was aus systemischer Sicht eben wirklich nicht geht!).

Im Klassenrat systemisch zu handeln und systemische Angebote zu machen, ist sehr hilfreich. Systemische Konzepte, wie in dieser Handreichung beschrieben, sind meist effektiv und nützlich. Falls diese Gedanken für Sie sehr neu sind, hoffe ich, Sie etwas neugierig gemacht zu haben. Als Anregung: Forschen Sie doch mal ein wenig nach, wo systemische Weiterbildungen im Schulbereich angeboten werden – und melden Sie sich an. Sie werden es nicht bereuen! Zudem gibt es das eine oder andere Buch, das ich Ihnen gerne empfehle (z.B. etwas von Winfried Palmowski, siehe Literaturhinweise).

Bestätigung aus der Hirnforschung

Ich bin der Meinung, dass ein gewisses Mass an Wissen über die Vorgänge im Gehirn zur Grundausstattung von Lehrpersonen gehören sollte. Vieles, was die Hirnforschung heute zum Thema Wahrnehmen und Lernen zu sagen hat, bestätigt unser Lehrpersonenhandeln. Die Erkenntnisse der Neurobiologie zeigen aber auch da und dort, was eher nicht hilfreich ist. Deshalb kann die Hirnforschung Orientierung sein, wohin der Weg sinnvollerweise gehen könnte. Neue Konzepte sind vermutlich eher nicht zu erwarten. Aber wer weiss? Wer hätte vor dreissig Jahren schon erahnen können, wie wir heute z.B. mit Computern und dem Internet umgehen?

Das Thema Hirnforschung beschäftigt mich schon seit einigen Jahren und lässt mich nicht mehr los. In meiner Masterarbeit im Bereich Supervision und Organisationsberatung ging ich der Frage nach, wie in Supervisionsprozessen ein Phänomen namens Priming genutzt werden kann (siehe auch den Text in Kapitel 4). Dadurch konnte ich mich etwas vertiefter als üblich ins Thema einarbeiten. Während des Schreibens dieser Handreichung begleitet mich ein Buch des Nobelpreisträgers Eric Kandel, der seinen Weg bis hin zu den Entdeckungen der neuronalen Vorgänge im Gehirn beschreibt. Diese Entdeckungen führten schlussendlich auch zum Nobelpreis im Jahre 2000. Auf sehr persönliche und zugleich wissenschaftliche Weise beschreibt Kandel, wie er nach und nach mit anderen zusammen herausarbeiten konnte, wie Lernen neuronal funktionieren könnte. Für mich gibt es neurobiologische Grundlagen, die beim Unterrichten unbedingt mitbeachtet werden müssen. Von diesen möchte ich ganz kurz berichten. Mit Vereinfachungen und Hinweisen versuche ich die Länge des Textes in Grenzen zu halten.

➲ S. 4-27

Dass unser Gehirn lebenslang plastisch ist und sich – in Grenzen – verändern kann, bzw. in jedem Moment verändert, ist in den letzten Jahren genügend beschrieben worden. Dass diese neuronalen Vorgänge (Wachstum oder Rückbildung von neuronalen Verbindungen) auf verschiedene Weise beeinflusst werden können, scheint

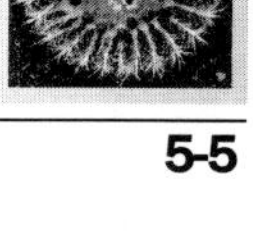

mir ebenso bedeutsam. Die Möglichkeiten dieser Einflussnahme waren es, die mich motivierten, mich vertiefter mit der Neurobiologie zu beschäftigen.

Die erste wichtige Erkenntnis der Beeinflussungsmöglichkeiten ist die Tatsache, dass jene neuronalen Muster, die immer wieder genutzt werden, schneller und energiesparender aktivierbar sind als die anderen. Das ist ein Hinweis darauf, dass das Üben ein wichtiger Bestandteil des Lernens ist. Das wussten wir ja eigentlich auch schon ohne die Hirnforschung. Handlungsbedarf besteht meines Erachtens beim Trainieren von Verhalten. Da ist der Klassenrat eine wirklich bedeutsame Einrichtung: Hier kann im Rollenspiel hilfreiches Verhalten trainiert werden. Das regelmässige Wiederholen von mediativen Streitschlichtungen bahnt neuronale Netze. Das Lernen des Feedback-Dreischritts ist am Anfang mühsam (wie vieles, das neu gelernt werden muss), geht aber nach und nach in ein unbewusst abrufbares Handeln über. Wenn man dabei noch berücksichtigt, dass die Plastizität des Gehirns wenig Unterschiede zwischen wirklich gelebten und nur fantasierten Erfahrungen macht, ist es auch wesentlich, immer wieder auch Vorstellungen davon aufzubauen, wie Schulalltag idealerweise sein könnte.

Damit sind wir bei meiner zweiten Erkenntnis angelangt: Es ist entscheidend, welche Gedanken (welche neuronalen Muster) wir trainieren. Das hat mit der Fokussierung der Aufmerksamkeit zu tun. Jedes Mal, wenn wir Aufträge erteilen, wenn wir Feedbacks geben, wenn wir mit den Kindern und Jugendlichen kommunizieren, fokussieren wir damit: Unterstützende und positive Angebote aktivieren jene neuronalen Muster, welche für erfolgreiches Verhalten stehen. Wenn die Botschaften negativ sind bzw. auf negative Verhaltensweisen zielen, dann werden bei den Menschen jene neuronalen Muster aktiviert, die mit den negativen Verhaltensmustern verbunden sind. Und das verhindert zumeist den Fokus auf die gewünschte positive Verhaltensänderung. Neurobiologisch gesehen ist die im Schulalltag übliche Fehlerfokussierung sehr ungünstig. Auch das haben schlaue Köpfe längst ohne Neurobiologie herausgefunden. Nun haben wir

Mein Neurobiologisches Für-wahr-Nehmen

- Den Aufbau von neuronalen Mustern könnten wir zumindest teilweise gezielt beeinflussen.
- Die erwünschten Verhaltensweisen müssen durch Training immer wieder erlebt werden, damit sich entsprechende leicht abrufbare und möglichst unbewusste neuronale Muster ergeben.
- Da der Fokus der Aufmerksamkeit dafür verantwortlich ist, welche neuronalen Muster aktiviert werden, ist es entscheidend, welche Angebote von mir als Lehrperson gemacht werden. Was ich sage oder zeige, löst positiv oder negativ gedeutete neuronale Aktivierungen aus.
- Nichts macht erfolgreicher als Erfolg.
- In einer Wohlfühlschule lernen Kinder besser. Durch Vorleben und Angebote stärke ich die gegenseitige Wertschätzung.
- Mit Gefühlen muss sorgsam umgegangen werden.

aber Hinweise darauf, dass da nicht einfach positiv denkende Menschen dahinterstecken.

Und wiederum in diese Reihe gehört aus meiner Sicht die Erkenntnis, dass nichts erfolgreicher macht als Erfolg. Ja, ich höre Ihr „Aber auch das wissen wir doch!". Stimmt. Nur kann man heute nachweisen, dass die Ausschüttung von Belohnungsstoffen im Gehirn die neuronalen Vorgänge nachhaltig beeinflusst. Hier empfehle ich Ihnen, das eine oder andere Buch von Joachim Bauer zu lesen, dessen Aussagen und Erkenntnisse natürlich weit über diesen Hinweis hier hinausgehen. Wenn Erfolg erfolgreicher macht, dann muss es uns in der Schule wichtig sein, viele Erfolge anzuregen. Drum: Schauen Sie mit den Kindern und Jugendlichen darauf, was gelingt. Fokussieren Sie auf das, was erfolgreich gemacht wurde. Wenn Sie im Klassenrat zurückblicken, dann entdecken Sie zusammen die Erfolgsgeschichten. Das bewirkt wesentlich mehr als alle tiefgründigen Analysen. Und wenn es dann halt einmal sein muss, dass das Unerwünschte zum Thema wird, dann nutzen Sie ganz schnell meine zweite Erkenntnis: Fokussieren Sie darauf, wie es denn sein müsste. Erfinden Sie mit den Schülerinnen und Schülern zusammen Lösungsgeschichten. Das Gehirn lernt dann mit ...

Meine letzte Erkenntnis, die ich im Zusammenhang mit dem Klassenrat schildern möchte, betrifft das Wohlbefinden. Nur Menschen, die sich wohl fühlen, können sinnvollerweise ihre neuronalen Muster in jene Richtung beeinflussen, die gewünscht ist. Lernen unter Angst und Druck geht nicht. Schlicht und einfach deshalb, weil dann eben jene neuronalen Schaltkreise aktiviert werden, die blitzschnelles Handeln erforderlich machen (Sie wissen es: Die Muster für Weglaufen und Kampfbereitschaft sowie der Totstellreflex werden aktiviert). Das Zusammenspiel zwischen den Gefühlen und sinnvollem Handeln muss gelernt werden. Und da die Voraussetzungen bei den Kindern und Jugendlichen in diesem Bereich sehr unterschiedlich sind, braucht es Trainingsmöglichkeiten in einem unterstützenden Rahmen. Wertschätzung heisst hier aus meiner Sicht das „Zauberwort". Sie zeigen wertschätzendes Verhalten den Kindern gegenüber (und aktivieren dabei gleich noch die Spiegelneurone bei den Schülerinnen und Schülern – nachzulesen unter anderem auch wieder bei Joachim Bauer) und Sie machen Angebote, damit auch die Schülerinnen und Schüler untereinander einen wertschätzenden Umgang lernen können.

Rolf Arnold, der bekannte deutsche Pädagogikprofessor, beschreibt in einem Interview von Psychologie heute (Juli 2009, S. 41) sehr schön, wie viele der oben beschriebenen Aspekte zusammenspielen:

> *Wahrnehmung ist ein Für-wahr-Nehmen, wie die Systemiker sagen, und die ersten Brillen, durch die wir dabei schauen, sind unsere emotionalen Gewissheiten im Umgang mit Anerkennung, Abhängigkeit, Zuwendung und Wirksamkeit. Wenn wir diese Bedeutung der emotionalen Grundeinspurungen nicht adäquat fassen, sitzen wir einer Wissensillusion auf, die uns glauben machen will, Wissen allein führe zu Kompetenzen. Haben wir nicht alle längst erkannt, dass man viel*

wissen und nichts können kann? – Wir konstruieren uns die Welt emotional: Wir deuten sie nicht bloss, wie wir sie deuten – sondern so, wie wir sie auszuhalten vermögen. Unsere frühere Erfahrung, die eine emotionale war, bestimmt, wie wir uns in der Welt fühlen, und letztlich auch, zu welchen Konzepten der Welterklärung wir greifen.

Dieses Zusammenspiel der „emotionalen Grundeinspurungen" und der „Konzepte der Welterklärung" ist nicht ganz einfach. Ich meine, dass auch dies eine Herausforderung für uns Lehrpersonen ist. Was genau geschieht, wenn ich „wegen den Kindern" ärgerlich oder gar wütend werde? Ist Ihnen klar, welche emotionalen Grunderfahrungen dabei wirksam werden? Und welche Erklärungsmodelle Sie dann für sich selber nutzen? Hier lohnt sich das bewusste Hinschauen. Falls Sie den Umgang mit diesen beiden Systemen für sich ein wenig optimieren möchten, schlage ich Ihnen vor, Texte von Maja Storch zu lesen. Beim Lesen ihres Buches „Machen Sie doch, was Sie wollen" werden Sie von den Geschichten und Hinweisen der Entwicklerin des Zürcher Ressourcen Modells (ZRM) das eine oder andere Aha-Erlebnis und danach den Wunsch nach einigen weiterführenden interessanten Lernerfahrungen vermittelt bekommen.

Bücher zum Weiterlesen

Für Sie gelesen und kurz kommentiert

Konkrete Handlungsanleitungen

Regina Hiller/Hansueli Weber
Das mobbingfreie Klassenzimmer
Books on Demand GmbH, 2006, Norderstedt

Diese Handreichung ist ähnlich aufgebaut wie die vorliegende. Mit vielen Materialien für den direkten Einsatz im Unterricht. Bestellungen im Buchhandel oder auf www.lernvisionen.ch

Regina Hiller/Hansueli Weber
Die Mobbing-Spirale
Aktuell-Heft 2/08, Kantonaler Lehrmittelverlag St.Gallen

Vom Umgang mit Mobbing vor allem auf der Oberstufe. Mit Anleitungen und Hilfsmitteln für die Arbeit mit den Jugendlichen.

Hansueli Weber
Mediation im Klassenzimmer
Books on Demand GmbH, Norderstedt, 2006

Auch diese Handreichung ist ähnlich aufgebaut wie die vorliegende. Sie zeigt Möglichkeiten, wie Kinder und Jugendliche zu Streitschlichtern werden können. Mit vielen Anleitungen und Hilfsmitteln. Bestellungen im Buchhandel oder auf www.lernvisionen.ch

D. Högger/H. Weber/R. Haberthür
Harmo-Nie? Unterlagen für Unterricht und Ernstfall
Beziehungsgestaltung im schulischen Alltag
FHNW, PH, ISW, Beratungsstelle Gesundheitsbildung und Prävention,
www.fhnw.ch/ph/iwb/beratung/gesundheit/publikationen

Eine praxisnahe Sammlung von Hintergrundinformationen und Ideen zum Umgang mit verschiedenen Bereichen der Beziehungsgestaltung im Schulalltag: für den Unterricht, für den Ernstfall, für Lehrpersonen im Umgang mit Schülerinnen und Schülern, Kolleginnen und Kollegen, Eltern.

«sicher! gsund!»
Gesundheitsförderung, Prävention und Sicherheit.
Verschiedene Autor/-innen, Kantonaler Lehrmittelverlag St. Gallen

Eine Sammlung von Handreichungen zu aktuellen und brisanten Themen in Schulen: Schule und Gewalt, Kindesmisshandlung, Cannabis und Partydrogen, Rechtsextremismus, Mobbing in der Schule usw.

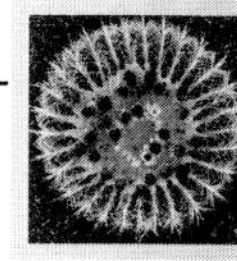

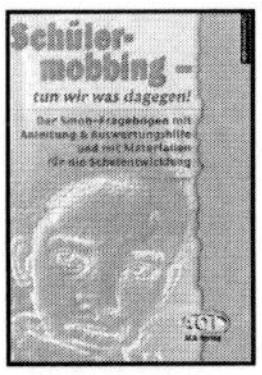

Horst Kasper
Schülermobbing – tun wir was dagegen!
Der Smob-Fragebogen mit Anleitung und Auswertungshilfe, mit Materialien für die Schulentwicklung, AOL-Verlag Lichtenau

Zentraler Teil dieses Heftes ist der Smob-Fragebogen zu Schülermobbing (Kopiervorlage mit einer Hilfestellung für die Auswertung). Zudem stehen weiterführende Informationen und Anregungen für konkrete Schritte gegen Mobbing bereit, um die Mobbingsituationen anzugehen und aufzulösen.

K. Faller/W. Kerntke/M. Wackmann:
Konflikte selber lösen
Trainingshandbuch für Mediation in Schule und Jugendarbeit
Verlag an der Ruhr, Mülheim an der Ruhr D, 2009

Für mich „das" Buch mit den vielen Ideen im Umgang mit Peer-Mediation und sozialem Lernen. Insgesamt etwas unübersichtlich, aber eine wahre Fundgrube.

Manfred Cierpka
FAUSTLOS – Wie Kinder Konflikte gewaltfrei lösen lernen
Herder Verlag Freiburg im Breisgau, 2005

Diese Einführung in das Faustlos-Präventionsprogramm gibt eine Übersicht über die Grundideen, die hinter Faustlos stehen. Leider ist das Programm selber etwas teuer.

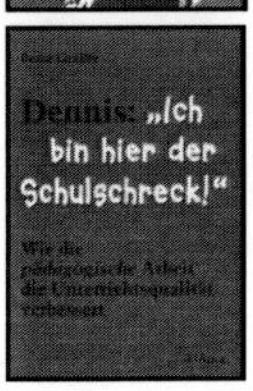

Beate Grabbe
Dennis: "Ich bin hier der Schulschreck!"
Wie die pädagogische Arbeit die Unterrichtsqualität verbessert
Auer Verlag Gmbh, 2003

Falls Sie den einen oder anderen Problemfall in Ihrer Klasse haben, lesen Sie Grabbes Buch. Die Kreativität dieser Frau wird auch Ihnen Ideen liefern, mit Ihrer Situation gut umzugehen. Spannend zu lesen.

Handlungsanleitungen zum sozialen Lernen

Rosemarie Portmann
Spiele, die stark machen
Don Bosco Verlag, 2008

Dieses Buch lag in meinen letzten Berufsjahren griffbereit auf meinem Pult: für den schnellen und nützlichen Einsatz im Alltag.

Rosemarie Portmann, Felix Weinold
Spiele zum Umgang mit Aggressionen
Don Bosco Verlag, 2004

Mit dem gleichen Konzept wie das Buch oben.

Christa Manske, Heike Löffel
Ein Dino zeigt Gefühle
Fühlen. Empfinden. Wahrnehmen
Mebes & Noack, 1996

Aus meiner Sicht ein Klassiker, was die Darstellung von Gefühlen angeht. Diesen Dino bekommt man einfach gern! Vielseitig einsetzbar.

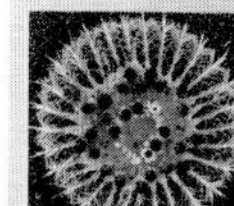

T. Malti, T. Häcker, Y. Nakamura
Kluge Gefühle? Sozial-emotionales Lernen in der Schule
Schneider Verlag Hohengehren, 2009

Nach einer Übersicht über drei Präventionsprogramme, die sozial-emotionales Lernen fördern (ESSKI, Faustlos, fairplayer) finden Sie Anregungen zum Thema Umgang mit Gefühlen.

Dianne Schilling, Ursula Tigges
Soziales Lernen in der Grundschule
50 Übungen, Aktivitäten und Spiele
Verlag An der Ruhr, 2000

Ein Buch mit einer Fülle von interessanten und hilfreichen sozialen Spielen.

Kaufmann, Marmet et.al.
Aussenseiter integrieren
Wie Gruppen mit Aussenseitern anders umgehen können, 101 Ideen zur Integration von Aussenseitern und Fremdem, TZT-Verlag, 1997

Kurze und nützliche Informationen zum Thema, viele Ideen für den spielerischen und konstruktiven Umgang mit der Ausgrenzungsthematik in Gruppen bzw. Klassen.

Lösungsorientierung

Walter Spiess (Hrsg.)
Die Logik des Gelingens
Lösungs- und entwicklungsorientierte Beratung im Kontext von Pädagogik, 1998, borgmann publishing, Dortmund

Neben Einführungen in die Ideen und in die Praxis der lösungsorientierten Beratung nach Steve de Shazer (und anderen) sind viele Beispiele aus dem Arbeitsalltag aufgeführt. Der Bereich Therapie und Sonderschule nimmt einen grossen Platz ein. Der Bericht von Mathias Wehrli zeigt Möglichkeiten im „normalen" Schulalltag.

Marianne und Kaspar Baeschlin
Einfach, aber nicht leicht
Leitfaden für lösungsorientiertes Arbeiten in sozialpädagogischen Organisationen
ZLB – Zentrum f. lösungsorientierte Beratung, 2001

Dieses kleine Werk, das im Internet zum Herunterladen verfügbar ist (Stand 15.2.10, Link siehe weiter unten), ist aus meiner Sicht etwas vom Besten, wenn es darum geht, die Lösungsorientierung kurz, knapp und dennoch verständlich zu beschreiben.

A. Molnar, B. Lindquist et. al.
Verhaltensprobleme in der Schule
Lösungsstrategien für die Praxis
Verlag Modernes Lernen, 2009

Ein Buch, das mein Verhalten im Unterricht prägte: Durch Umdeutungen im lösungsorientierten Sinn gelang es mir immer wieder, auch sehr komplexe Situationen zu meistern. Sehr interessant zu lesen, mit vielen Beispielen aus dem Schulalltag.

B. Furman, G. Ribbock, K. Dierolf
Ich schaffs!
Spielerisch und praktisch Lösungen mit Kindern finden – Das 15-Schritte-Programm für Eltern, Erzieher und Therapeuten
Carl-Auer-Systeme Verlag, 2008

Als ich Ben Furmans Buch entdeckte, wurden offene Türen eingerannt. Das lösungsorientierte Konzept habe ich in der Zwischenzeit vielfach mit mehrheitlich gutem Erfolg erprobt.

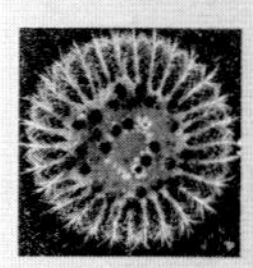

Didaktische Orientierungen

Bruno Krapf
Aufbruch zu einer neuen Lernkultur
Selbstverantwortliches Handeln und Leben für alle
Paul Haupt Verlag, Bern, 1999

Bruno Krapf vermittelte mir einige sehr wichtige Impulse, meinen Unterricht noch SchülerInnen-zentrierter zu gestalten.

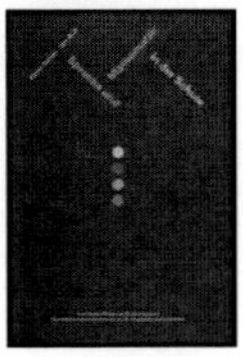

Urs Ruf, Peter Gallin
Sprache und Mathematik in der Schule: Auf eigenen Wegen zur Fachkompetenz
Klett und Balmer,
2000

Gallin und Rufs Didaktik der Kernideen nimmt konsequent konstruktivistische Gedanken auf. Die beiden Autoren wollen die Schülerinnen und Schüler von deren subjektiven Theorien her verstehen können, um dann mit ihnen in ein „wissenschaftliches" Gespräch zu kommen. Dazu bieten sie vielerlei Ideen, wie das zu bewerkstelligen ist. Habe ich oft im Klassenrat verwendet.

Kommunikation

Marshall B. Rosenberg
Gewaltfreie Kommunikation. Eine Sprache des Lebens. Aufrichtig und einfühlsam miteinander sprechen. Neue Wege in der Mediation und im Umgang mit Konflikten
Junfermann Verlag Paderborn, 2007

Rosenbergs Orientierung an den Bedürfnissen der Menschen hat mir von Beginn weg Eindruck gemacht. Wenn man das manchmal etwas Pastorenhafte wegdenken kann, ist die GFK ein Schlüssel zur guten Kommunikation. Ich brauche die Ideen zur Vor- und Nachbereitung von Gesprächen. Für die direkte Anwendung in Gesprächen braucht es viel Übung.

Friedemann Schulz von Thun et.al.
Miteinander reden.
Allgemeine Psychologie der Kommunikation
Band 1: Störungen und Klärungen
Band 2: Stile, Werte und Persönlichkeitsentwicklung
Band 3 : Das innere Team und Situationsgerechte Kommunikation
Rowohlt, 1981

Die drei Werke Schulz von Thuns braucht man vermutlich nicht mehr vorzustellen. Die Grundlagen in Band 1 sind aus meiner Sicht ein Muss für jede Lehrperson. Die weiteren Bände ergänzen den ersten sehr gut. Ich selbst mag den Ansatz des inneren Teams (Band 3). Damit können auch Schülerinnen und Schüler gut arbeiten. Ein ziemlich schwieriger Schüler entdeckte mit mir zusammen 15 Teammitglieder. Wir lernten dann, wie diese 15 miteinander besser umgehen konnten.

Timothy D. Wilson
Gestatten, mein Name ist Ich
Das adaptive Unbewusste – eine psychologische Entdeckungsreise
Pendo Verlag, 2007

Dieses Buch könnte auch im nächsten Abschnitt vorgestellt werden, da es sich stark auf Ergebnisse der Hirnforschung bezieht. Da der Einbezug des Unbewussten in der Kommunikation für mich ein wichtiger Faktor ist, führe ich das Buch hier auf. Wilson zeigt, wie stark unbewusste Prozesse unser Handeln prägen. Die Idee, dass Feedbacks von anderen genauer sind als Selbsterkenntnis, machte mich eine Zeitlang ziemlich nachdenklich ...

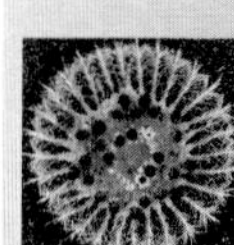

Konstruktivismus, Systemtheorie und Neurobiologie

	Heinz von Foerster, B. Pörksen **Wahrheit ist die Erfindung eines Lügners.** Gespräche für Skeptiker, Carl Auer Systeme-Verlag, 2008	*Die Ideen Heinz von Foersters haben mich damals nach dem Lesen ziemlich verwirrt zurückgelassen. Dadurch wurde viel Neues möglich. Lassen Sie sich durch die nicht immer einfachen Gedanken des „Neugierologen" ebenso anregen ...*
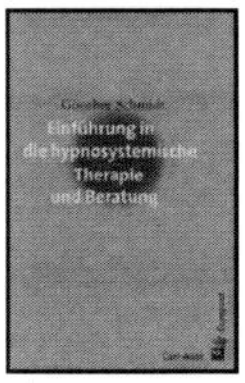	Gunther Schmidt **Einführung in die hypnosystemische Therapie und Beratung** Carl-Auer-Systeme Verlag, 2010	*Gunther Schmidts Ideen sind hier kompakt verpackt in diesem kleinen Werk. Die hypnosystemische Arbeit hat aus meiner Sicht sehr viele hilfreiche Konzepte. Noch sind sie nicht genügend für die Verwendung in der Schule weitergedacht.*
	R. Arnold, H. Siebert **Konstruktivistische Erwachsenenbildung – Von der Deutung zur Konstruktion von Wirklichkeit** Schneider Verlag Hohengehren, 2006	*Arnold und Siebert haben mir ermöglicht, in Erwachsenenbildung und Schule konstruktivistisch unterwegs zu sein. Zum Gewinnen einer Übersicht sehr hilfreich.*
	R. Arnold, B. Arnold-Haecky **Der Eid des Sisyphos. Eine Einführung in die Systemische Pädagogik** Baltmannsweiler, 2009	*Diese sehr gute Einführung ergänzt die theoretischen Erklärungen mit einer Fülle von handlungsorientierten Anregungen. Z.B. in den Bereichen Methodenpraxis und handlungsorientierter Unterricht, Kommunikation, Konflikttraining usw.*
	Maja Storch, Frank Krause **Selbstmanagement – ressourcenorientiert.** Grundlagen und Trainingsmanual für die Arbeit mit dem Zürcher Ressourcenmodell Hans Huber Bern, 2007	*Das Zürcher Ressourcen Modell (ZRM) zeigt vielfältige Handlungsmöglichkeiten, die Bezug nehmen auf aktuelle Forschungsresultate. Das ZRM hat mich nachhaltig beeinflusst. Vor allem wurde ich auf Phänomene der Hirnforschung aufmerksam.*
	Winfried Palmowski **Anders handeln: Lehrerverhalten in Konfliktsituationen.** Ein Übersichts- und Praxisbuch Verlag Modernes Lernen, 2008	*Palmowski gelingt es auf eindrückliche Weise, systemische Sicht- und Handlungsweisen aufzuzeigen und zu reflektieren. Gut zu lesen.*
	Christa Hubrig, Peter Herrmann **Lösungen in der Schule**. Systemisches Denken in Unterricht, Beratung und Schulentwicklung Carl-Auer-Systeme Verlag, 2007	*Hubrig und Herrmann beschreiben systemisches Handeln im Schulalltag aus schulpsychologischer Sicht – und da fehlt meines Erachtens manchmal der direkte Bezug zum Schulalltag. Insgesamt jedoch eine sehr gute und nützliche Übersicht.*

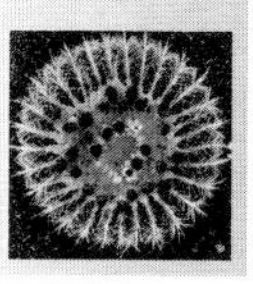

Eric Kandel
Auf der Suche nach dem Gedächtnis: Die Entstehung einer neuen Wissenschaft des Geistes
Goldmann Verlag, 2009

Für jene, die sich für Hirnforschung interessieren, kann Kandel eine Option sein. Kandel beschreibt seinen Werdegang und nimmt immer wieder Bezug auf die Forschungsresultate, die ihm schlussendlich 2000 den Nobelpreis einbrachten. Sehr einfühlsam geschrieben, ein gewisses Fachwissen muss jedoch vorausgesetzt werden.

Joachim Bauer
Warum ich fühle, was du fühlst: Intuitive Kommunikation und das Geheimnis der Spiegelneurone
Heyne Verlag, 2006

Nach dem Lesen von Bauers Buch war mir noch mehr klar, dass Wertschätzung und positive Unterstützung entscheidend wichtig sind.

Joachim Bauer
Prinzip Menschlichkeit
Warum wir von Natur aus kooperieren
Heyne Verlag, 2008

Zu verstehen, dass unser Gehirn auf Kooperation ausgelegt ist, war für mich eine bestätigende Information – und motivierte mich noch mehr, in diese Richtung zu unterrichten.

Maja Storch
Machen Sie doch, was Sie wollen!
Wie ein Strudelwurm den Weg zu Zufriedenheit und Freiheit zeigt
Huber Bern, 2009

Dieses Buch ist aus meiner Sicht ein Muss für jene, die gerne das eine oder andere möglichst lustvoll verändern wollen. Storch verzichtet auf eine wissenschaftliche Sprache und motiviert mit ihrer Idee des Strudelwurms zu schlauem Zusammenspiel von Vernunft und Bauchgefühl.

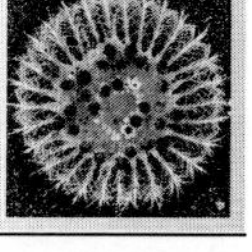

Angebote im Internet

Weitere Angebote und Neuerungen zum Thema „Klassenrat abwechslungsreich gestalten“ finden Sie unter:

www.lernvisionen.ch/klassenrat

Auf dieser Seite finden Sie auch Arbeitsblätter und Hilfsmittel aus diesem Buch ohne Kopf und Fusszeilen. Daneben stehen zusätzliche Unterlagen zur Verfügung. Die meisten Dokumente sind als PDF-Dateien abgelegt.

Die Dokumente sind im Buch jeweils mit **download** gekennzeichnet.

Weiterführende Links:

- Masterarbeit Hansueli Weber zum Thema Priming: www.lernvisionen.ch/priming
- Einführung in die Lösungsorientierung von M. und K. Baeschlin:
  www.zlb-winterthur.ch /publikationen /zlb-leitfaden-1-2008.pdf
- www.profi-l.net/2009-03-allundein/kleine-helfer-der-basisstufe (Zugriff am 12.2.10)
- Dilemmadiskussionen: www.uni-konstanz.de/ag-moral/moral/dildisk-d.htm (Zugriff am 12.2.10)
  und www.schule-bw.de/unterricht/faecher/biologie/medik/meth/dilemma/index_html (Zugriff am 12.2.10)
- www.praevention-alsaker.unibe.ch (Zugriff am 12.2.10)
- http://de.wikipedia.org/wiki/Mobbing_in_der_Schule (Zugriff am 12.2.10)
- www.familienhandbuch.de/cmain/f_Aktuelles/a_Schule/s_360.html (Zugriff am 12.2.10)
- www.schueler-mobbing.de/mobb/modules/newbb/ (Zugriff am 12.2.10)

Diese Linkliste wird im Internet weiter ergänzt und angepasst.

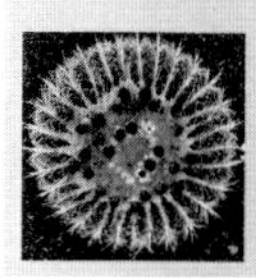

Der Autor

Hansueli Weber

- **Supervisor, Organisationsberater,** Master of Advanced Studies in Supervision und Organisationsberatung, PHSG und aeB Schweiz
- **Coach IEF/BSO**,
- **Ausbilder FA,** Tätigkeit in der LehrerInnenweiterbildung und an Informatikschulen
- **Primarlehrer,** Berufserfahrung mit mehrklassigem Unterricht und Sonderklassen bis 2002
- **Selbstständige Arbeit** seit 2003
- **Schulleiter**
- Geboren 1957, zwei erwachsene Kinder

Kontakt
Hansueli Weber
Bahnhofstrasse 15
CH-9320 Arbon

huweber@lernvisionen.ch
www.lernvisionen.ch

Basiswissen Grundschule

Mathematik

Bibliografische Information der Deutschen Nationalbibliothek
Die Deutsche Nationalbibliothek verzeichnet diese Publikation in der Deutschen Nationalbibliografie; detaillierte bibliografische Daten sind im Internet über http://dnb.ddb.de abrufbar.

Redaktionelle Leitung: Eva Günkinger, Katja Schüler
Konzeption: Katja Schüler
Redaktion: Daniela Brunner, Hans Huschens
Herstellung: Verona Meiling
Layout: Michelle Vollmer, Mainz
Satz: Bibliographisches Institut AG, Mannheim
Umschlaggestaltung: Mischa Acker

Druck und Bindung: Stürtz GmbH, Würzburg
Printed in Germany

ISBN 978-3-411-72062-0 (Bibliographisches Institut AG)
ISBN 978-3-89818-746-6 (Duden Schulbuchverlag)

Basiswissen Grundschule

Mathematik

Nachschlagen und Üben
Klasse 1 bis 4

2., aktualisierte Auflage
von Ute Müller-Wolfangel und Beate Schreiber

mit Illustrationen von Barbara Scholz, Sandra Reckers,
Gabie Hilgert, Carsten Märtin, Peter Nieländer

Duden Schulbuchverlag
Berlin · Mannheim · Leipzig · Wien · Zürich

Inhaltsverzeichnis

Einführung

Mengen und Zahlen

Grundrechenarten

Inhaltsverzeichnis

Größen und Sachrechnen

Inhaltsverzeichnis

Geometrie

Anhang

Liebe Eltern,

dieses Buch bietet Ihnen und Ihren Kindern eine übersichtliche Darstellung des gesamten Basiswissens im Fach Mathematik der **vierjährigen Grundschule.** Es dient zum **Nachschlagen** und bietet zusätzlich **Strategien (Tipps)** an, mit denen Kinder selbstständig an vorgegebene Aufgabenstellungen herangehen können. Die Inhalte orientieren sich an den Bildungsstandards für den Primarbereich (bis zur 4. Jahrgangsstufe), die 2004 von der Kultusministerkonferenz vereinbart wurden.

Basiswissen Grundschule Mathematik kann sowohl bei den Hausaufgaben als auch zur Vorbereitung von Lernkontrollen benutzt werden.

Sie erhalten einen übersichtlichen Einblick in den Lernstoff und zusätzlich **allgemeine Hinweise zur Verbesserung der Lernsituation** des Kindes.

Begleitend kann zu den thematischen Schwerpunkten **Übungsmaterial** ausgedruckt werden. Auf der beigefügten CD-ROM finden sich u. a. 100 Arbeitsblätter mit Lösungsblättern, mit denen der Lernstoff geübt, vertieft und wiederholt werden kann.

Basiswissen Grundschule Mathematik enthält vier Themenfelder aus dem Bereich Mathematik in der Grundschule:

1. Im Kapitel Mengen und Zahlen geht es um den Aufbau, die Festigung und die Systematisierung des Zahlverständnisses. Dabei wird die Verwendungs-

möglichkeit von Zahlen im täglichen Leben, die sprachliche Struktur der Zahlwortbildung und der Aufbau des dekadischen Systems (Zehnersystems) im Zahlenraum von 0 bis 1 000 000 verdeutlicht.

2. Ein wichtiger Schwerpunkt im Kapitel Grundrechenarten ist der Aufbau der Rechenfähigkeit, das Ausnutzen von Rechenvorteilen und das Anwenden von Rechenstrategien. Außerdem werden die verschiedenen Rechenverfahren und häufig verwendete Übungsformen ausführlich dargestellt.

3. Im Kapitel Größen und Sachrechnen wird zunächst der Umgang mit Größen behandelt. Außerdem wird erörtert, wie aus Texten Informationen entnommen und Aufgaben formuliert werden können. Anhand von unterschiedlichen Darstellungsformen (Tabelle, verschiedene Diagrammtypen) wird gezeigt, wie Informationen aufbereitet und wie sie umgekehrt ausgewertet werden können. Dabei wird auf Anwendungsmöglichkeiten und die Bedeutung von Größen im täglichen Leben verwiesen.

4. Die Inhalte im Kapitel Geometrie bilden die Grundlage für den Erwerb geometrischer Vorstellungen und den sicheren Umgang mit Zeichengeräten. Eine zentrale Rolle spielt dabei die Orientierung in der Ebene (zweidimensional) und im Raum (dreidimensional).

Zu den fachlichen Zielen in Mathematik gehört ein fachbezogener Gebrauch von Sprache, auf den in allen vier Kapiteln immer wieder hingewiesen wird.

Vorwort

Liebe Schülerin, lieber Schüler,

in diesem Nachschlagewerk findest du alle wichtigen Inhalte des Mathematikunterrichts in der Grundschule. Diese sind in vier Kapitel aufgeteilt. Du erkennst sie an den farbigen Balken:

Mengen und Zahlen Grundrechenarten
Größen und Sachrechnen Geometrie

Auf jeder Seite gibt es viele **Beispiele.** Sie sind blau gedruckt.

Gerade Zahlen: 0, 2, 4, 6, 8, 10, 12, 14, …

Die wichtigen **Tipps der klugen Eule** im gelben Kasten solltest du besonders beachten.

Zahlen helfen, die Umwelt zu beschreiben, zu erfassen und sich in ihr zu orientieren.

In den Kästen mit blauem Rahmen werden **Spiele** vorgeschlagen. Dazu musst du meistens einen oder mehrere Mitspieler suchen. Frag doch einmal deine Eltern oder Geschwister, ob sie etwas Zeit haben.

Spieltipp

Wer findet das kleinste Ergebnis?

Material: Ziffernkärtchen, Papier, Stift
Zunächst Ziffernkärtchen von 0 bis 9 schreiben. Mindestens drei Kärtchen auswählen und damit die höchste bzw. die niedrigste Zahl bilden. Die beiden Zahlen subtrahieren.

Am Ende der Kapitel folgen **Tippseiten.**
Die Eule zeigt, wie du geschickt vorgehen kannst, wenn du z. B. Vorgänger oder Nachfolger finden, zweigliedrige Platzhalteraufgaben rechnen oder einen geometrischen Körper bestimmen willst.

Dieses Zeichen weist darauf hin, dass es ein **Arbeitsblatt** zum Üben gibt. Es befindet sich auf der **CD-ROM.** Du kannst es ausdrucken, bearbeiten und dich mit einem Lösungsblatt selbst korrigieren.

1. Klasse

2. Klasse

3. Klasse

4. Klasse

Fachbegriffe kannst du auf den Seiten 183 bis 185 nachschlagen.

Wenn du etwas Bestimmtes suchst, kannst du im Register ab Seite 186 die entsprechenden Seitenangaben finden.

Auf den folgenden Seiten findest du viele Lerntipps, die dir helfen, besser zu lernen.

Der Wochenplan

Eine regelmäßige Zeiteinteilung erleichtert das Lernen.

Deshalb ist es wichtig, dass du deine Woche und deine Tage gut planst. Dann hast du neben deiner Lernzeit auch noch viel freie Zeit für deine Hobbys. Ein Wochenplan hilft dir dabei. Trage zunächst deine festen Nachmittagstermine ein. Entscheide dich dann für die Zeiten, in denen du deine Hausaufgaben erledigen willst.

Woche vom 20. bis 26. Juni

Zeitraum	Montag	Dienstag	Mittwoch	Donnerstag	Freitag	Samstag
14.00		Chor		HA		
15.00	HA		HA		Schwimmen	Fahrradtour mit Mama
16.00		HA		Geburtstagsparty Max		
17.00	Klavier	Üben für Test	Zahnarzt		HA	
18.00			Fußball		HA	

(HA: Hausaufgaben und Klavier üben)

Die beste Lernzeit

Nicht jeder lernt zur gleichen Zeit gleich gut.

Deshalb ist es wichtig, dass du deine beste Lernzeit selbst herausfindest. Wann kannst du dich am besten konzentrieren? Am frühen Nachmittag oder erst nach einer längeren Pause? Trage in deinen Wochenplan deine eigene Lernzeit ein.

Der Arbeitsplatz

An einem guten Arbeitsplatz fällt das Lernen leichter.

Deshalb ist es wichtig, dass du dir einen geräumigen und gut beleuchteten Platz aussuchst, an dem du immer arbeitest. Lege dir nur das bereit, was du gerade brauchst.

Es ist auch wichtig, dass die Bücher, die du zum Nachschlagen benutzt, wie z. B. Fachbücher und Lexika, in der Nähe deines Arbeitsplatzes stehen. So findest du schnell die Information, die du suchst.

Der Lernstoff

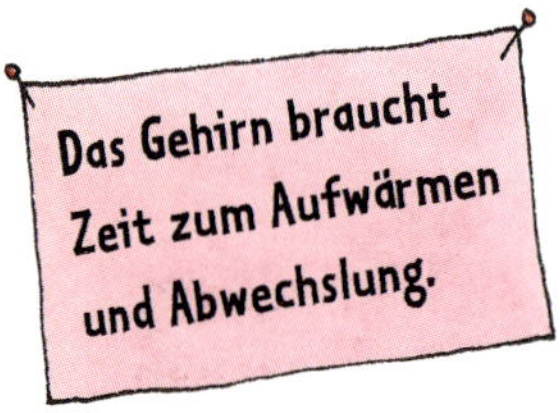

Deshalb ist es wichtig, dass du mit dem beginnst, was dir leicht fällt.
Wechsle ab zwischen mündlichen und schriftlichen Arbeiten. So kannst du dich länger konzentrieren.
Vermeide, Ähnliches direkt nacheinander zu lernen.

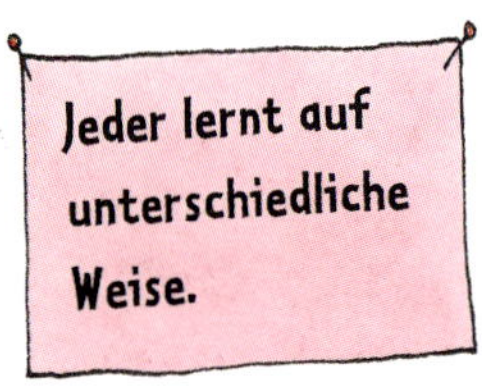

Deshalb musst du herausfinden, wie du am besten lernen und dir etwas merken kannst.
Musst du es geschrieben vor dir sehen oder genügt es dir, wenn du es hörst?
Wichtig ist auf jeden Fall, dass du auch mit Material arbeitest, das du anfassen kannst.
Am besten kannst du dir Dinge merken, die du selbst ausprobiert hast.

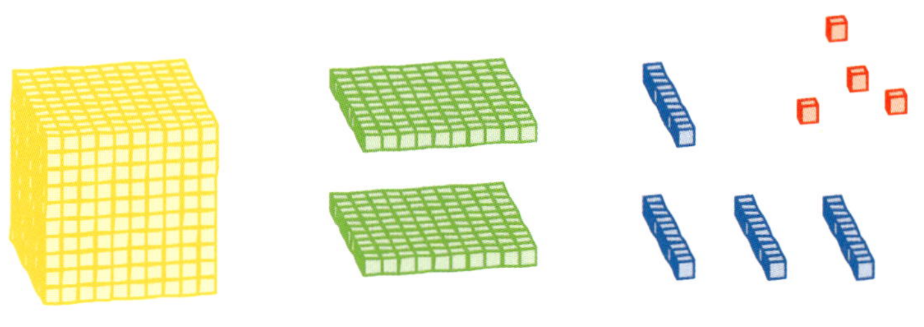

Es hilft, wenn du beim Lernen manchmal laut mitsprichst. Was du dir selbst erklärst oder vorsprichst, kannst du dir besser merken.

Es ist auch wichtig, dass du dein Lernen durch Bilder unterstützt. Das können Zeichnungen, Skizzen oder Lernplakate sein.

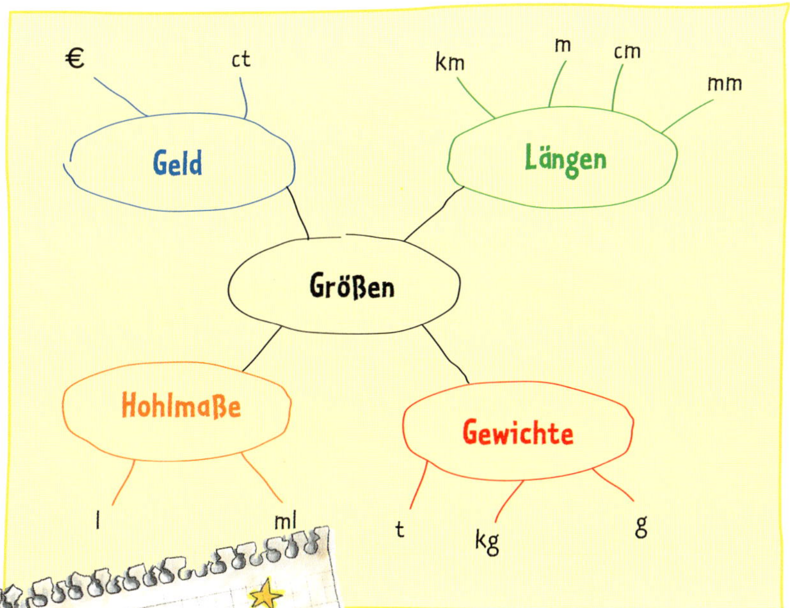

Lerntipps

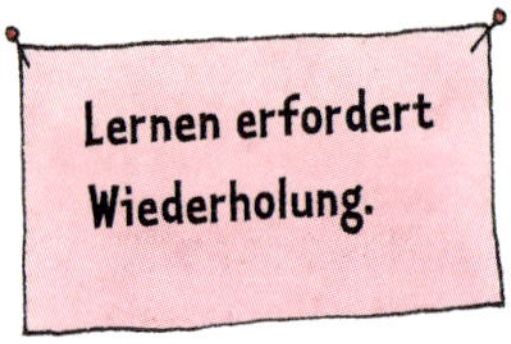

Deshalb ist es wichtig, dass du neuen Lernstoff am Anfang öfter wiederholst. Dadurch behältst du das Gelernte besser.

Es ist auch wichtig, dass du regelmäßig alten Lernstoff wiederholst. Viele kleine Wiederholungen sind besser als eine große.
Dabei hast du verschiedene Möglichkeiten:

Wörter, Sätze, Zahlen oder Regeln, die du dir merken willst, kannst du dir auf **kleine Zettel** schreiben und so aufhängen, dass du sie immer wieder sehen kannst.
Du kannst sie auch mit einer bunten Wäscheklammer sammeln.

Wenn du zu einem Thema viele Informationen hast, kannst du sie übersichtlich auf einem **Lernplakat** darstellen und dieses gut sichtbar aufhängen.

Wenn du dir den Lernstoff über längere Zeit einprägen und deinen Lernfortschritt kontrollieren willst, ist eine **Lernkartei** günstig.

Schreibe dir dein Merkwissen auf Karteikärtchen und ordne sie in das erste Fach deines Karteikastens ein. Bei der Wiederholung kannst du die Aufgaben, die du richtig gelöst hast, in das nächste Fach einsortieren.
Im ersten Fach bleiben alle Kärtchen mit Aufgaben, die du noch weiter üben musst.

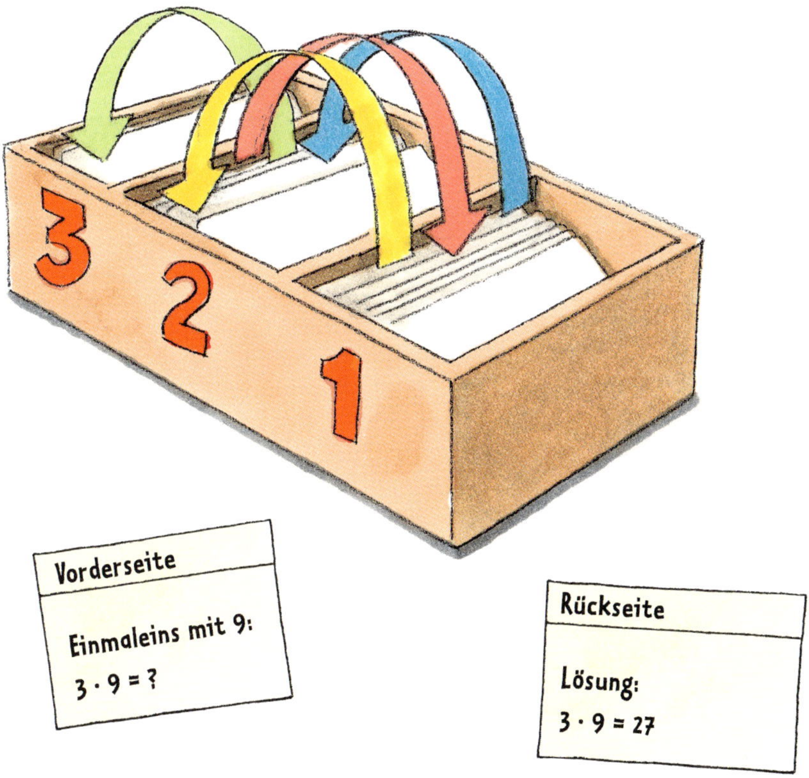

Lerntipps

Achte beim **Abschreiben** von Aufgaben darauf, dass du die Zahlen immer stellengerecht überträgst. Überprüfe sorgfältig noch einmal, ob du richtig übertragen hast.

Auch beim **Auswendiglernen,** z. B. beim Lernen einer Einmaleinsreihe, brauchst du viel Wiederholung. Diese Schritte können dir helfen:

- Einmaleinsreihe aufschreiben
- sich dabei Bilder vorstellen
- mehrmals laut vorlesen
- Ergebnisse abdecken und versuchen, den verdeckten Teil zu ergänzen
- alles abdecken und die Reihe aus dem Kopf sagen
- regelmäßig wiederholen (auch kurz vor dem Schlafengehen)

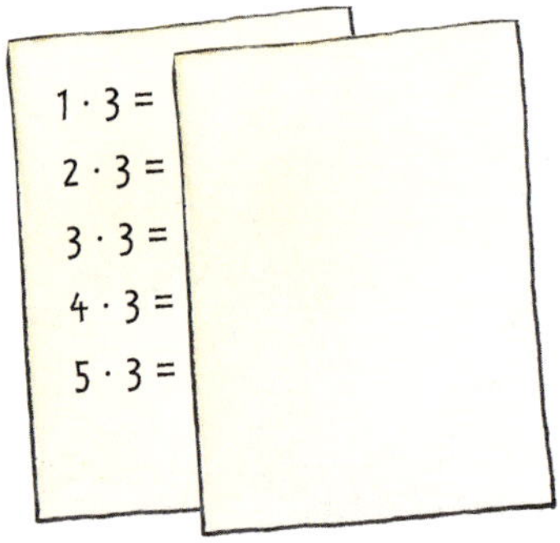

Bei Textaufgaben musst du die Wörter genau lesen. Zu Hause ist es am besten, wenn du den Text laut liest und dann nach den 10 Schritten auf Seite 142 vorgehst.

Die Pause

Deshalb ist es wichtig, dass du kurze Pausen machst. Dann kannst du dich wieder besser konzentrieren.

Frische Luft und ein Stück Obst geben dir neue Kraft.

Vergiss das Trinken nicht. Eine Flasche Wasser sollte an deinem Arbeitsplatz nicht fehlen.

Es ist auch wichtig, dass du dich bewegst. Du kannst in deinem Zimmer hin- und herlaufen, ein paar Kniebeugen machen, dich recken und strecken. Manchmal reicht es auch schon, wenn du deine Arme und Beine ausschüttelst und dabei kräftig gähnst.

Die Klassenarbeit

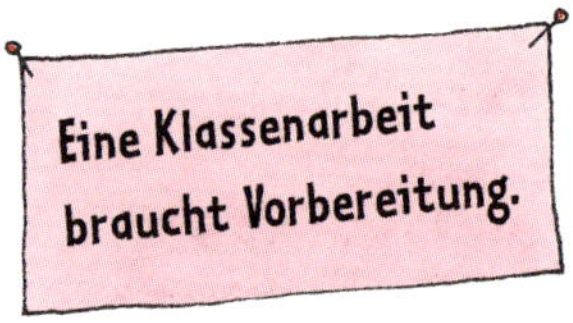

Deshalb ist es wichtig, dass du genau weißt, was überprüft wird.
Am besten ist, du gliederst den Lernstoff in **kleine Lerneinheiten** vom Leichten zum Schweren.

Es ist wichtig, dass du den Lernstoff über mehrere Tage verteilst. Schau in deinen Wochenplan und plane für jeden Tag eine kleine Lernzeit ein.

Übe auf verschiedenen Wegen: laut sprechen, schreiben oder aufzeichnen, Lernstoff auf Kassette aufnehmen und abhören.

Lerne auch mit anderen zusammen.

Beim **Lösen** von **Rechnungen** (Rechenaufgaben) brauchst du Lösungsstrategien. Du kannst dir eine eigene Strategie überlegen oder dich an die folgenden Schritte halten:

- **Schritt 1**: Schau genau auf das Rechenzeichen (+, –, ·, :).
- **Schritt 2:** Überprüfe, ob in der Aufgabe nur Zahlen oder auch Zahlen mit Maßeinheiten sind.
- **Schritt 3:** Überlege dir bei Zahlen mit Maßeinheiten die Umwandlungszahl(en) (siehe Fachbegriffe, ab Seite 183).
- **Schritt 4:** Überschlage die Aufgabe im Kopf. Deshalb ist es wichtig, dass du fit im Kopfrechnen bist. Das kannst du trainieren.
- **Schritt 5:** Rechne jetzt die Aufgabe genau aus.
- **Schritt 6:** Vergleiche das Ergebnis mit dem Überschlag.
- **Schritt 7:** Rechne die Probeaufgabe.
- **Schritt 8:** Überprüfe, ob das Ergebnis vollständig ist. Hast du auch die Maßeinheit nicht vergessen (siehe Schritt 3)?

Zahlaspekte

Zahlen gibt es überall auf der Welt. Eine Zahl hat nicht immer die gleiche Bedeutung. Es kommt darauf an, in welchem Zusammenhang sie verwendet wird.

Zahlen werden zum Abzählen, Ordnen, Messen, Nummerieren, Vervielfältigen und Rechnen verwendet. Sie sind aus einem Grundbedürfnis der Menschen entstanden, Dinge zu zählen, d. h. die **Anzahl** von **Elementen** in einer vorgegebenen **Menge** zu bestimmen.

Eine **Menge** ist eine Zusammenfassung bestimmter Gegenstände oder Objekte. Ein Gegenstand oder ein Objekt in einer Menge wird als **Element** bezeichnet.

Dabei können die Elemente nach unterschiedlichen Merkmalen zusammengefasst werden: z. B. nach Farbe, Form, Verwendungsart und nach vielen anderen Merkmalen.

Diese Menge hat
3 Elemente.
Es sind alles Spielsachen.

Diese Menge hat
4 Elemente.
Alle Dinge sind rot.

Die **Anzahl** der Elemente einer Menge wird durch Abzählen bestimmt. Beim Zählen werden alle zu zählenden Gegenstände nummeriert. Die letzte Nummer (Zahl) gibt die Anzahl der Gegenstände in einer Menge an.

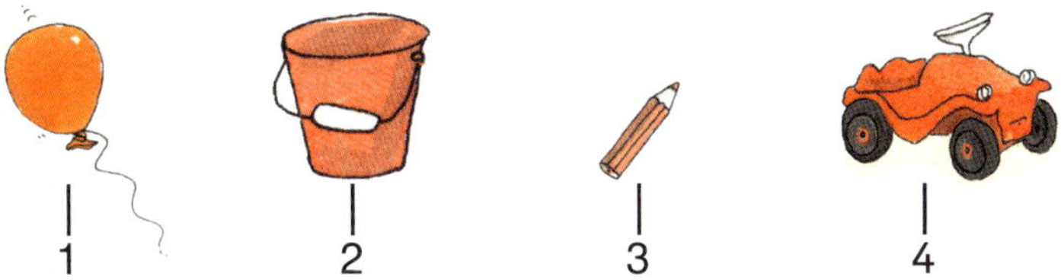

Das letzte Element ist Nummer 4. Deshalb hat die Menge 4 Elemente.

Spieltipp

Was kann zusammengehören?

Material: Gegenstände zum Zählen
Gegenstände nach bestimmten Merkmalen ordnen und zählen.
Beispiel: Besteckteile in einer Schublade: alle Besteckteile; dann: alle Messer, Gabeln, Löffel; dann: alle Suppenlöffel, alle Kaffeelöffel; alle Gabeln und Kuchengabeln.

Zahlaspekte

Verwendung von Zahlen

Zahlen dienen zur Bezeichnung einer **Anzahl** von Elementen in einer Menge.

Immer 4!

Zahlen dienen zur Bezeichnung einer **Reihenfolge.**
Es gibt zwei Möglichkeiten, Zahlen zu verwenden:

1. Zahlen als **Zählzahlen:** Zu jeder Zahl gibt es eine direkt nachfolgende Zahl. Jede Zahl hat in der Reihenfolge einen festen Platz. Diese Folge der Zahlen hat kein Ende, d. h., es gibt keine letzte Zahl.

   Sprechweise: Die Folge der Zahlen ist unendlich.

   1, 2, 3, 4, 5, 6, 7, 8, 9, 10, 11, 12, …

2. Zahlen als **Ordnungszahlen:** Die Ordnungszahl kennzeichnet einen Rangplatz.

Zahlen helfen, die Umwelt zu beschreiben, zu erfassen und sich in ihr zu orientieren.

Zahlen dienen als **Maßzahlen** für Größen.

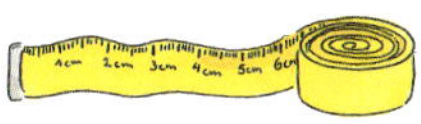

5 cm | 5 € | 5 l | 5 kg | 5 h

Zahlen werden zum **Benennen** und **Unterscheiden** benutzt.

Zahlen sagen, **wie oft** etwas geschieht.

Zahlen werden beim **Rechnen** benutzt.

$3 + 4 = 7$ $13 - 5 = 8$ $6 \cdot 2 = 12$ $18 : 9 = 2$

Spieltipp

Auf Zahlensuche gehen

Material: Papier, Stift, Fotoapparat
- Die Lieblingszahl(en),
- Zahlen in der Familie,
- Zahlen im Haus,
- Zahlen auf der Straße suchen.

Zahlen nennen, aufschreiben oder sogar fotografieren.
Wer findet die meisten Zahlen?
Wer findet am schnellsten drei gleiche Zahlen an unterschiedlichen Orten?

Die Null ist eine besondere Zahl. Sie ist die kleinste Zahl. Deshalb beginnen die Zahlen bei der 0 und werden immer um 1 weitergezählt (vgl. Zählzahlen, Seite 24).

0, 1, 2, 3, 4, ..., 106, 107, 108, ..., 1234, 1235, ...

Die Zahlen werden in **gerade** und **ungerade Zahlen** eingeteilt. Gerade Zahlen sind durch 2 teilbar. Die Null gehört zu den geraden Zahlen. Alle anderen Zahlen sind ungerade.

Gerade Zahlen: 0, 2, 4, 6, 8, 10, 12, 14, ...
Ungerade Zahlen: 1, 3, 5, 7, 9, 11, 13, 15, ...

Ungerade Zahlen, die nur durch sich selbst und durch 1 teilbar sind, heißen **Primzahlen.**
Die gerade Zahl 2 gehört auch zu den Primzahlen, weil sie nur durch sich selbst und durch 1 teilbar ist.

Primzahlen: 2, 3, 5, 7, 11, 13, 17, ...

Jede Zahl, außer der Null, hat zwei **Nachbarzahlen.** Der Nachbar, der vor der Zahl genannt wird, heißt **Vorgänger** und der, der nach der Zahl genannt wird, **Nachfolger.**
Der **Vorgänger** einer Zahl ist immer um 1 **kleiner** als die Zahl selbst, der **Nachfolger** ist um 1 **größer.**
Die Nachbarzahlen von 4 heißen 3 und 5. Die 3 ist der Vorgänger von 4 und die 5 der Nachfolger.

Null ist Nichts. Deshalb wird beim Abzählen von Gegenständen oder Dingen erst mit der Zahl 1 begonnen.

Jede Zahl lässt sich in mindestens zwei Zahlen zerlegen. Das Beispiel zeigt die **Zahlzerlegung** der 5 mit Wendeplättchen und Zahlen:

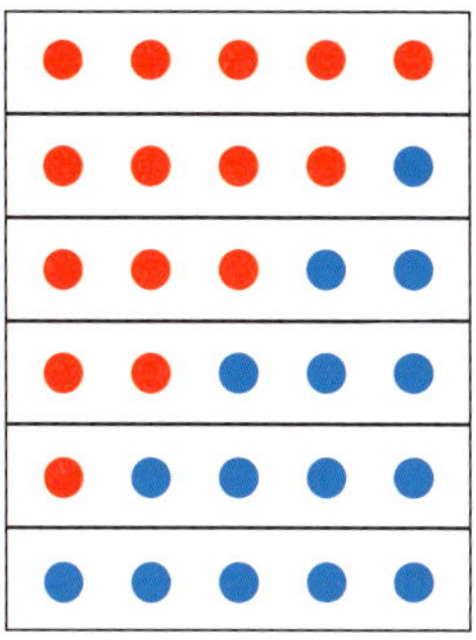

5	
5	0
4	1
3	2
2	3
1	4
0	5

Die Anzahl der Zerlegungsmöglichkeiten ist um 1 höher als die Zahl selbst. Bei der Zahl 5 gibt es sechs Möglichkeiten. Bei der Zahl 3 gibt es vier Möglichkeiten:

3 | 0   0 | 3   1 | 2   2 | 1

Die Zahlzerlegung kann auch mit einem Pluszeichen notiert werden:

Zerlegung der 5: 5 + 0; 0 + 5; 4 + 1; 1 + 4; 3 + 2; 2 + 3

Spieltipp

Einen Schüttelkasten herstellen

Material: Streichholzschachtel, Füllmaterial
Eine Streichholzschachtel vorbereiten und mit getrockneten Erbsen (Linsen) oder bunten Kügelchen in der Anzahl der zu zerlegenden Zahl füllen. Zahlzerlegungen schütteln und notieren.

Zahlwörter

Zu jeder Zahl gehört ein **Zahlwort.** Die Zahlwörter von 0 bis 20 lauten:

0 null
1 eins
2 zwei
3 drei
4 vier
5 fünf
6 sechs
7 sieben
8 acht
9 neun
10 zehn

11 elf
12 zwölf
13 dreizehn
14 vierzehn
15 fünfzehn
16 sechzehn
17 siebzehn
18 achtzehn
19 neunzehn
20 zwanzig

Diese Reihenfolge und die Namen sind vorgeschrieben.
Sie müssen gelernt werden.
Andere wichtige Zahlwörter, die gelernt werden müssen:

30 dreißig
40 vierzig
50 fünfzig
60 sechzig
70 siebzig
80 achtzig
90 neunzig
100 einhundert

1 000 eintausend
1 000 000 eine Million

Nur wenige Zahlwörter müssen gelernt werden, weil sich alle anderen Zahlwörter aus diesen zusammensetzen lassen.

Es gibt noch weitere Zahlwörter: die Wörter der **Ordnungszahlen.**
Wenn eine Zahl als Ordnungszahl benutzt wird, dann wird die Zahl mit Punkt geschrieben und das Zahlwort heißt anders:

der/die/das Erste, Zweite, Dritte …

Bei den meisten Zahlwörtern ist das ganz einfach.
An alle Zahlwörter von 1 bis 19 wird -t (der Zweite) und ab 20 -st (der Zwanzigste) angehängt.

1. der Erste
2. der Zweite
3. der Dritte
4. der Vierte
5. der Fünfte
6. der Sechste
7. der Siebte
8. der Achte
9. der Neunte
10. der Zehnte

20. der Zwanzigste
30. der Dreißigste
…
100. der Hundertste

Ordnungszahlensuche

Spieltipp

Material: Papier, Stift
Auf ein Blatt die Familienmitglieder malen oder schreiben.
Bei jedem Familienmitglied den Geburtstag ergänzen.
Dann noch andere wichtige Daten festhalten: den ersten Schultag, das erste Fahrrad, das erste Haustier …
Die Geburtstage ordnen:
Wer hat im Jahr als Erster Geburtstag, wer als Zweiter …?
Wer ist als Erster geboren, wer als Zweiter …?

Ziffern und Zahlen

Jede **Zahl** lässt sich aus den **Ziffern** 0, 1, 2, 3, 4, 5, 6, 7, 8 und 9 bilden.

Mit den Ziffern [3] und [8] können zwei Zahlen gebildet werden:
die Zahlen [3][8] und [8][3].

Mit drei unterschiedlichen Ziffern können schon sechs verschiedene Zahlen gebildet werden, wenn jede Ziffer nur einmal in jeder Zahl vorkommt.

[2] [4] [7]

Mit den Ziffern [2] [4] [7] gibt es diese Möglichkeiten:

[2][4][7]	[4][7][2]	[7][2][4]
[2][7][4]	[4][2][7]	[7][4][2]

Mit vier unterschiedlichen Ziffern können 24 verschiedene Zahlen gebildet werden.

So werden Ziffern geschrieben:

1 2 3 4 5 6 7 8 9 0

Zahlen werden mit Ziffern gebildet. Dabei hängt der Wert einer Ziffer von ihrer Stellung innerhalb der Zahl ab. Unser Zahlensystem ist ein **Stellenwertsystem.**

Bei dem **Zehnersystem** wird zu **Zehnereinheiten** gebündelt, d. h., es werden immer zehn Elemente zu einer Menge zusammengefasst. Mit diesem Prinzip können auch sehr große Anzahlen übersichtlich dargestellt werden.

Das Prinzip der Bündelung:
10 Einer werden zu einem **Zehner,**
10 Zehner werden zu einem **Hunderter,**
10 Hunderter werden zu einem **Tausender,**
10 Tausender werden zu einem **Zehntausender,**
10 Zehntausender werden zu einem **Hunderttausender,**
10 Hunderttausender werden zu einer **Million**
zusammengefasst.

Zahlen können durch Bündelung übersichtlich dargestellt werden, indem sie stellengerecht aufgeschrieben werden. Dieses **Prinzip der Stellenwertschreibweise** wird in einer **Stellenwerttafel** noch deutlicher:

Million M	**Hundert-tausend** HT	**Zehn-tausend** ZT	**Tausend** T	**Hundert** H	**Zehn** Z	**Einer** E
0	4	3	2	8	4	1

Wird eine Ziffer um eine Stelle nach links verschoben, verzehnfacht sich ihr Wert. Deshalb heißt es auch **Zehner-System** oder **Dezimalsystem.**

Zahlen lesen und schreiben

Für die **zweistelligen Zahlen** 13 bis 99 gibt es in der deutschen Sprache eine Besonderheit. Beim Lesen liegt eine andere Reihenfolge zugrunde als beim Schreiben. Geschrieben werden die Zahlen von links nach rechts, aber gelesen werden sie von rechts nach links.

47: |||| ••••• ••

Die 4 steht für vier Zehner (|) und die 7 für sieben Einer (•).

Schreibweise: Sprechweise:

Aber:

74: ||||| || ••••

7 steht für sieben Zehner (|) und die 4 für vier Einer (•).

Schreibweise: Sprechweise:

Zweistellige Zahlen sind noch leicht zu lesen, schwieriger wird es bei dreistelligen Zahlen.

Bei Zahlen über 100 wird beim Lesen immer an der höchsten Stelle begonnen, also von links nach rechts. Aber die gemischten Zehnerzahlen – ab der Zahl 13 – werden auch in den großen Zahlen immer von rechts nach links (von der Einerstelle zur Zehnerstelle) gelesen. Deswegen wechselt die Leserichtung bei großen Zahlen innerhalb der Zahl.

HT	ZT	T	H	Z	E	Zahlwort
			3	8	6	dreihundertsechsund-achtzig
		7	3	8	6	siebentausenddreihundert-sechsundachtzig
	2	7	3	8	6	siebenundzwanzigtausend-dreihundertsechsundachtzig
5	2	7	3	8	6	fünfhundertsiebenund-zwanzigtausenddreihundert-sechsundachtzig

1 2 4 3

Spiel-tipp

Schnelles Zahlenlegen

Material: Ziffernkärtchen, Papier, Stift
Spielverlauf: Jeder Mitspieler hat Ziffernkärtchen von 0 bis 9 doppelt oder dreifach vor sich liegen. Ein Mitspieler nennt eine Zahl und schreibt sie verdeckt auf einen Zettel. Alle anderen Mitspieler legen so schnell wie möglich die Zahl mit den Ziffernkärtchen. Gewonnen hat, wer am schnellsten die Zahl richtig gelegt hat.

0 1 2 3 4 5 6 7 8 9

Zahlen veranschaulichen

Stellenwerttafel

In einer Stellenwerttafel wird auch der Wert jeder Ziffer innerhalb einer Zahl deutlich.
Für jede Stelle, die zwischen der höchsten und niedrigsten Stelle steht und nicht besetzt ist, muss in einer Stellenwerttafel eine Null eingetragen werden.

70 305

Stellenwert	1 000 000	100 000	10 000	1000	100	10	1
Abkürzung	M	HT	ZT	T	H	Z	E
			●●●●●●●		●●●		●●●●●

Stellenwert	1 000 000	100 000	10 000	1000	100	10	1
Abkürzung	M	HT	ZT	T	H	Z	E
			7	0	3	0	5
Zahlwort	siebzigtausenddreihundertfünf						

$$70\,305 = 7 \cdot 10\,000 + 0 \cdot 1\,000 + 3 \cdot 100 + 0 \cdot 10 + 5 \cdot 1$$

Zahl	M	HT	ZT	T	H	Z	E
10						1	0
306					3	0	6
4001				4	0	0	1
18 027			1	8	0	2	7

Je größer eine Zahl ist, desto mehr Stellen hat sie in der Stellenwerttafel.

Zahlen können auf ganz unterschiedliche Weise veranschaulicht werden.

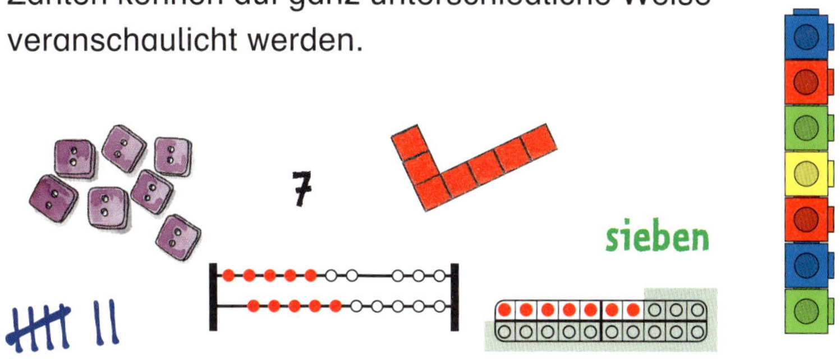

Zwanziger-Rechenrahmen

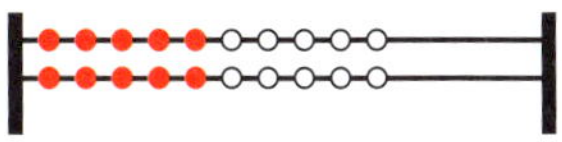

Der Zwanziger-Rechenrahmen hat zwei Reihen mit je zehn Perlen (Zehnerbündelung) und meist eine Fünfer-Strukturierung (je fünf Perlen in einer Farbe). Das erleichtert das schnelle Darstellen und Auffassen von Zahlen.

Zwanzigerfeld

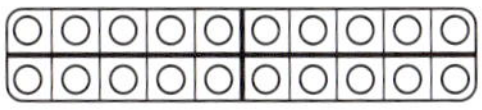

Das Zwanzigerfeld ist wie der Zwanziger-Rechenrahmen aufgebaut. Es besteht aus zwei Reihen mit je zehn Feldern und hat auch eine Fünfer-Strukturierung. Das Zwanzigerfeld wird häufig in Verbindung mit Wendeplättchen benutzt. Wendeplättchen sind meistens rund. Sie haben auf der Vorder- und der Rückseite unterschiedliche Farben. Oft sind sie auf der einen Seite rot und auf der anderen blau.

Spieltipp

Wendeplättchen herstellen

Material: 20 Stück 1-Cent-Münzen, Klebepunkte
1-Cent-Stücke mit zwei verschiedenfarbigen Punkten bekleben: z. B. die Vorderseite mit roten Punkten und die Rückseite mit blauen Punkten.

Hunderter-Rechenrahmen

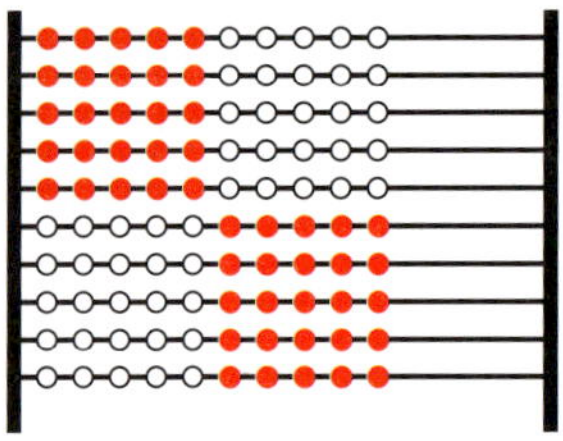

Der Hunderter-Rechenrahmen ist genauso aufgebaut wie der Zwanziger-Rechenrahmen. Er hat zehn Reihen mit je zehn Perlen. Häufig ist eine Aufteilung in vier Felder mit je 25 Perlen (5 · 5) zu erkennen.

Hunderterfeld

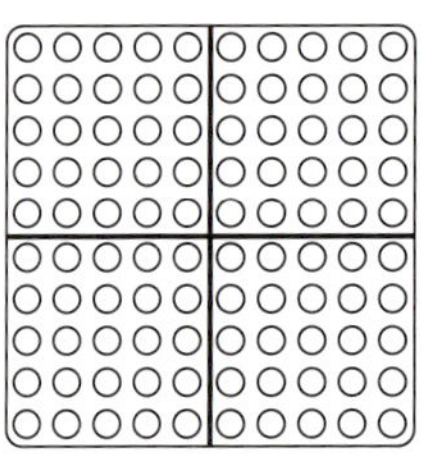

Das Hunderterfeld ist ähnlich aufgebaut wie der Hunderter-Rechenrahmen. Zum Bestimmen von Anzahlen verwendet man Farbfolien oder Abdeckwinkel.

72 als Anzahl von 72 Perlen, Punkten oder als Zahlbild:

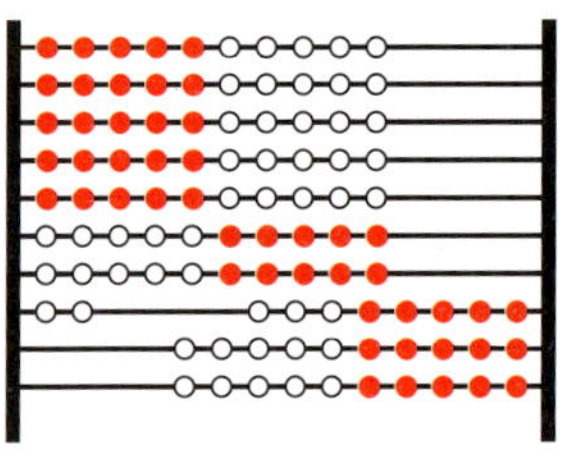

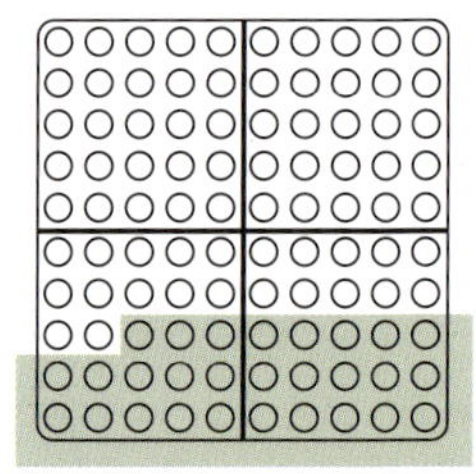

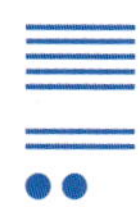

Oft wird das Zahlbild nicht von oben nach unten, sondern von links nach rechts aufgebaut: 72 ||||| || ••
So entspricht diese Anordnung der Darstellung in der Stellenwerttafel.

Hundertertafel

Die Hundertertafel stellt die Zahlen bis 100 dar. Sie besteht aus 100 Einzelfeldern, die in Zeilen und Spalten angeordnet sind. Jede Zeile und jede Spalte hat zehn Felder.

Die Hundertertafel beginnt mit der Zahl 1. Sie ist die kleinste Zahl in der Tafel. Ihr Platz ist in der ersten Zeile und in der ersten Spalte. Die letzte Zahl ist die 100. Sie ist die größte Zahl in der Tafel. Ihr Platz ist in der zehnten Zeile und in der zehnten Spalte.

In der Hundertertafel hat jede Zahl ihren eindeutigen Platz. Die Zahlen werden größer von links nach rechts und von oben nach unten.

1	2	3	4	5	6	7	8	9	10
11	12	13	14	15	16	17	18	19	20
21	22	23	24	25	26	27	28	29	30
31	32	33	34	35	36	37	38	39	40
41	42	43	44	45	46	47	48	49	50
51	52	53	54	55	56	57	58	59	60
61	62	63	64	65	66	67	68	69	70
71	72	73	74	75	76	77	78	79	80
81	82	83	84	85	86	87	88	89	90
91	92	93	94	95	96	97	98	99	100

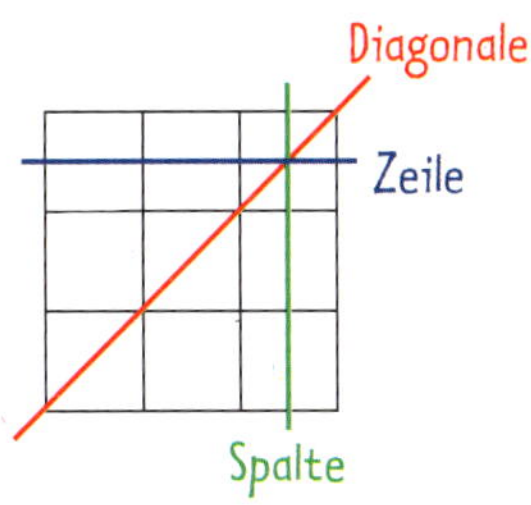

Entdeckungen an der Hundertertafel

Material: Hundertertafel

- Wo stehen die Zehnerzahlen?
- Was haben alle Zahlen in einer Spalte gemeinsam?
- Gibt es an der Hundertertafel mehr gerade oder mehr ungerade Zahlen?
- Welche Zahlen stehen auf den Diagonalen?

Spiel-tipp

Zahlen veranschaulichen

Um große Zahlen übersichtlich und anschaulich darzustellen und um das Zehnersystem zu verdeutlichen, werden zur Veranschaulichung häufig **M**ehr**s**ystem**b**löcke (**MSB**) oder auch Millimeterquadrate verwendet.

Mehrsystemblöcke

Würfel	**Platte**	**Stange**	**Einer(klotz)**
	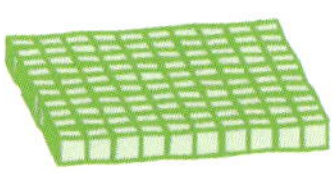		
Tausender	Hunderter	Zehner	Einer
T	**H**	**Z**	**E**
1000	100	10	1

$6752 = 6 \cdot 1000 + 7 \cdot 100 + 5 \cdot 10 + 2 \cdot 1$

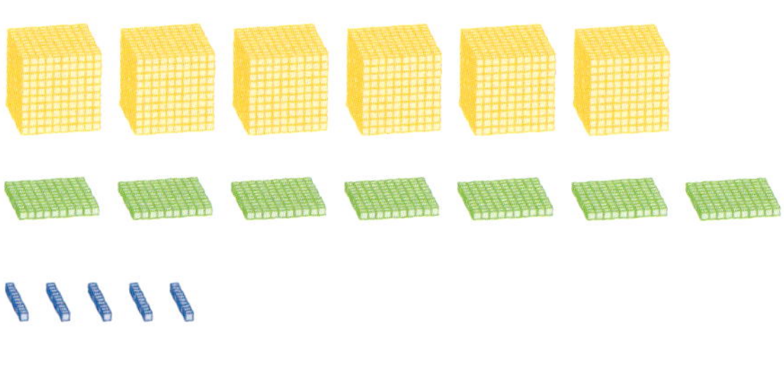

Mehrsystemblöcke oder Millimeterquadrate helfen, sich große Zahlen vorzustellen.

Millimeterquadrate

Die kleinen Kästchen ▪ heißen Millimeterquadrate.

In einer Reihe sind 10 Millimeterquadrate.

In einem Zentimeterquadrat 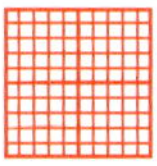 sind 100 Millimeterquadrate.

In 10 Zentimeterquadraten sind 1000 Millimeterquadrate.

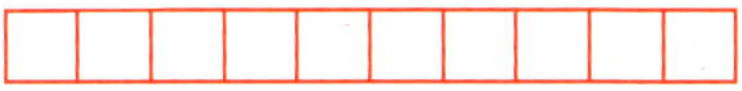

6752

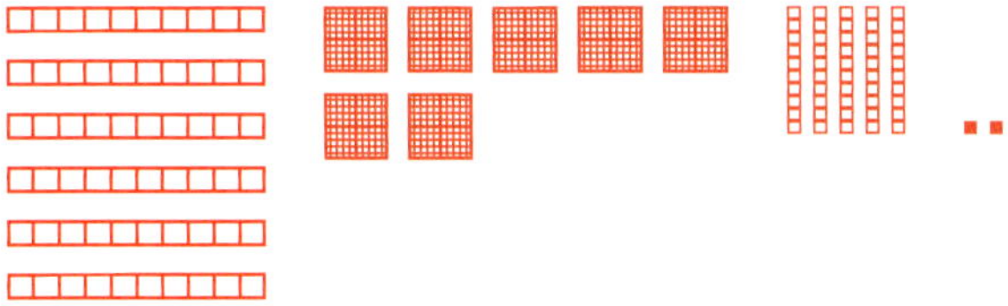

Die Zahlen von 1000 bis 1 Million lassen sich auch mit Millimeterpapier veranschaulichen.

10 000 Millimeterquadrate

100 000 Millimeterquadrate (10 Zehntausenderquadrate)

1 000 000 Millimeterquadrate (10 Hunderttausenderquadrate)

Zahlen veranschaulichen

Zahlenstrahl

Ein Zahlenstrahl ist eine gerade Linie, auf der die Zahlen nach ihrer Größe angeordnet sind. Der Anfangspunkt ist die Zahl Null. Für jede Zahl gibt es genau einen Punkt auf dem Zahlenstrahl. Je weiter rechts ein Punkt von der Null entfernt ist, desto größer ist die Zahl.
Auf einem Zahlenstrahl muss der Abstand zwischen zwei benachbarten Zahlen immer gleich groß sein. Die Größe des Abstands ist frei wählbar.

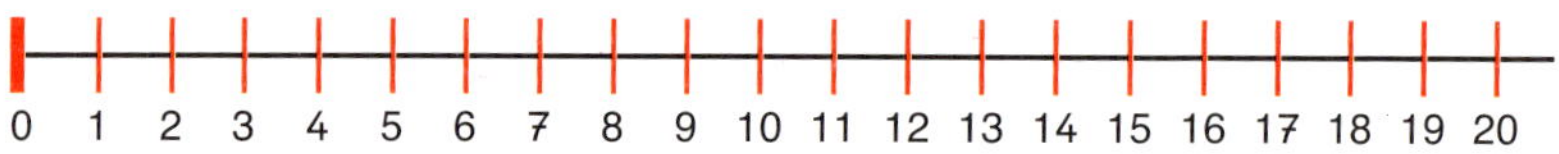

Oft werden auch nur Ausschnitte eines Zahlenstrahls dargestellt.

Die Zahl 5273 liegt zwischen 5270 und 5280. Diese Zahlen sind die Nachbarzehner von 5273.

Die Zahl 5273 liegt zwischen 5200 und 5300. Diese Zahlen sind die Nachbarhunderter von 5273.

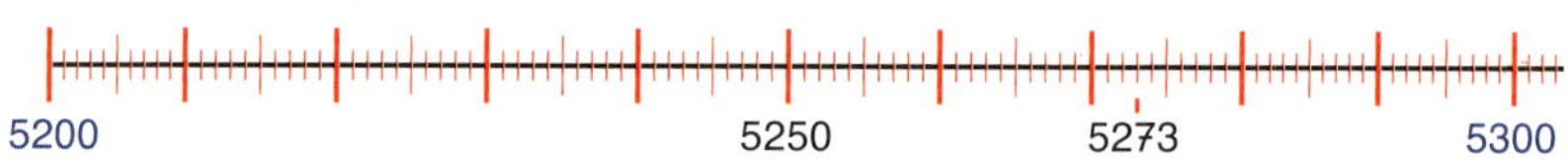

Die Zahl 5273 liegt zwischen 5000 und 6000. Diese Zahlen sind die Nachbartausender von 5273.

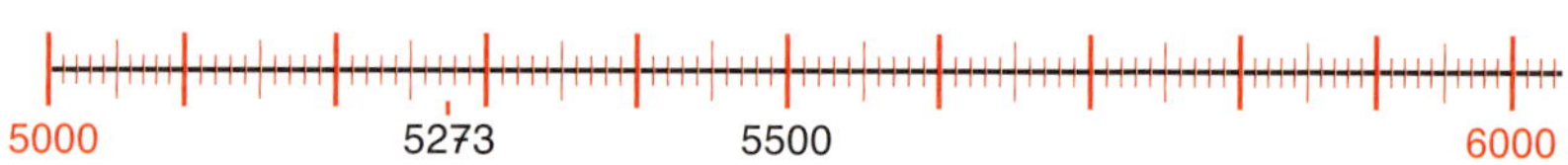

Ein Zahlenstrahl ist eine gerade Linie mit einem Anfangs-, aber keinem Endpunkt. Der Zahlenstrahl wird manchmal auch nur Zahlenband genannt.

Manchmal können Zahlen nur ungefähr am Zahlenstrahl eingetragen werden, weil nicht jeder Zahl ein Strich zuzuordnen ist. Dann ist es nötig, die Zahl zuerst zu runden.

$5273 \approx 5300$

Rundungsregel:
Es wird abgerundet bei: 0, 1, 2, 3, 4.
Es wird aufgerundet bei: 5, 6, 7, 8, 9.
Es wird immer die Zahl angeschaut, die direkt rechts neben der zu rundenden Zahl steht.

Der Begriff **Zählen** wird für verschiedene Tätigkeiten benutzt:

- das **konkrete Abzählen** von Gegenständen,
- das **Aufsagen der Zahlwortreihe.**

Konkretes Abzählen

Dabei wird die Anzahl einer Menge bestimmt. Das Abzählen beginnt mit der Zahl 1. Die zu zählenden Elemente in einer Menge können ganz verschieden sein.

7 Trinkgefäße

Das Abzählen einer größeren Menge ist einfacher, wenn die Elemente zu Bündeln zusammengefasst werden. Das können Zehner-Bündel oder auch Fünfer-Bündel sein. Die Fünfer-Bündelung wird auch beim Zählen mit einer Strichliste angewendet. Dabei wird für jedes Element ein Strich geschrieben. Fünf Striche werden zu einem Bündel zusammengefasst:

7 Trinkgefäße 

Durch die **Fünfer-Bündelung** (Kraft der Fünf) kann die Anzahl einer Menge schnell erfasst werden.

5 → 10 → 15 → 20 → 25 → 28

Die Elemente einer Menge können in jeder beliebigen Sprache abgezählt werden. Die Anzahl der Elemente verändert sich nicht, egal wie die Zahlwörter klingen.

Aufsagen der Zahlwortreihe
Die Zahlwortreihe hört wie die Zahlen nie auf. Sie geht immer weiter – unendlich weit. Für das Wort **unendlich** gibt es ein eigenes Zeichen. Es sieht aus wie eine liegende Acht: ∞.

Es gibt verschiedene Möglichkeiten, die Zahlwortreihe aufzusagen:

vorwärts: eins, zwei, drei, … oder null, eins, zwei, drei, …
rückwärts: …, drei, zwei, eins oder …, drei, zwei, eins, null
ab einer beliebigen Zahl: 35, 36, 37, 38, …
bis zu einer beliebigen Zahl: …, …, 67
alle geraden Zahlen: 0, 2, 4, 6, 8, …
alle ungeraden Zahlen: 1, 3, 5, 7, …
alle 5er-Zahlen: 5, 10, 15, 20, …
alle Ordnungszahlen: der/die/das Erste, der/die/das Zweite, der/die/das Dritte, … oder erstens, zweitens, drittens, …

Zahlwortreihe üben

Spiel-tipp

– Abzählreime: „Eins, zwei, drei, vier
Peter spielt Klavier.
Fünf, sechs, sieben, acht
das hat ihm richtig Spaß gemacht."

– Sprechverse: „Morgens früh um sechs
kommt die kleine Hex.
Morgens früh um sieben
schält sie gelbe Rüben …"

– Abzähllieder: „Mein Hut, der hat drei Ecken …"
„Mein Auto hat vier Räder …"
„Meine Hand, die hat fünf Finger …"

Römische Zahlen

Zahlen lassen sich nicht nur aus Ziffern, sondern auch aus anderen Zahlzeichen bilden. Die Römer benutzten Buchstaben, um Zahlen zu notieren. Diese Zahlen heißen **römische Zahlen.**

Römische Zahlen begegnen uns auf Uhren und auch an alten Häusern.

1	5	10	50	100	500	1000
I	**V**	**X**	**L**	**C**	**D**	**M**

Die Zahlenreihe bis 20 wird so geschrieben:

1	2	3	4	5	6	7	8	9	10
I	**II**	**III**	**IV**	**V**	**VI**	**VII**	**VIII**	**IX**	**X**

11	12	13	14	15	16	17	18	19	20
XI	**XII**	**XIII**	**XIV**	**XV**	**XVI**	**XVII**	**XVIII**	**XIX**	**XX**

Die alten Römer benutzten nur sieben Buchstaben als Zahlzeichen und konnten damit alle Zahlen bilden.

Es gibt vier wichtige Regeln, um römische Zahlen zu bilden.

1. Die Zeichen I, X, C und M dürfen in einer Zahl höchstens dreimal nebeneinander geschrieben werden.

   XXX 30 aber: **XL** 40

2. Die Zeichen V, L, D dürfen in einer Zahl nur einmal verwendet werden.

   V 5 aber: **X** 10

3. In einer mehrstelligen Zahl wird das Zahlzeichen, das rechts neben einem gleichen oder höheren Zeichen steht, addiert.

   LXVII 67 = 50 + 10 + 5 + 1 + 1
   CCCLXII 362 = 100 + 100 + 100 + 50 + 10 + 1 + 1

4. In einer mehrstelligen Zahl wird das Zahlzeichen, das links vor einem größeren Zeichen steht, subtrahiert.

   XLVIII 48 = (50 – 10) + (5 + 3)
   CMXLVIII 948 = (1000 – 100) + (50 – 10) + (5 + 3)

Römische Zahlen legen

Material: Legestäbchen oder Streichhölzer

Spielverlauf: Ein Mitspieler legt römische Zahlen, der andere „übersetzt" die gelegte Zahl und schreibt sie mit Ziffern auf. Danach wird getauscht.

Spiel-tipp

Zahlen vergleichen

Für den Vergleich von Zahlen gibt es folgende Zeichen:

= gleich **< ist kleiner als** **> ist größer als**

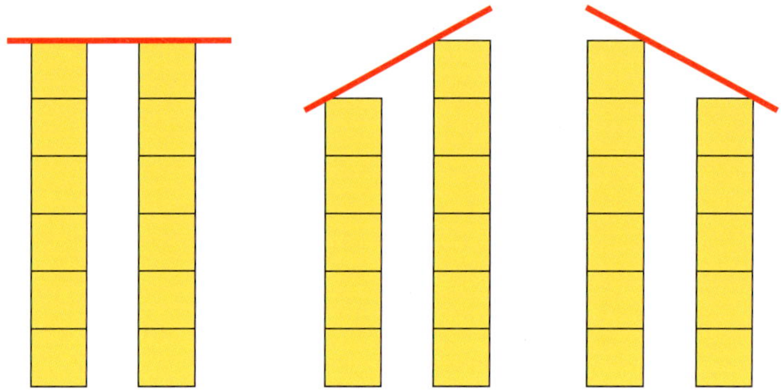

6 = 6	5 < 6	6 > 5
sechs	fünf	sechs
gleich	ist kleiner als	ist größer als
sechs	sechs	fünf

Ein Größenvergleich vorgegebener Zahlen kann auch an einem Zahlenstrahl veranschaulicht werden. Alle Zahlen, die links von einer vorgegebenen Zahl am Zahlenstrahl liegen, sind kleiner als die Zahl. Alle Zahlen, die rechts von einer vorgegebenen Zahl liegen, sind größer als die Zahl.

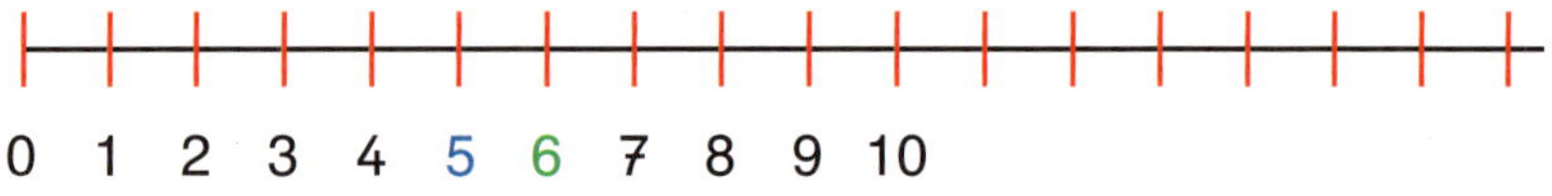

5 < 6 6 > 5

Die roten Striche sind eine Merkhilfe, wie die Zeichen geschrieben werden.

= < >

Es können auch mehr als zwei Zahlen miteinander verglichen werden.

Diese können auf zwei verschiedene Arten geordnet werden:
- von Klein nach Groß,
- von Groß nach Klein.

3, 11, 19, 7, 50, 1617, 128

Von Klein nach Groß:
3 < 7 < 11 < 19 < 50 < 128 < 1617

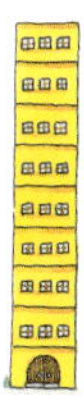

Von Groß nach Klein:
1617 > 128 > 50 > 19 > 11 > 7 > 3

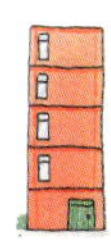

Spiel-tipp

Hohe Hausnummern würfeln

Material: mindestens 2 Würfel
Spielverlauf: Jeder Mitspieler würfelt und bildet aus seinen Würfelaugen eine Zahl.
Die Zahlen werden nebeneinander aufgeschrieben, verglichen und jeder Spieler setzt im Wechsel das passende Zeichen (=, <, >) ein.
Der Spieler, der die größere Zahl notiert hat, bekommt einen Punkt. Gewinner ist der Spieler mit den meisten Punkten.

z. B. 52 > 43

Gerade, ungerade oder sogar Primzahl?

Beispiele: 2, 5, 12, 27

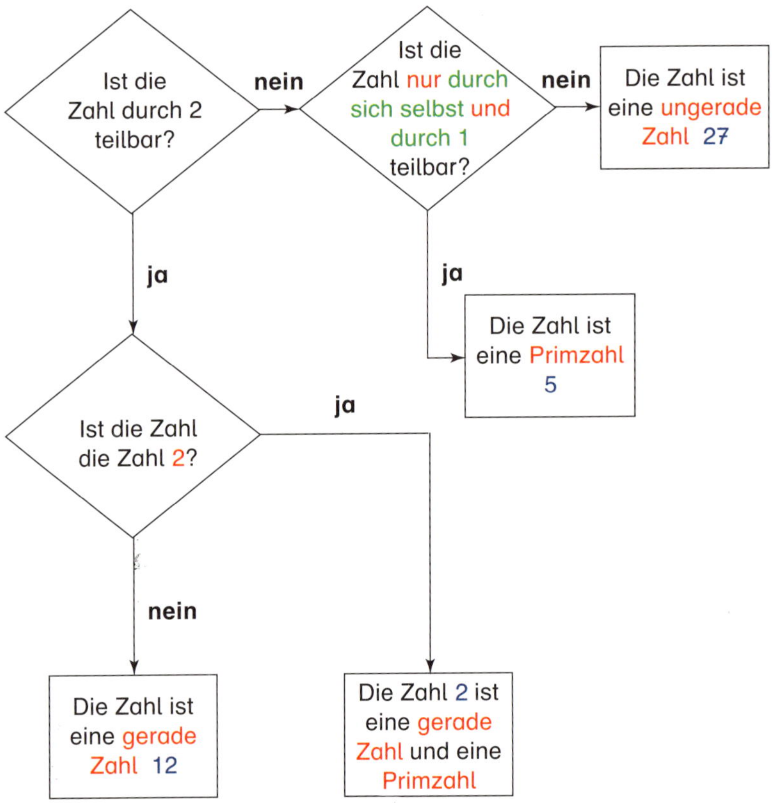

Zu einer Zahl den Vorgänger, Nachfolger oder eine andere Nachbarzahl finden

Beispiel: 187 652

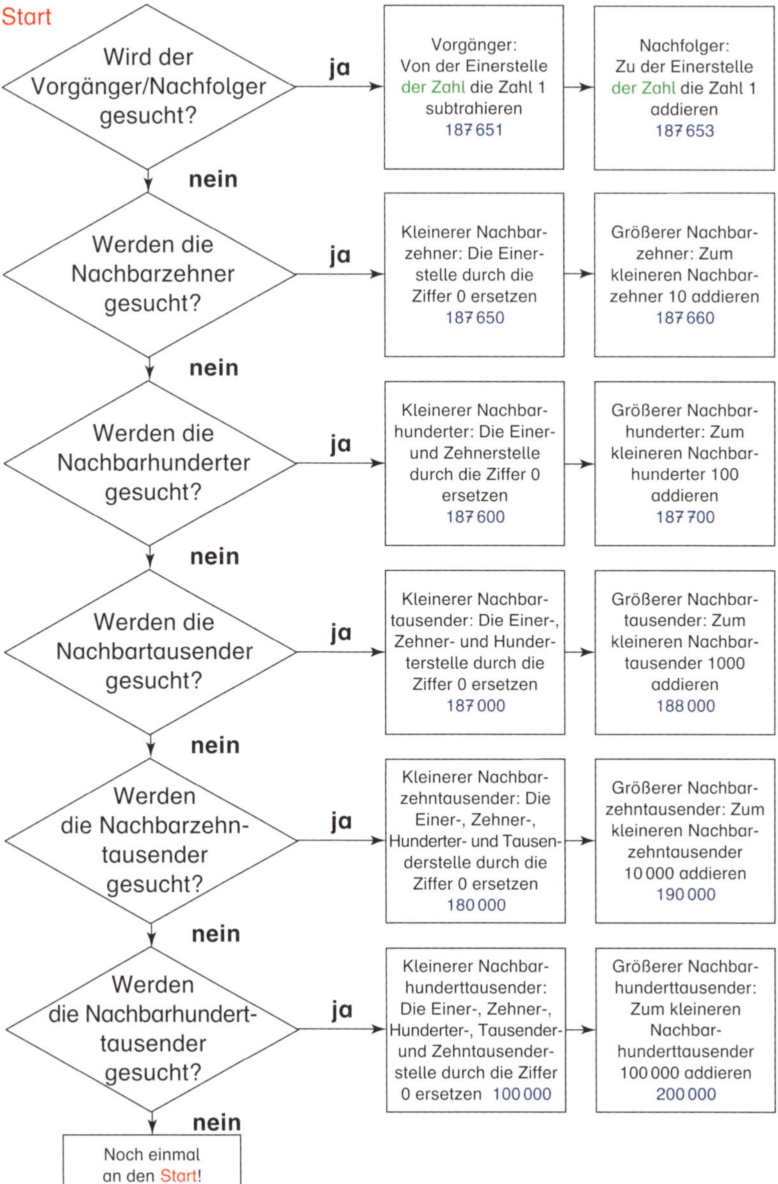

Zahlen bis 3000 als römische Zahlen notieren

Die Zahl in eine Stellenwerttafel eintragen

Die Tausender- und Hunderterstellen „übersetzen“

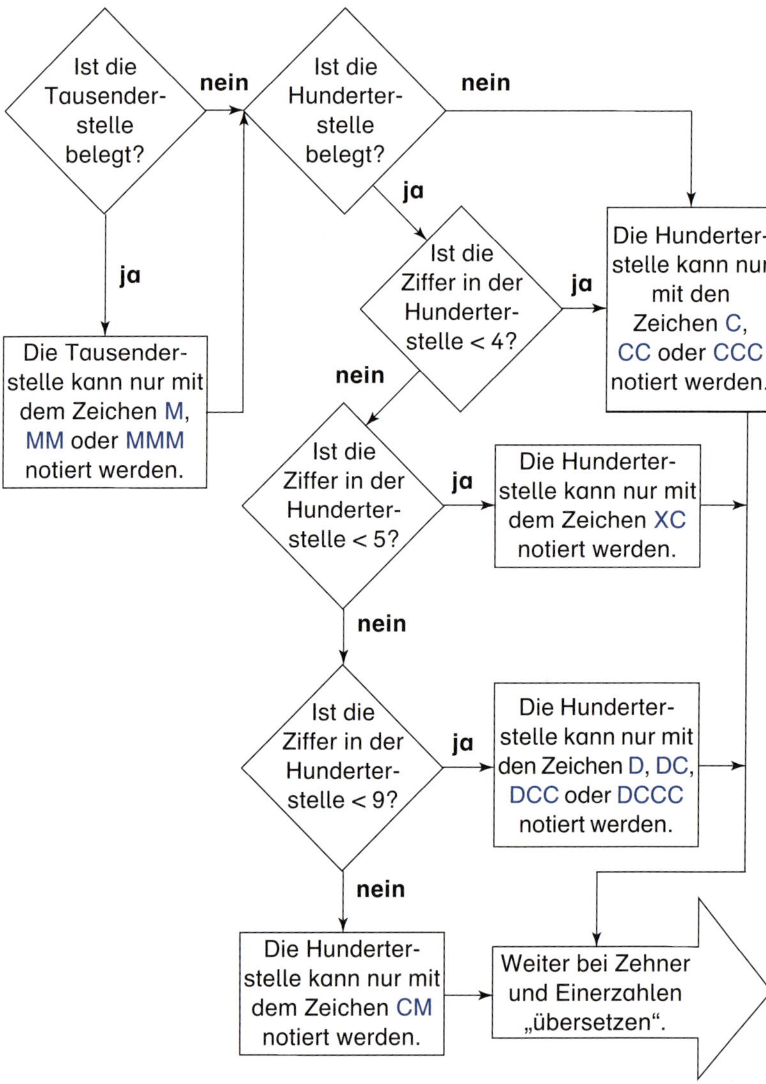

Zahlen bis 100 als römische Zahlen notieren

Die Zehner- und Einerstellen „übersetzen“

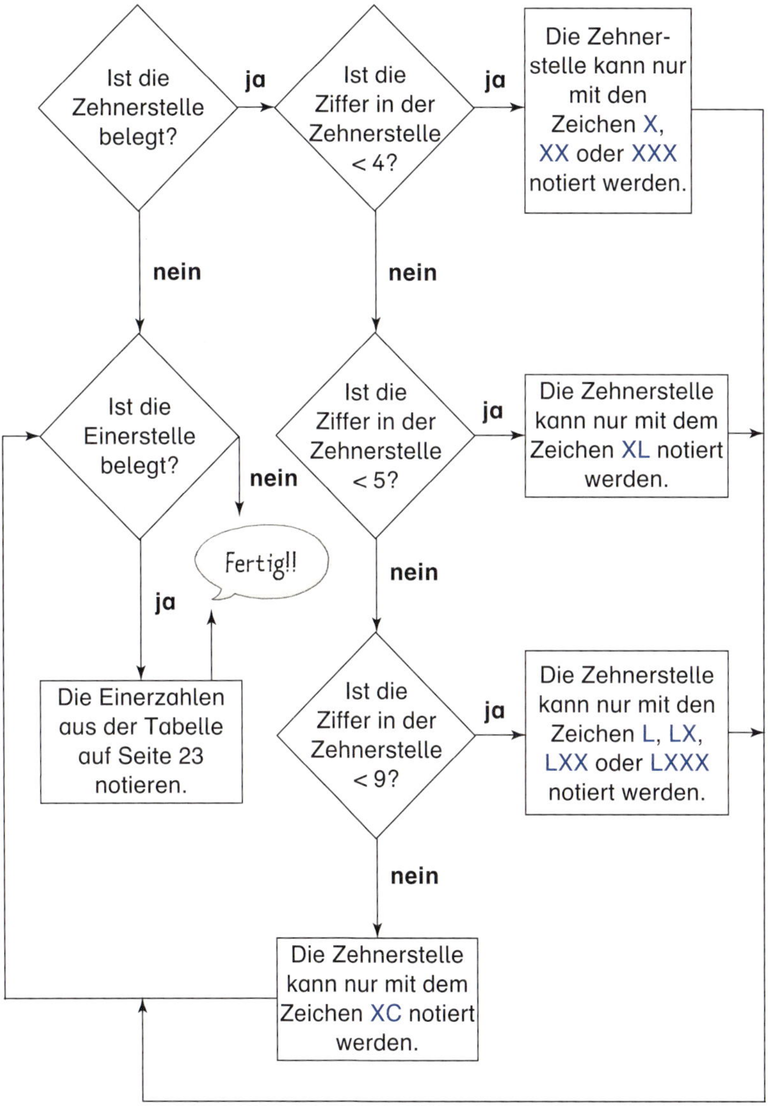

Die vier Grundrechenarten

Unter dem Begriff **Grundrechenarten** sind die **Addition** (hinzufügen, zusammenzählen), die **Subtraktion** (wegnehmen, abziehen), die **Multiplikation** (malnehmen) und die **Division** (teilen) zusammengefasst.

$4 + 2 = 6$

$7 - 1 = 6$

$2 \cdot 4 = 8$

$12 : 3 = 4$

Addition/addieren (zusammenzählen, hinzufügen):

137	+	39	=	176
Summand	**plus**	Summand		**Summe**

Subtraktion/subtrahieren (abziehen, wegnehmen):

524	–	13	=	511
Minuend	**minus**	Subtrahend		**Differenz**

Multiplikation/multiplizieren (malnehmen):

8	·	6	=	48
Faktor	**mal**	Faktor		**Produkt**

Division/dividieren (teilen):

500	:	5	=	100
Dividend	**(geteilt) durch**	Divisor		**Quotient**

Spiel-tipp

Augen auf für Rechenaufgaben

Material: Papier, Stift, Würfel
Wer entdeckt im Supermarkt, zu Hause oder in der Schule die meisten Rechenaufgaben und Rechengeschichten? Immer die passende Aufgabe sagen, aufschreiben und lösen:

– beim Würfelspiel Augenzahlen addieren,

3 + 4 = 7

– beim Einkaufen bei Verpackungen Malaufgaben und Plusaufgaben finden (z. B. Eierschachteln, abgepackte Paprika …),
– beim Sport durch Teilen gleich große Mannschaften bilden oder Bonbons gerecht aufteilen.

Addition und Subtraktion

Der Begriff **Addieren** beschreibt viele Handlungen in Sachsituationen, wie z. B. hinzufügen, dazugeben, hinzukommen, zusammenfassen, vermehren, vergrößern und verlängern.

Auch der Begriff **Subtrahieren** beschreibt viele Handlungen in Sachsituationen, wie z. B. wegnehmen, vermindern, abziehen, verringern, verkleinern und verkürzen.

$1 + 2 = 3$

$3 - 1 = 2$

$4 + 2 = 6$

Wie viele Stifte sind nicht rot?

$8 - 2 = 6$

Sprechweise bei der **Addition:** $6 + 3 = 9$
sechs plus drei gleich neun.
Sprechweise bei der **Subtraktion:** $24 - 13 = 11$
vierundzwanzig minus dreizehn gleich elf.

Es gibt nur drei verschiedene Arten von Aufgaben bei der Addition und Subtraktion.

Addition:	**Subtraktion:**
3 + 4 = □	8 – 5 = □
3 + □ = 7	8 – □ = 3
□ + 4 = 7	□ – 5 = 3

□ ist die gesuchte Zahl und wird auch Platzhalter genannt.

Bei einer **Gleichung** haben die Ausdrücke, die links und rechts des **Gleichheitszeichens** stehen, den gleichen Wert.

3 + 4 = 7   oder   8 = 10 – 2

Bei einer **Ungleichung** unterscheiden sich die Werte auf den beiden Seiten. Deshalb steht das Zeichen **ist kleiner als** (<) oder **ist größer als** (>) dazwischen.

4 + □ < 9

Spiel-tipp

Das höchste Ergebnis gewinnt

Material: 3 Würfel, 1 Blatt Papier mit Spalten in der Anzahl der Mitspieler, Stift
Spielverlauf: Jeder Spieler wirft einmal mit allen drei Würfeln und trägt seinen Wurf als Plusaufgabe in eine leere Spalte auf dem Blatt ein. Alle Aufgaben stehen in einer Zeile. Dann rechnet ein Spieler alle Aufgaben aus und setzt dazwischen die jeweils passenden Zeichen <, > oder = ein. Wer das höchste Ergebnis gewürfelt hat, löst die Aufgaben der nächsten Runde.

Jede **Additionsaufgabe** ist lösbar. Bei Additionsaufgaben gelten zwei wichtige **Rechengesetze**.

1. Vertauschungsgesetz (Kommutativgesetz):
Die Summanden dürfen vertauscht werden. Die Summe bleibt immer gleich.

5 + 3 = 8

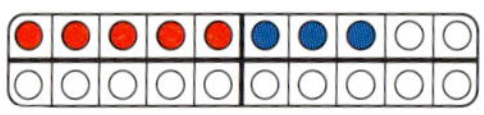

3 + 5 = 8

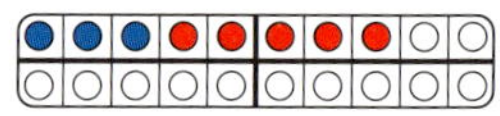

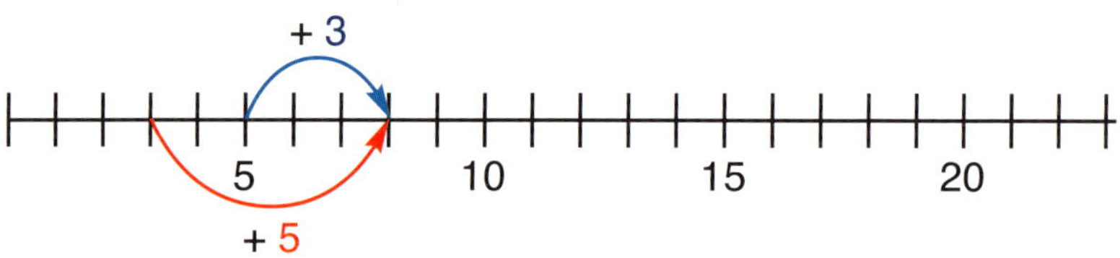

2. Zusammenfassungsgesetz oder Verbindungsgesetz (Assoziativgesetz):
Bei einer Addition mit mindestens drei Summanden dürfen die einzelnen Summanden beliebig addiert werden, ohne dass sich das Ergebnis ändert. Die Summanden, die zusammengefasst werden sollen, können in Klammern gesetzt werden. Die Aufgaben in den Klammern werden dann zuerst gelöst.

48 + 83 + 17 = □
(48 + 83) + 17 = 131 + 17 = 148 oder
48 + (83 + 17) = 48 + 100 = 148

Durch Vertauschen der Summanden oder durch geschicktes Zusammenfassen ist eine Aufgabe leichter zu rechnen. Die Summe bleibt gleich.

Eine **Subtraktionsaufgabe** ist nur dann lösbar, wenn die erste Zahl größer als die zweite Zahl ist.

Lösbar:

7 – 3 = □

253 – 127 = □

Nicht lösbar:

3 – 7 = □

127 – 253 = □

Die Zahlen dürfen also bei der Subtraktion nicht vertauscht und auch nicht beliebig zusammengefasst werden.

$27 - (12 - 3) = 27 - 9 = 18$

$(27 - 12) - 3 = 15 - 3 = 12$

Additions- und Subtraktionsaufgaben können gelöst werden

- durch Zählen und Abzählen,
- durch Auswendigwissen,
- durch Zurückführen auf bekannte Aufgaben.

Diese drei Möglichkeiten werden je nach Größe der Zahlen angewendet.

Zählen und Abzählen

Dies sind die **ersten** Strategien, die beim Lösen von Additions- und Subtraktionsaufgaben angewendet werden. Das Ergebnis wird nur durch Zählen ermittelt.

5 + 4 = □

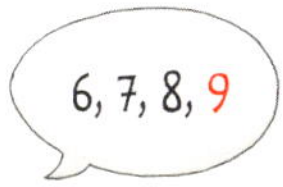

Eine Strategie ist ein Plan, der bewusst benutzt wird, um ein Problem zu lösen.

Auswendigwissen

Dies ist die schnellste Strategie für das Lösen von Additions- und Subtraktionsaufgaben.

Alle Einspluseins-Sätze sind in einer **Einspluseins-Tafel** zu finden. Aber es müssen nur wenige Aufgaben wirklich auswendig gelernt werden, weil die meisten Aufgaben von **Grundaufgaben** abgeleitet werden können. Diese **Grundaufgaben** sind in der Einspluseins-Tafel farbig markiert.

+	0	1	2	3	4	5	6	7	8	9	10
0	0 + 0	0 + 1	0 + 2	0 + 3	0 + 4	0 + 5	0 + 6	0 + 7	0 + 8	0 + 9	0 + 10
1	1 + 0	1 + 1	1 + 2	1 + 3	1 + 4	1 + 5	1 + 6	1 + 7	1 + 8	1 + 9	1 + 10
2	2 + 0	2 + 1	2 + 2	2 + 3	2 + 4	2 + 5	2 + 6	2 + 7	2 + 8	2 + 9	2 + 10
3	3 + 0	3 + 1	3 + 2	3 + 3	3 + 4	3 + 5	3 + 6	3 + 7	3 + 8	3 + 9	3 + 10
4	4 + 0	4 + 1	4 + 2	4 + 3	4 + 4	4 + 5	4 + 6	4 + 7	4 + 8	4 + 9	4 + 10
5	5 + 0	5 + 1	5 + 2	5 + 3	5 + 4	5 + 5	5 + 6	5 + 7	5 + 8	5 + 9	5 + 10
6	6 + 0	6 + 1	6 + 2	6 + 3	6 + 4	6 + 5	6 + 6	6 + 7	6 + 8	6 + 9	6 + 10
7	7 + 0	7 + 1	7 + 2	7 + 3	7 + 4	7 + 5	7 + 6	7 + 7	7 + 8	7 + 9	7 + 10
8	8 + 0	8 + 1	8 + 2	8 + 3	8 + 4	8 + 5	8 + 6	8 + 7	8 + 8	8 + 9	8 + 10
9	9 + 0	9 + 1	9 + 2	9 + 3	9 + 4	9 + 5	9 + 6	9 + 7	9 + 8	9 + 9	9 + 10
10	10 + 0	10 + 1	10 + 2	10 + 3	10 + 4	10 + 5	10 + 6	10 + 7	10 + 8	10 + 9	10 + 10

Eine Parallele ist eine gerade Linie, die zu einer anderen geraden Linie den gleichen Abstand hat (vgl. Geometrie, Seite 169).

5 + 5 : Verdopplungsaufgaben (vgl. S. 60)
3 + 0 : Nullaufgaben (vgl. S. 64)
7 + 3 : Aufgaben mit dem Ergebnis 10
7 + 8 : Aufgaben mit dem Ergebnis 5 oder 15
5 + 2 2 + 5 : Es gehören immer zwei Aufgaben zusammen: Aufgabe und Tauschaufgabe (vgl. Seite 63).

1 + 1	1 + 2	1 + 3
2 + 1	2 + 2	2 + 3
3 + 1	3 + 2	3 + 3

$2 + 1 = 1 + 2$
$3 + 1 = 1 + 3$
$3 + 2 = 2 + 3$

Aufgabe und Tauschaufgabe haben das gleiche Ergebnis.

Aufgaben, die auf einer Parallele zur gelben Diagonale liegen, haben immer das gleiche Ergebnis (vgl. gegensinniges Verändern, Seite 61).

	6 + 1	6 + 2	6 + 3	6 + 4	6 + 5
7 + 0	7 + 1	7 + 2	7 + 3	7 + 4	7 + 5
8 + 0	8 + 1	8 + 2	8 + 3	8 + 4	8 + 5
9 + 0	9 + 1	9 + 2	9 + 3	9 + 4	9 + 5

$6 + 2 = 8$
$7 + 1 = 8$
$8 + 0 = 8$

$7 + 5 = 12$
$8 + 4 = 12$
$9 + 3 = 12$

Bei den Aufgaben, die auf einer Parallele zur orangefarbenen Diagonale aneinander stoßen, ändert sich das Ergebnis je nach Richtung um + 2 bzw. um – 2 (vgl. gleichsinniges Verändern, Seite 61).

3 + 2	3 + 3	3 + 4	3 + 5	3 + 6	
4 + 2	4 + 3	4 + 4	4 + 5	4 + 6	4 + 7
5 + 2	5 + 3	5 + 4	5 + 5	5 + 6	5 + 7
	6 + 3	6 + 4	6 + 5	6 + 6	6 + 7

$3 + 2 = 5$
$4 + 3 = 7$
$5 + 4 = 9$
$6 + 5 = 11$

$3 + 5 = 8$
$4 + 6 = 10$
$5 + 7 = 12$

Viele Aufgaben sind über Strategien lösbar. Wichtige **Lösungsstrategien** sind:

- Zerlegen und Zusammensetzen (vgl. Zahlzerlegung, Seite 27 und Zehnerübergang, Seite 66),
- Verdoppeln und Halbieren,
- gegen- und gleichsinniges Verändern.

Verdoppeln und Halbieren

Beim **Verdoppeln** einer Zahl wird die Zahl noch einmal zu sich selbst addiert oder mit dem Faktor 2 multipliziert. Verdoppeln und Halbieren kann gut am Rechenrahmen, durch Spiegeln und mit Karopapier verdeutlicht werden.

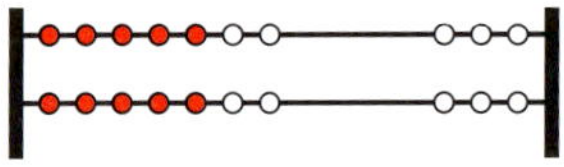

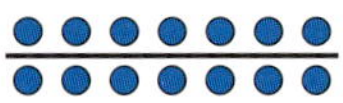

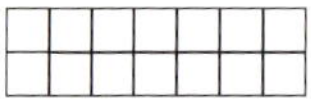

$7 + 7 = 14$

$2 \cdot 7 = 14$

Die Verdopplungsaufgaben werden schnell auswendig gelernt. Damit können dann auch die Nachbaraufgaben der Verdopplungsaufgaben schnell gelöst werden.
Das Bilden von Verdopplungsaufgaben gehört zu den Strategien, die auch häufig beim Zehnerübergang angewendet werden.

$6 + 6 = 12$ $\quad$ $6 + 7 = 6 + 6 + 1 = 13$

$7 + 7 = 14$ $\quad$ $7 + 6 = 7 + 7 - 1 = 13$

Sprechweise:
4 ist **das Doppelte** von 2.
3 ist **die Hälfte** von 6.

Halbieren bedeutet, dass eine Menge in zwei gleich große Mengen oder eine Zahl in zwei gleiche Summanden zerlegt wird oder die Zahl durch den Divisor 2 geteilt wird. Halbiert werden kann nur eine gerade Zahl.

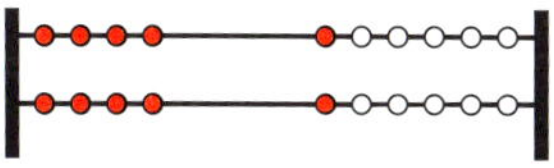

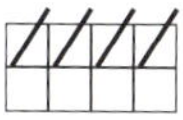

$8 - 4 = 4$

$8 : 2 = 4$

Gegensinniges und gleichsinniges Verändern

Gegensinniges Verändern bedeutet bei einer Addition, dass ein Summand um eine vorgegebene Zahl erhöht wird und ein zweiter Summand genau um diese Zahl vermindert wird. Das Ergebnis ändert sich dadurch nicht. Deshalb bietet sich diese Strategie an, wenn beide Summanden nahe beieinander oder in der Nähe voller Zehner liegen, um schnell und sicher rechnen zu können. Das wird auch **vorteilhaftes Rechnen** genannt.

$$6 + 9 = \square \rightarrow \underbrace{5}_{(6-1)} + \underbrace{10}_{(9+1)} = 15$$

Dabei bleibt die Summe gleich: Die Summe ist konstant.

Spieltipp

Doppelt sehen

Material: Spiegel, verschiedene Gegenstände
Mit einem Spiegel Verdopplungsaufgaben finden und lösen. Vor einen Spiegel verschiedene Gegenstände in unterschiedlicher Anzahl legen, z. B. Bleistifte, Knöpfe, Büroklammern, Steine … Die jeweilige Verdopplungsaufgabe nennen und/oder notieren und lösen.

Gleichsinniges Verändern bedeutet, dass Summand und Summand oder Minuend und Subtrahend um die gleiche Zahl verändert werden.

Beim gleichsinnigen Verändern bei der Addition verändert sich der Wert der Summe.

1 + 5 = 6
2 + 6 = 8
3 + 7 = 10
⋮

Beim gleichsinnigen Verändern bei der Subtraktion verändert sich die Differenz nicht: Die Differenz ist konstant.

12 – 7 = 5
10 – 5 = 5 (12 – 2) – (7 – 2)
8 – 3 = 5
6 – 1 = 5

Außerdem ist es wichtig, folgende Aufgaben zu kennen, um die beste Lösungsstrategie anwenden zu können:

- Tauschaufgaben
- Umkehraufgaben
- Nachbaraufgaben
- Nullaufgaben
- Analogieaufgaben
- Invarianzaufgaben

Umkehraufgaben werden häufig als Probeaufgaben zur Überprüfung von Ergebnissen benutzt.

Tauschaufgaben

Da bei der Addition das Vertauschungsgesetz (Kommutativgesetz) gilt, kann die Reihenfolge der einzelnen Summanden vertauscht werden, um schneller und sicherer addieren zu können. Die Summe bleibt dabei gleich.

Aufgabe: 7 + 23 = □ Tauschaufgabe: 23 + 7 = □

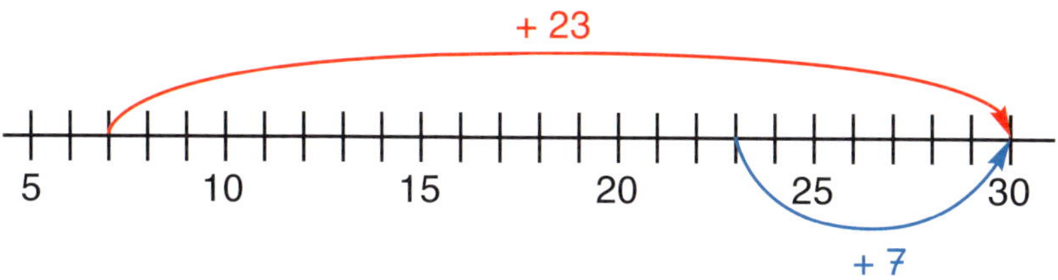

Umkehraufgaben

Die Umkehraufgabe zu einer Additionsaufgabe ist die entsprechende Subtraktionsaufgabe und umgekehrt.

	Aufgabe:	Umkehraufgabe:
Addition:	8 + 5 = 13	13 – 5 = 8
Subtraktion:	16 – 7 = 9	9 + 7 = 16

Das Bilden von Umkehraufgaben ist eine besonders sinnvolle Rechenstrategie bei **Platzhalteraufgaben.**

Aufgabe:	9 + □ = 13	
Tauschaufgabe:	□ + 9 = 13	Umkehraufgabe: 13 – 9 = □
Aufgabe:	□ + 4 = 13	Umkehraufgabe: 13 – 4 = □

Nachbaraufgaben

Eine Nachbaraufgabe entsteht, indem bei der Addition einer der Summanden um eins vergrößert (+ 1) oder um eins vermindert (– 1) wird.

	Aufgabe:	Nachbaraufgaben:
Addition:	6 + 9 = □	5 + 9 = □
		7 + 9 = □
		6 + 10 = □
		6 + 8 = □

Eine Nachbaraufgabe entsteht, indem bei der Subtraktion der Minuend oder der Subtrahend um eins vergrößert (+ 1) oder um eins vermindert (– 1) wird.

	Aufgabe:	Nachbaraufgaben:
Subtraktion:	12 – 5 = □	12 – 4 = □
		12 – 6 = □
		11 – 5 = □
		13 – 5 = □

Zu jeder Aufgabe gehören vier Nachbaraufgaben.

Nullaufgaben

Bei Nullaufgaben ist das Ergebnis, ein Summand oder mehrere Summanden oder der Subtrahend gleich null.

3 + 0 = □ 0 + 2 = □ 0 + 0 = □ 8 – 0 = □
8 – 8 = □ 0 – 0 = □

Nullaufgaben sind besonders leicht zu lösen.
0 + 27 = 27, 27 + 0 = 27, 27 – 0 = 27, 27 – 27 = 0

Analogieaufgaben

Analogieaufgaben sind Aufgaben, die durch Ableitung von einfacheren Aufgaben gelöst werden können.

$23 + 6 = \square$ $3 + 6 = 9$, also ist $23 + 6 = 29$

Das Zurückführen auf die einfachere Aufgabe bietet sich insbesondere bei Aufgaben mit gemischten Zehnern ohne Zehnerüberschreitung an.

$40 + 20 = \square$ $4 + 2 = 6$, also ist $40 + 20 = 60$

$700 + 500 = \square$ $7 + 5 = 12$, also ist $700 + 500 = 1200$

Invarianzaufgaben

Bei diesen Aufgaben bleibt das Ergebnis immer gleich (vgl. gegensinniges Verändern, Seite 61).

$40 + 12 = \square$ $59 - 12 = \square$

$39 + 13 = \square$ $60 - 13 = \square$

$38 + 14 = \square$ $61 - 14 = \square$

Nachbarn finden

Spiel-tipp

Material: Einspluseinstafel, Papier, Stift

In der Einspluseins-Tafel (vgl. Seite 58) eine Aufgabe auswählen, die Nachbaraufgaben dazu suchen und ausrechnen.

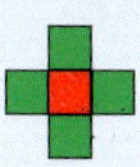

Aufgabe
Nachbaraufgabe

+	0	1	2	3	4	5	6	7	8	9	10
0	0+0	0+1	0+2	0+3	0+4	0+5	0+6	0+7	0+8	0+9	0+10
1	1+0	1+1	1+2	1+3	1+4	1+5	1+6	1+7	1+8	1+9	1+10
2	2+0	2+1	2+2	2+3	2+4	2+5	2+6	2+7	2+8	2+9	2+10
3	3+0	3+1	3+2	3+3	3+4	3+5	3+6	3+7	3+8	3+9	3+10
4	4+0	4+1	4+2	4+3	4+4	4+5	4+6	4+7	4+8	4+9	4+10
5	5+0	5+1	5+2	5+3	5+4	5+5	5+6	5+7	5+8	5+9	5+10
6	6+0	6+1	6+2	6+3	6+4	6+5	6+6	6+7	6+8	6+9	6+10
7	7+0	7+1	7+2	7+3	7+4	7+5	7+6	7+7	7+8	7+9	7+10
8	8+0	8+1	8+2	8+3	8+4	8+5	8+6	8+7	8+8	8+9	8+10
9	9+0	9+1	9+2	9+3	9+4	9+5	9+6	9+7	9+8	9+9	9+10
10	10+0	10+1	10+2	10+3	10+4	10+5	10+6	10+7	10+8	10+9	10+10

Strategien zum Zehnerübergang
Es gibt verschiedene Möglichkeiten, den Zehner zu überschreiten.

1. Zählendes Rechnen (vgl. Zählstrategien, Seite 57):
Das Ergebnis wird durch Weiterzählen ermittelt.

Bei der **Addition** durch Vorwärtszählen:

8 + 6 = □

Bei der **Subtraktion** durch Rückwärtszählen:

14 – 6 = □

2. Zerlegungsstrategie zum vollen Zehner:

Addition:

8 + 6 = [8 + 2] + 4 = [10] + 4 = 14

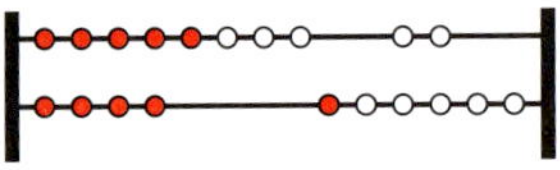

8 + 2 + 4 = 14

Subtraktion:

$14 - 6 = \boxed{14 - 4} - 2 = \boxed{10} - 2 = 8$

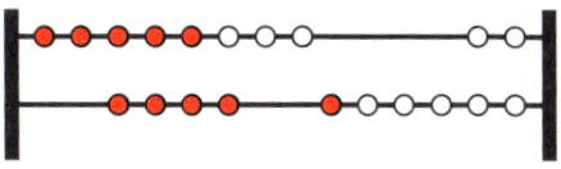

$14 - 4 - 2 = 8$

3. Strategie des Verdoppelns:

Addition: $8 + 6 = \square$

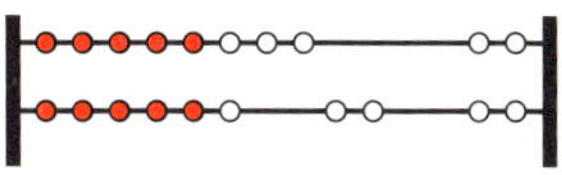

$\boxed{8 + 8} - 2 = 14$

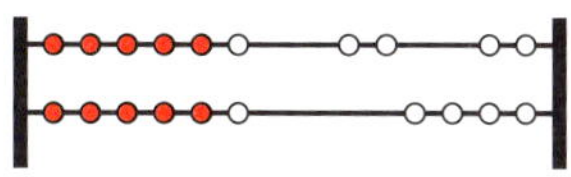

$\boxed{6 + 6} + 2 = 14$

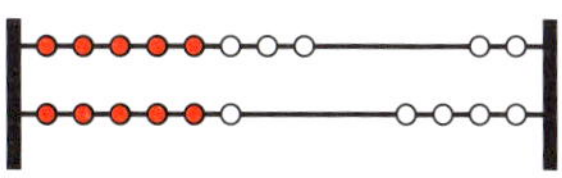

$\boxed{5 + 5} + 3 + 1 = 14$

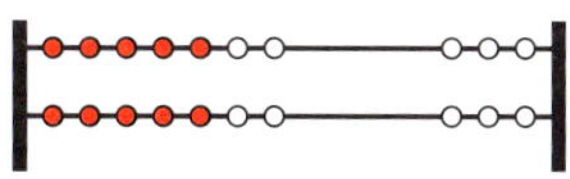

$\boxed{7 + 7} = 14$

4. Lösen am Rechenstrich:

Addition: $8 + 9 = \square$

$8 + 10 - 1 = 17$

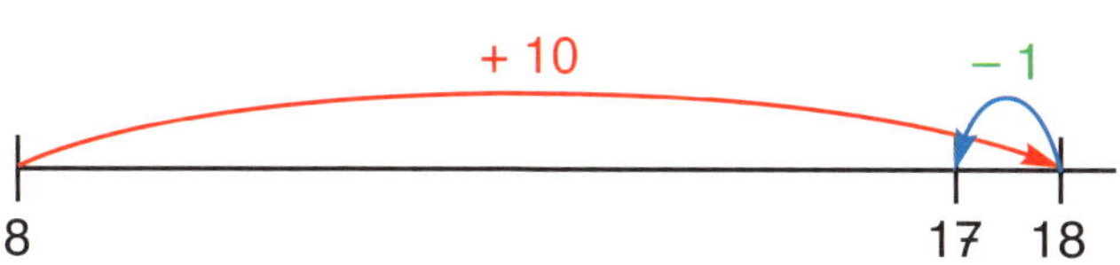

Subtraktion: $17 - 9 = \square$

$17 - 7 - 2 = 8$

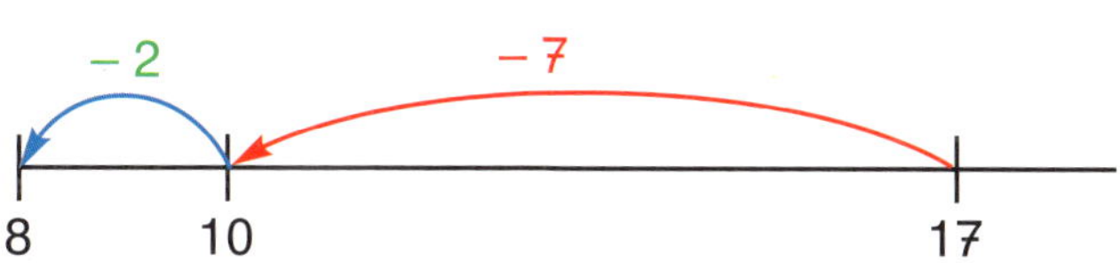

Halbschriftliche Addition und Subtraktion

Bei den halbschriftlichen Rechenverfahren stehen verschiedene Lösungswege zur Verfügung.

Es gibt unterschiedliche Methoden (z. B. schrittweises Rechnen, Anwendung von Rechenstrategien, Ergänzungsverfahren) und verschiedene Notationsformen.

Schrittweises Rechnen

Möglichkeit 1:

Die zweite Zahl (den zweiten Summanden oder den Subtrahenden) in Zehner und Einer zerlegen, zuerst die Zehner, dann die Einer rechnen.

$63 + 29 = \square$	$93 - 38 = \square$
$63 + 20 = 83$	$93 - 30 = 63$
$83 + 9 = 92$	$63 - 8 = 55$
$63 + 29 = 92$	$93 - 38 = 55$

Kurzform:

$63 + 29 = 63 + 20 + 9 = 92$ $\quad$ $93 - 38 = 93 - 30 - 8 = 55$

Möglichkeit 2:

Siehe Möglichkeit 1, aber zuerst die Einer, dann die Zehner rechnen.

$63 + 29 = \square$	$93 - 38 = \square$
$63 + 9 = 72$	$93 - 8 = 85$
$72 + 20 = 92$	$85 - 30 = 55$
$63 + 29 = 92$	$93 - 38 = 55$

Kurzform:

$63 + 29 = 63 + 9 + 20 = 92$ $\quad$ $93 - 38 = 93 - 8 - 30 = 55$

Möglichkeit 3:
Alle Zahlen in Zehner und Einer zerlegen.

$$\begin{array}{r} 63 + 29 = \square \\ \hline 60 + 20 = 80 \\ 3 + 9 = 12 \\ \hline 63 + 29 = 92 \end{array}$$

Bei der Subtraktion kann diese Form nicht immer angewendet werden: Wenn die Einerstelle des Minuenden kleiner ist als die Einerstelle des Subtrahenden, ist die Aufgabe nicht lösbar (z. B. 3 – 8).

Kurzform:

$$63 + 29 = 60 + 20 + 3 + 9 = 92$$

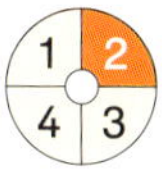

Möglichkeit 4:
Zum nächsten vollen Zehner rechnen. Dabei muss das Rechenzeichen beachtet werden. Dann mit der Differenz zur zweiten Zahl weiterrechnen.

$$\begin{array}{r} 63 + 29 = \square \\ \hline 63 + 7 = 70 \\ 70 + 22 = 92 \\ \hline 63 + 29 = 92 \end{array} \qquad \begin{array}{r} 93 - 38 = \square \\ \hline 93 - 3 = 90 \\ 90 - 35 = 55 \\ \hline 93 - 38 = 55 \end{array}$$

Kurzform:

$$63 + 29 = 63 + 7 + 22 = 92 \qquad 93 - 38 = 93 - 3 - 35 = 55$$

Die **Notationsform** ist die Form, wie etwas aufgeschrieben (notiert) wird.

Anwendung von Rechenstrategien

Wenn eine Zahl in der Nähe von vollen Zehnern liegt, ist es einfacher, zunächst mit vollen Zehnern zu rechnen.

Möglichkeit 1:

$63 + 29 = \square$

$63 + 30 = 93$ da $29 = 30 - 1$

$93 - 1 = 92$

$93 - 38 = \square$

$93 - 40 = 53$ da $38 = 40 - 2$

$53 + 2 = 55$

Kurzform:

$63 + 29 = 63 + 30 - 1 = 92$

$93 - 38 = 93 - 40 + 2 = 55$

Möglichkeit 2:

$63 + 29 = 60 + 30 + 2 = 92$

$(3 - 1)$

$93 - 38 = 90 - 38 + 3 = 55$

Ergänzungsverfahren

$93 - 38 = \square$

$38 + \square = 93$

$38 + 2 = 40$

$40 + 53 = 93$

$38 + 55 = 93$

$93 - 38 = 55$

Vor dem Rechnen zuerst nachdenken, welche Rechenstrategie vorteilhaft ist. Dann erst rechnen und das Ergebnis durch Überschlagen (vgl. Seite 101 und Seite 113) kontrollieren.

Diese Rechenverfahren lassen sich genauso bei **Zahlen über 100** anwenden. Es kommen nur weitere Schritte hinzu.

Schrittweises Rechnen

Möglichkeit 1:
Die zweite Zahl (den zweiten Summanden oder den Subtrahenden) in Hunderter, Zehner und Einer zerlegen, zuerst die Hunderter, dann die Zehner, dann die Einer rechnen.

463 + 329 = ☐	893 – 438 = ☐
463 + 300 = 763	893 – 400 = 493
763 + 20 = 783	493 – 30 = 463
783 + 9 = 792	463 – 8 = 455
463 + 329 = 792	893 – 438 = 455

Kurzform:

463 + 329 =	893 – 438 =
463 + 300 + 20 + 9 =	893 – 400 – 30 – 8 =
763 + 20 + 9 =	493 – 30 – 8 =
792	455

Rechenrahmen, Hundertertafel, Tausenderbuch oder -streifen, Mehrsystemblöcke, Zahlenstrahl und Rechenstrich sind Arbeitsmittel, die beim Rechnen helfen können.

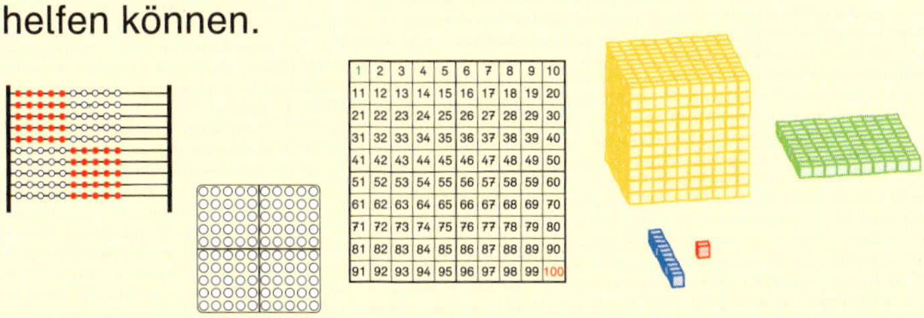

Schriftliche Addition ohne Zehnerüberschreitung

Die schriftliche Addition ist ein Rechenverfahren, um schnell und sicher Additionsaufgaben ausführen zu können:
Bei der schriftlichen Addition sind beide Rechenrichtungen (von oben nach unten oder von unten nach oben) richtig. Gebräuchlicher ist das Rechnen von unten nach oben.

452 + 317 = □

Notation

Schritt 1

	H	Z	E
	4	5	2
+	3	1	7

Handlungen

Summanden darstellen

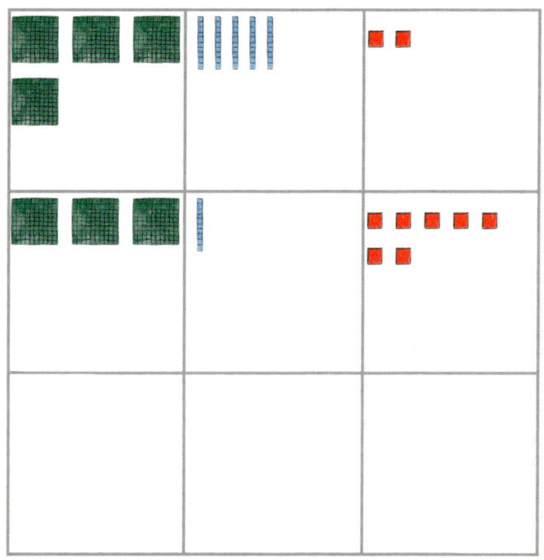

Es können beliebig viele Zahlen untereinander geschrieben und auf einmal addiert werden.

Notation

Schritt 2

	H	Z	E
	4	5	2
+	3	1	7
			9

Sprechweise:

2 E plus 7 E gleich 9 E

oder:

7 E plus 2 E gleich 9 E

Handlungen

Die Einer addieren

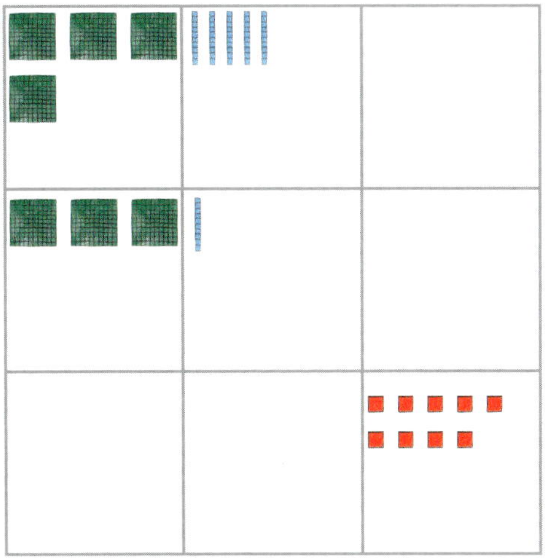

Schritt 3

	H	Z	E
	4	5	2
+	3	1	7
		6	9

Sprechweise:

5 Z plus 1 Z gleich 6 Z

oder:

1 Z plus 5 Z gleich 6 Z

Die Zehner addieren

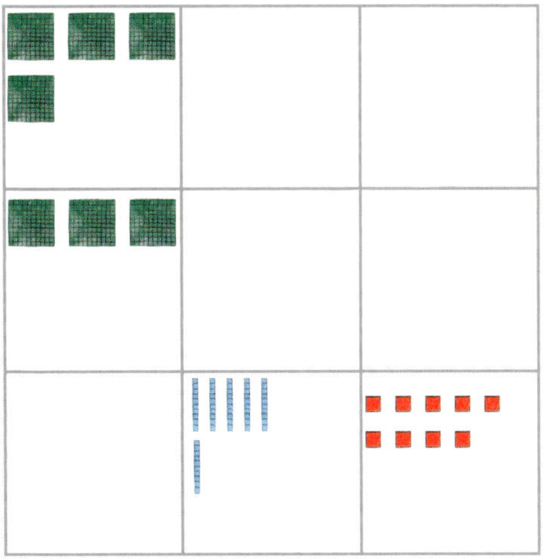

Notation

Schritt 4

	H	Z	E
	4	5	2
+	3	1	7
	7	6	9

Sprechweise:

4 H plus 3 H gleich 7 H

oder:

3 H plus 4 H gleich 7 H

Handlungen

Die Hunderter addieren

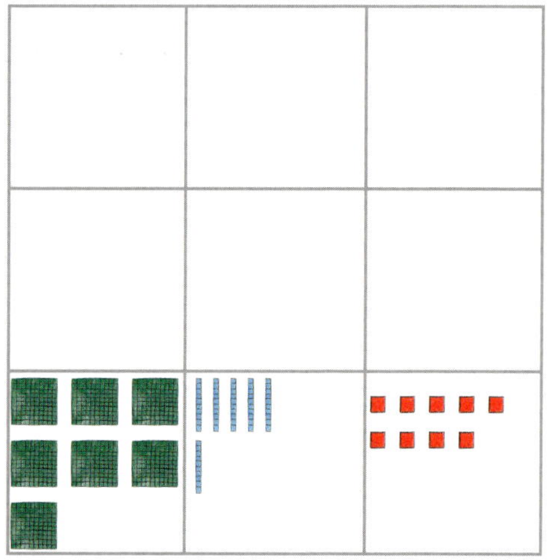

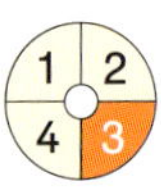

Verkürzte Schreib- und Sprechweise:

	4	5	2
+	3	1	7
	7	6	9

Sprechweisen

von oben nach unten:

2 plus 7 gleich 9 (schreibe 9)
5 plus 1 gleich 6 (schreibe 6)
4 plus 3 gleich 7 (schreibe 7)

von unten nach oben:

7 plus 2 gleich 9 (schreibe 9)
1 plus 5 gleich 6 (schreibe 6)
3 plus 4 gleich 7 (schreibe 7)

Schriftliches Addieren beginnt an der Einerstelle. Die Summanden werden stellengerecht (von rechts nach links) addiert.

Schriftliche Addition mit Zehnerüberschreitung

453 + 379 = □

Notation

Schritt 1

	H	Z	E
	4	5	3
+	3	7	9

Handlungen

Summanden untereinander notieren

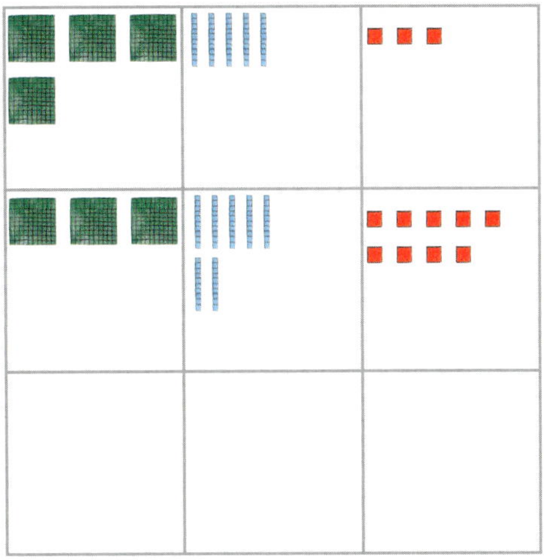

Schritt 2

	H	Z	E
	4	5	3
+	3	7_1	9
			2

Sprechweise:

3 E plus 9 E gleich 12 E;
12 E gleich 1 Z und 2 E
oder:
9 E plus 3 E gleich 12 E;
12 E gleich 1 Z und 2 E

Die Einer addieren und bündeln

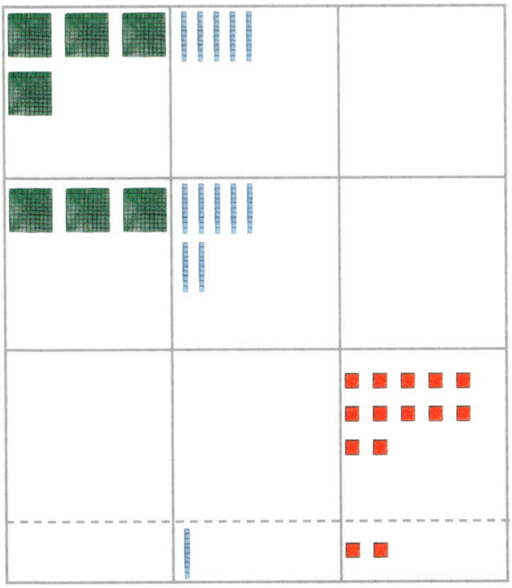

Notation

Schritt 3

	H	Z	E
	4	5	3
+	3 $_1$	7 $_1$	9
		3	2

Sprechweise:

5 Z plus 7 Z plus 1 Z gleich 13 Z;

13 Z gleich 1 H und 3 Z

oder:

7 Z plus 5 Z plus 1 Z gleich 13 Z;

13 Z gleich 1 H und 3 Z

Handlungen

Die Zehner addieren und bündeln

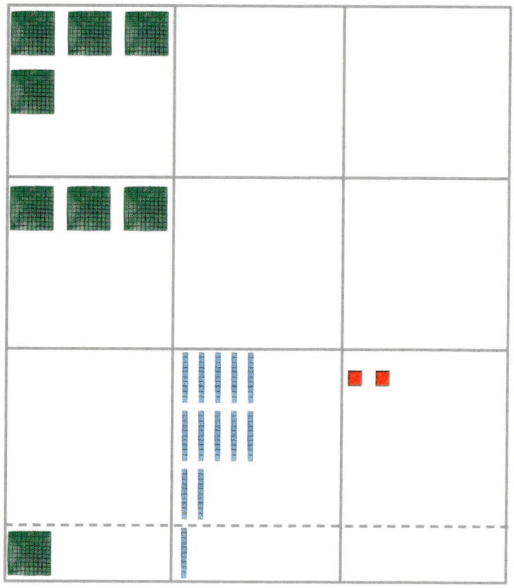

Schritt 4

	H	Z	E
	4	5	3
+	3 $_1$	7 $_1$	9
	8	3	2

Sprechweise:

4 H plus 3 H plus 1 H gleich 8 H

oder:

3 H plus 4 H plus 1 H gleich 8 H

Die Hunderter addieren

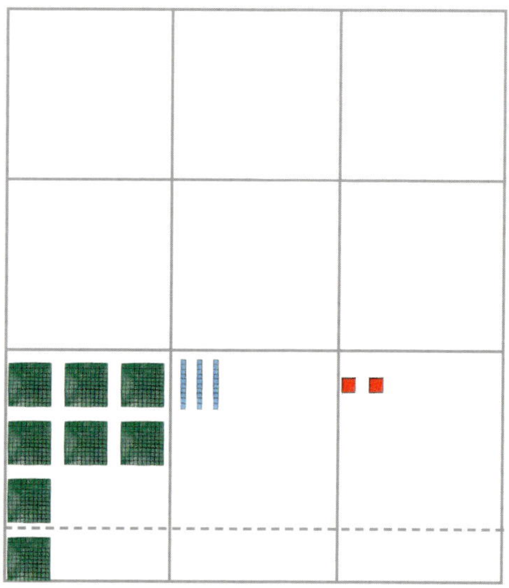

Verkürzte Schreib- und Sprechweise:

	4	5	3
+	3_1	7_1	9
	8	3	2

(1) Das wird Übertrag genannt.

Sprechweisen

von oben nach unten:
3 plus 9 gleich 12 (schreibe 2, übertrage 1); 5 plus 7 plus 1 gleich 13 (schreibe 3, übertrage 1); 4 plus 3 plus 1 gleich 8 (schreibe 8)

von unten nach oben:
9 plus 3 gleich 12 (schreibe 2, übertrage 1); 1 plus 7 plus 5 gleich 13 (schreibe 3, übertrage 1); 1 plus 3 plus 4 gleich 8 (schreibe 8)

Addieren und Subtrahieren mit Kommazahlen findet sich im Kapitel Größen (vgl. Seiten 118, 124, 130, 136).

Wenn beim schriftlichen Addieren das Ergebnis eines Stellenwertes gleich oder größer als 10 ist, dann kommt es zu einem **Übertrag** in den nächsthöheren Stellenwert. Der **Übertrag** wird direkt neben oder unter die Ziffer geschrieben.

Spieltipp

Wer hat das höchste Ergebnis?

Mit mindestens drei Würfeln würfeln. Aus den drei gewürfelten Ziffern zwei oder mehr Zahlen bilden, diese untereinander schreiben und schriftlich addieren.

$$\begin{array}{r} 345 \\ 435 \\ +\ 543 \\ \hline \end{array}$$

Schriftliche Subtraktion ohne Zehnerüberschreitung

Die schriftliche Subtraktion ist ein Rechenverfahren, um schnell und sicher Subtraktionsaufgaben ausführen zu können.
Bei der schriftlichen Subtraktion gibt es zwei Verfahren: Abziehen (Minus-Sprechweise) oder Ergänzen (Plus-Sprechweise).

698 – 247 = □

Notation

Schritt 1

	H	Z	E
	6	9	8
–	2	4	7

Handlungen

Minuenden und Subtrahenden darstellen

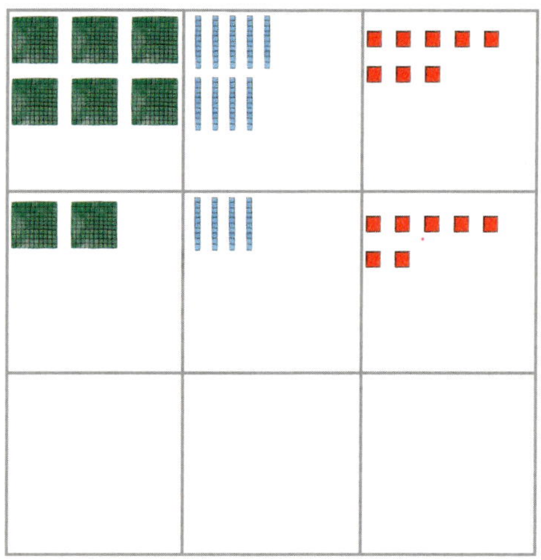

Schriftliches Subtrahieren beginnt an der Einerstelle. Der Subtrahend wird stellengerecht (von rechts nach links) vom Minuenden subtrahiert.

Notation

Schritt 2

	H	Z	E
	6	9	8
–	2	4	7
			1

Sprechweise:
7 E plus 1 E gleich 8 E
oder:
8 E minus 7 E
gleich 1 E

Handlungen
Die Einer subtrahieren

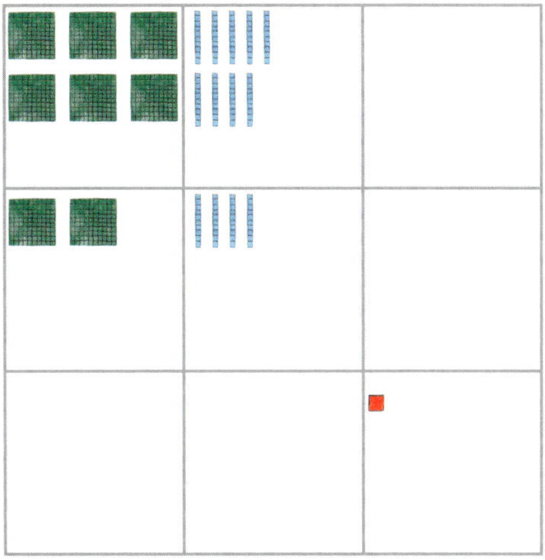

Schritt 3

	H	Z	E
	6	9	8
–	2	4	7
		5	1

Sprechweise:
4 Z plus 5 Z gleich 9 Z
oder:
9 Z minus 4 Z
gleich 5 Z

Die Zehner subtrahieren

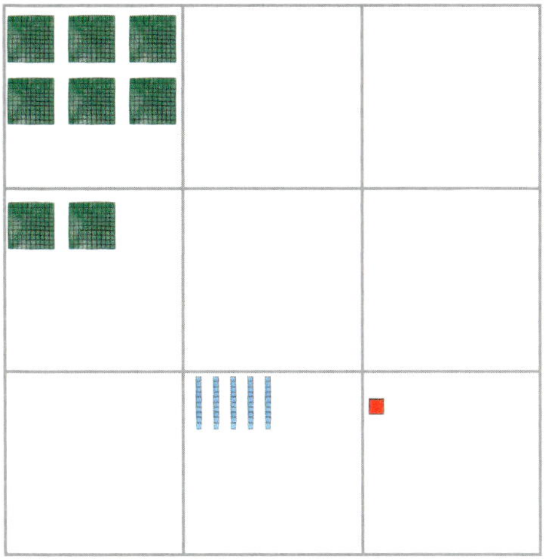

Notation
Schritt 4

	H	Z	E
	6	9	8
–	2	4	7
	4	5	1

Sprechweise:
2 H plus 4 H gleich 6 H
oder:
6 H minus 2 H
gleich 4 H

Handlungen
Berechnen der Hunderter

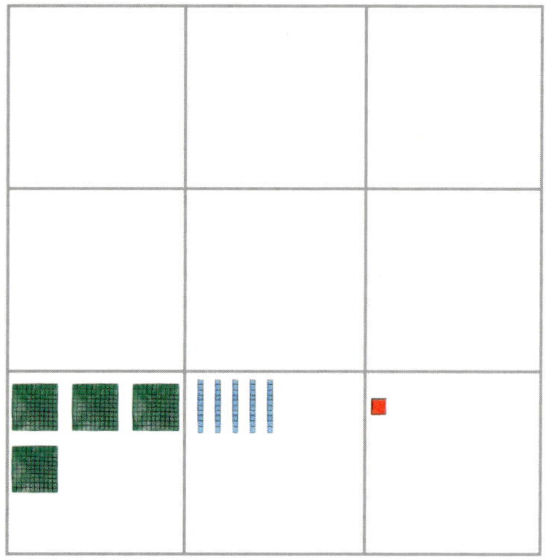

Verkürzte Schreib- und Sprechweise:

	6	9	8
–	2	4	7
	4	5	1

Sprechweisen:

Ergänzungsverfahren:
7 plus 1 gleich 8 (schreibe 1)
4 plus 5 gleich 9 (schreibe 5)
2 plus 4 gleich 6 (schreibe 4)

Abziehverfahren:
8 minus 7 gleich 1 (schreibe 1)
9 minus 4 gleich 5 (schreibe 5)
6 minus 2 gleich 4 (schreibe 4)

Es wird immer nur ein Subtrahend von einem Minuenden subtrahiert.

Schriftliche Subtraktion mit Zehnerüberschreitung

924 – 576 = □

Notation

Schritt 1

	H	Z	E
	9	2	4
–	5	7	6

Handlungen

Den Minuenden und Subtrahenden darstellen

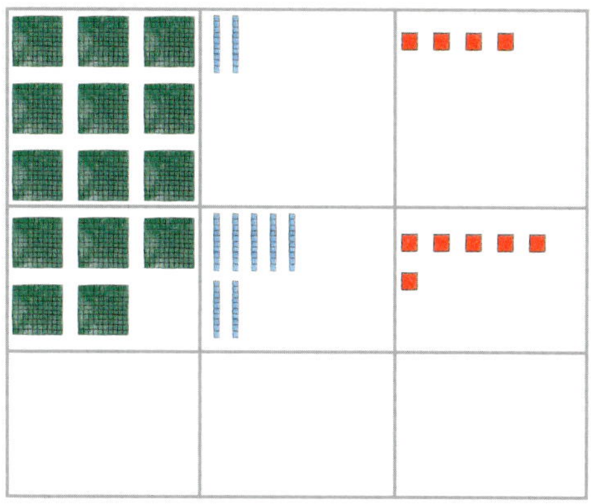

Schritt 2

	H	Z	E
	9	2	4
–	5	7_1	6
			8

Die Einer subtrahieren und entbündeln (wechseln)

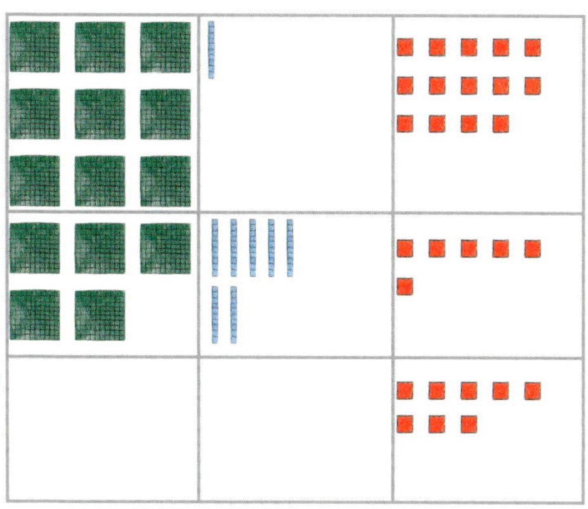

Sprechweise:

6 E plus □ E gleich 4 E, geht nicht; 1 Z in 10 E wechseln; 6 E plus 8 E gleich 14 E oder:

4 E minus 6 E, geht nicht; 1 Z in 10 E entbündeln; 14 E minus 6 E gleich 8 E

Notation

Schritt 3

Handlungen

Die Zehner subtrahieren entbündeln (wechseln)

	H	Z	E
	9	2	4
–	5_{1}	7_{1}	6
		4	8

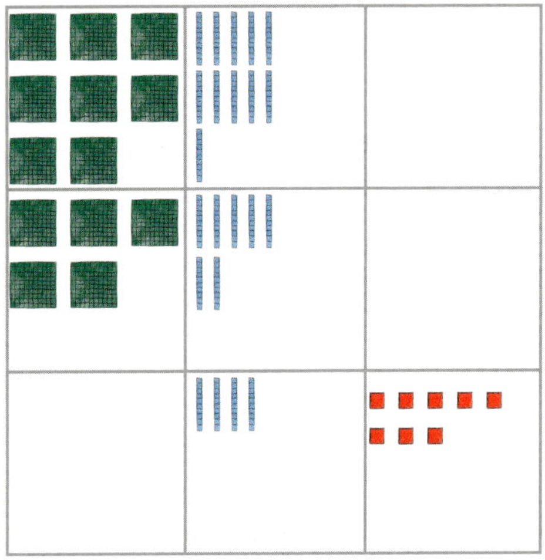

Sprechweise:

1 Z plus 7 Z plus ☐ Z gleich 2 Z, geht nicht; 1 H in 10 Z wechseln; 1 Z plus 7 Z plus 4 Z gleich 12 Z

oder:

1 Z minus 7 Z, geht nicht; 1 H in 10 Z entbündeln; 11 Z minus 7 Z gleich 4 Z

Schritt 4

Die Hunderter subtrahieren

	H	Z	E
	9	2	4
–	5_{1}	7_{1}	6
	3	4	8

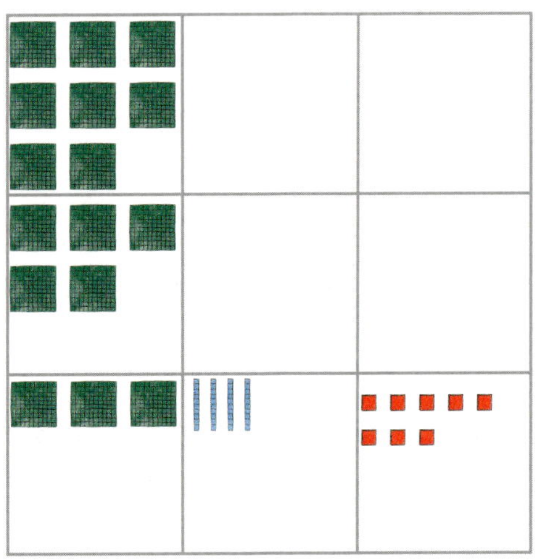

Sprechweise:

1 H plus 5 H plus 3 H gleich 9 H;

oder:

8 H minus 5 H gleich 3 H

Verkürzte Schreib- und Sprechweise:

	9	2	4
–	5_1	7_1	6
	3	4	8

(1) Das wird Übertrag genannt.

Sprechweisen:

Ergänzen:

6 plus 8 gleich 14 (schreibe 8 übertrage 1); 1 plus 7 plus 4 gleich 12 (schreibe 4, übertrage 1); 1 plus 5 plus 3 gleich 9 (schreibe 3)

Abziehen:

Entbündele 1 Z.
14 minus 6 gleich 8.
Entbündele 1 H.
11 minus 7 gleich 4.
8 minus 5 gleich 3.

Das Thema Addieren und Subtrahieren mit Kommazahlen findet sich im Kapitel Größen.

Wenn beim schriftlichen Subtrahieren ein Stellenwert des Minuenden kleiner ist als der des Subtrahenden, dann muss der nächsthöhere Stellenwert entbündelt werden, d. h., es wird ein **Übertrag** gemacht. Er wird direkt neben oder unter die Ziffer geschrieben.

Wer findet das kleinste Ergebnis?

Material: Ziffernkärtchen, Papier, Stift

Zunächst Ziffernkärtchen von 0 bis 9 schreiben. Mindestens drei Kärtchen auswählen und damit die höchste bzw. die niedrigste Zahl bilden. Die beiden Zahlen subtrahieren.

Spiel-tipp

Multiplikation

Der Begriff **Multiplizieren** beschreibt viele Handlungen in Sachsituationen, wie z. B. vervielfachen und verdoppeln. Die Multiplikation ist eine Verkürzung der Addition. Dahinter steht die mehrfache Addition gleicher Summanden. Statt 6 + 6 + 6 auszurechnen, wird die Anzahl der Summanden gezählt und zu einer kürzeren Aufgabe zusammengefasst: $3 \cdot 6$.

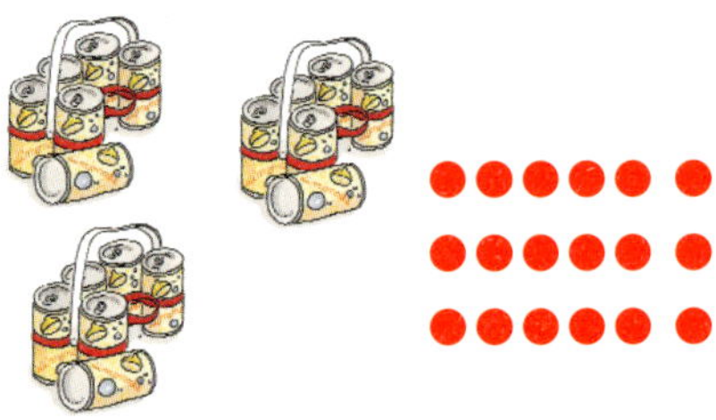

Notationsform:
Addition: $6 + 6 + 6 = 18$
Multiplikation: $3 \cdot 6 = 18$

Kombinatorischer Aspekt

Unter diesem Aspekt werden alle möglichen Kombinationen (das Kreuzprodukt) zwischen den Elementen von zwei Mengen bestimmt.

Max hat 2 Fußballshorts und 4 Trikots.
Wie viele Möglichkeiten gibt es, die Kleidungsstücke miteinander zu kombinieren?

Notationsform:

Addition: $4 + 4 = 8$

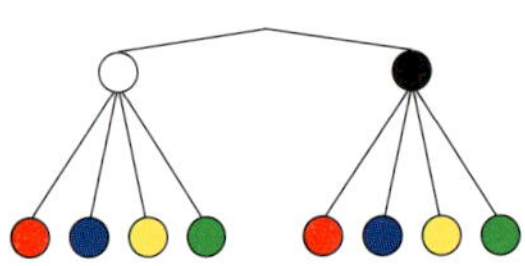

Multiplikation: $2 \cdot 4 = 8$

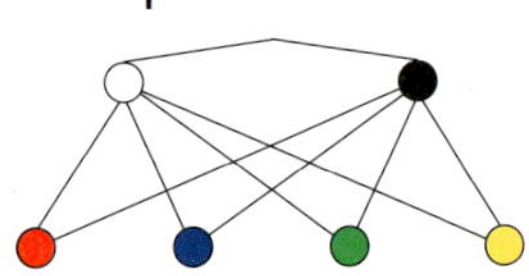

Sprechweise bei der **Multiplikation:** $2 \cdot 4 = 8$
zwei mal vier gleich acht.

Jede Multiplikationsaufgabe ist lösbar.

Bei der Multiplikation gelten drei **Rechengesetze.**

1. Vertauschungsgesetz (Kommutativgesetz):
Die Faktoren dürfen vertauscht werden. Das Produkt bleibt immer gleich.

$5 \cdot 4 = 20$ $4 \cdot 5 = 20$

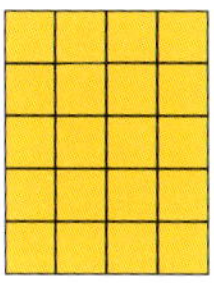

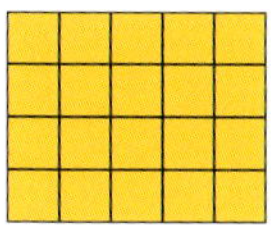

$5 \cdot 4$

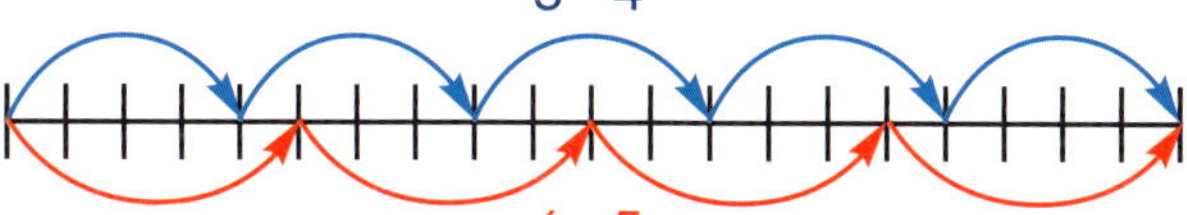

$4 \cdot 5$

Spiel-tipp

Wer findet die meisten Multiplikationsaufgaben?

Material: Verpackungen, Stift, Papier
Verpackungen u. Ä. aufspüren, bei denen Einmaleins-aufgaben entdeckt werden können, diese aufschreiben und lösen:

- Klopapierrollen,
- Trinkpäckchen,
- Schokoladentafel …

2. Zusammenfassungsgesetz oder Verbindungsgesetz (Assoziativgesetz):
Besteht eine Multiplikation aus mehr als zwei Faktoren, dann können diese beliebig zusammengefasst werden.

$3 \cdot 5 \cdot 2 = 30 \quad (3 \cdot 5) \cdot 2 = 30 \quad 3 \cdot (5 \cdot 2) = 30$

3. Verteilungsgesetz oder Zerlegungsgesetz (Distributivgesetz):
Bei einer Multiplikation kann die Aufgabe so zerlegt werden, dass sie auf bekannte Aufgaben der kleinen oder großen Einmaleinsreihen zurückgeführt werden kann.

$6 \cdot 4 = 24$

$5 \cdot 4 + 1 \cdot 4 = 24 \qquad 6 \cdot 2 + 6 \cdot 2 = 24$

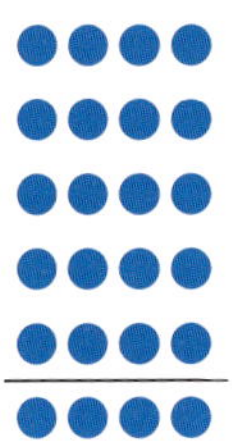

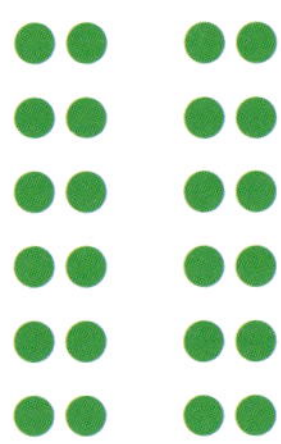

Es ist also egal, welcher Faktor zerlegt wird, der Wert des Produktes ändert sich nicht.

Punktrechnung kommt vor Strichrechnung.
Kommen in einer Aufgabe die Rechenzeichen +, – und ·, : vor, dann müssen erst die Multiplikation und die Division ausgeführt werden, bevor addiert oder subtrahiert wird. Diese Regel kann nur durch das Setzen von Klammern aufgehoben werden:
$3 \cdot 4 + 5 = 12 + 5 = 17$, aber: $3 \cdot (4 + 5) = 3 \cdot 9 = 27$

Multiplikationsaufgaben können auf vielfältige Weise gelöst werden:

- über die fortgesetzte Addition,
- über das Aufsagen der Einmaleinsreihe oder
- über das Zurückführen auf bekannte Einmaleinsaufgaben (Kernaufgaben oder Königsaufgaben und Quadrataufgaben).

Fortgesetzte Addition

$6 \cdot 7 = \square \rightarrow 7 + 7 + 7 + 7 + 7 + 7 = 42$

Aufsagen der Einmaleinsreihe

$6 \cdot 7 = \square \rightarrow 7, 14, 21, 28, 35, 42$

Zurückführen auf bekannte Einmaleinsaufgaben

- Über **Kernaufgaben:** $6 \cdot 7 = 5 \cdot 7 + 1 \cdot 7 = 42$
  Kernaufgaben sind alle Multiplikationsaufgaben mit dem Faktor 1, 2, 5 oder 10.

  $1 \cdot \square = \square$ $2 \cdot \square = \square$ $5 \cdot \square = \square$ $10 \cdot \square = \square$

- Über **Quadrataufgaben**: $6 \cdot 7 = 7 \cdot 7 - 1 \cdot 7 = 42$
  Quadrataufgaben sind alle Multiplikationsaufgaben mit zwei gleichen Faktoren:

  $\boxed{1 \cdot 1}$ $\boxed{2 \cdot 2}$ $\boxed{3 \cdot 3}$ $\boxed{4 \cdot 4}$ …

Außerdem können bekannte Strategien der Addition und Subtraktion wie Verdoppeln/Halbieren, Zerlegen/Zusammensetzen, Nachbaraufgabe oder Tauschaufgaben bilden angewendet werden (vgl. Seiten 64, 63).

Alle Aufgaben des kleinen Einmaleins sind in dieser **Einmaleins-Tafel** zu finden.

·	0	1	2	3	4	5	6	7	8	9	10
0	0 · 0	0 · 1	0 · 2	0 · 3	0 · 4	0 · 5	0 · 6	0 · 7	0 · 8	0 · 9	0 · 10
1	1 · 0	1 · 1	1 · 2	1 · 3	1 · 4	1 · 5	1 · 6	1 · 7	1 · 8	1 · 9	1 · 10
2	2 · 0	2 · 1	2 · 2	2 · 3	2 · 4	2 · 5	2 · 6	2 · 7	2 · 8	2 · 9	2 · 10
3	3 · 0	3 · 1	3 · 2	3 · 3	3 · 4	3 · 5	3 · 6	3 · 7	3 · 8	3 · 9	3 · 10
4	4 · 0	4 · 1	4 · 2	4 · 3	4 · 4	4 · 5	4 · 6	4 · 7	4 · 8	4 · 9	4 · 10
5	5 · 0	5 · 1	5 · 2	5 · 3	5 · 4	5 · 5	5 · 6	5 · 7	5 · 8	5 · 9	5 · 10
6	6 · 0	6 · 1	6 · 2	6 · 3	6 · 4	6 · 5	6 · 6	6 · 7	6 · 8	6 · 9	6 · 10
7	7 · 0	7 · 1	7 · 2	7 · 3	7 · 4	7 · 5	7 · 6	7 · 7	7 · 8	7 · 9	7 · 10
8	8 · 0	8 · 1	8 · 2	8 · 3	8 · 4	8 · 5	8 · 6	8 · 7	8 · 8	8 · 9	8 · 10
9	9 · 0	9 · 1	9 · 2	9 · 3	9 · 4	9 · 5	9 · 6	9 · 7	9 · 8	9 · 9	9 · 10
10	10 · 0	10 · 1	10 · 2	10 · 3	10 · 4	10 · 5	10 · 6	10 · 7	10 · 8	10 · 9	10 · 10

Nullaufgaben; Kern- oder Königsaufgaben
Quadrataufgaben

Aus den **Kernaufgaben** lassen sich alle anderen Aufgaben einer Einmaleinsreihe ableiten. Deshalb müssen nur die Kernaufgaben gelernt werden.

Die Kernaufgaben der Dreierreihe:

$\boxed{1 \cdot 3}$ $\boxed{2 \cdot 3}$ $\boxed{5 \cdot 3}$ $\boxed{10 \cdot 3}$

$3 \cdot 3 = \boxed{2 \cdot 3} + \boxed{1 \cdot 3}$

$4 \cdot 3 = \boxed{2 \cdot 3} + \boxed{2 \cdot 3}$ oder $\boxed{5 \cdot 3} - \boxed{1 \cdot 3}$

$6 \cdot 3 = \boxed{5 \cdot 3} + \boxed{1 \cdot 3}$ oder $\boxed{3 \cdot 3} + \boxed{3 \cdot 3}$

$7 \cdot 3 = \boxed{5 \cdot 3} + \boxed{2 \cdot 3}$

$8 \cdot 3 = \boxed{4 \cdot 3} + \boxed{4 \cdot 3}$ oder $\boxed{10 \cdot 3} - \boxed{2 \cdot 3}$

$9 \cdot 3 = \boxed{10 \cdot 3} - \boxed{1 \cdot 3}$

Jede Einmaleinsreihe hat ihr eigenes Muster im **Zehnerkreis.**

Die Sechserreihe sieht so aus:

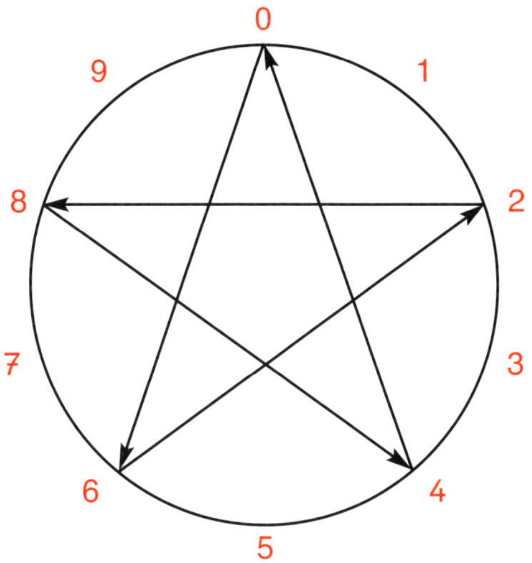

	Z	E
1 · 6 =		6
2 · 6 =	1	2
3 · 6 =	1	8
4 · 6 =	2	4
5 · 6 =	3	0
6 · 6 =	3	6
7 · 6 =	4	2
8 · 6 =	4	8
9 · 6 =	5	4
10 · 6 =	6	0

In einem Zehnerkreis werden immer nur die rot markierten Einerstellen berücksichtigt.

Ist bei einer Multiplikation ein Faktor gleich null, dann ist auch das Produkt gleich null.

Einen Zehnerspannkreis herstellen

Spiel-tipp

Material: Holzbrett, Nägel oder Styropor, Nadeln und Wolle
Einen Zehnerkreis auf einem Holzbrett mit Nägeln oder auf einem Styroporbrett mit Nadeln herstellen. Zahlen von 0 bis 9 dazuschreiben. Dann die verschiedenen Einmaleinsreihen mit Fäden spannen.

Multiplikation mit Zehnerzahlen

Es gibt verschiedene Möglichkeiten, um mit Zehnerzahlen zu multiplizieren.

1. Analogien anwenden:

Beispiel 1:

5 · 20 = 100

5 · 2 = 10

Beispiel 2:

7 · 20 = 140

7 · 2 · 10 = 140

Beispiel 3:

8 · 40 = 320	40 · 8 = 320
8 · 4 = 32	4 · 8 = 32

Beispiel 4:

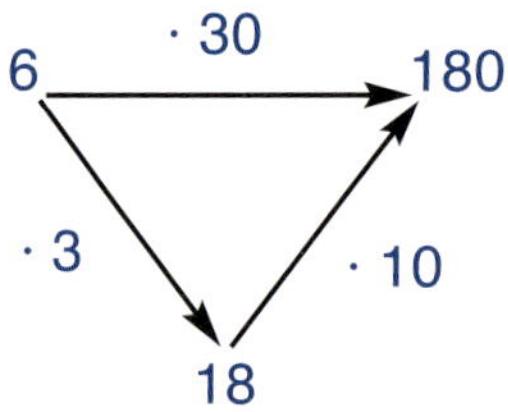

2. Multiplizieren mit Zehnern:

2 · 30 = 60		5 · 60 = 300
2 · 3 Z = 6 Z = 60	oder	5 · 6 Z = 30 Z = 300

Malnehmen mit Zehnerzahlen ist ganz einfach:

1438 · 10 = 14380

3. Multiplizieren in der Stellenwerttafel:

Beispiel 1: Aus Einern werden Zehner.

H	Z	E
		3

3 · 10

H	Z	E
	3	0

3 · 10 = 30

Beispiel 2: Aus Zehnern werden Hunderter.

H	Z	E
	3	0
	1	4

30 · 10
14 · 10

H	Z	E
3	0	0
1	4	0

30 · 10 = 300
14 · 10 = 140

4. Einmaleinsreihen am Rechenstrich vergleichen:

Einmaleins der 6

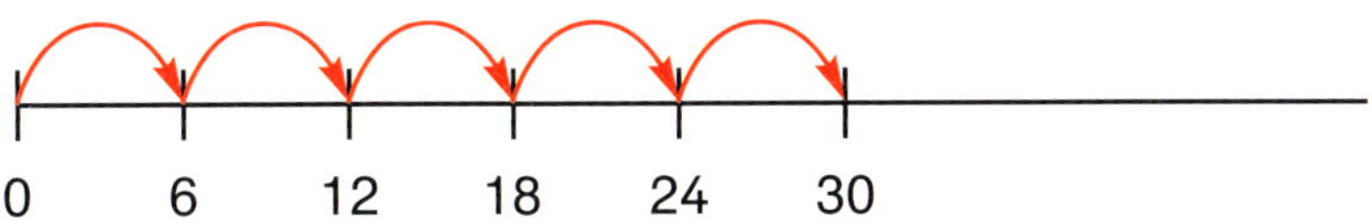

Einmaleins der 60

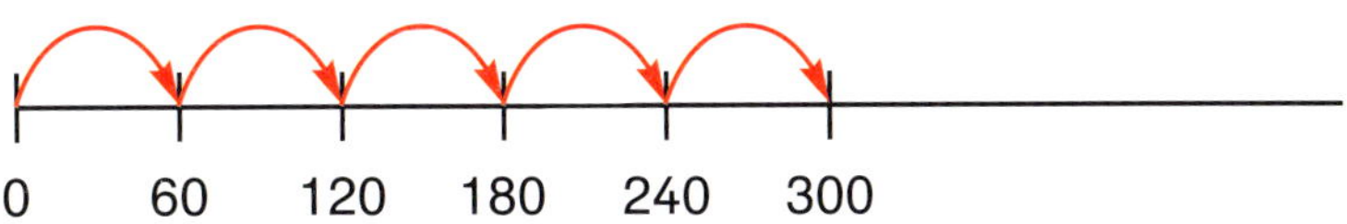

Zehnereinmaleins am Rechenstrich üben

Material: Stift, Papier
Rechenstriche zeichnen. Auf einen Rechenstrich die kleine Einmaleinsreihe und auf einen zweiten Rechenstrich die „Zehnfachreihe“ eintragen (z. B. Zweierreihe/Zwanzigerreihe).

Spieltipp

Halbschriftliche Multiplikation

Beim Multiplizieren mit mehrstelligen Faktoren kommt das Verteilungsgesetz (Distributivgesetz) zur Anwendung.

$7 \cdot 16 = \square$

Schritt 1: Zerlegen des zweiten Faktors in Zehner und Einer

$7 \cdot (10 + 6) = \square$

Schritt 2: Multiplizieren des ersten Faktors mit dem zweiten Faktor (Zehner und Einer)

$7 \cdot 10 + 7 \cdot 6 = 70 + 42$

Schritt 3: Die Teilergebnisse addieren

$70 + 42 = 112$

Notationsformen:

Es gibt zwei Möglichkeiten: Zunächst die Zehner und dann die Einer multiplizieren oder umgekehrt.

Möglichkeit 1:

$7 \cdot 16 = \square$

$7 \cdot 10 = 70$

$7 \cdot 6 = 42$

$7 \cdot 16 = 112$

Möglichkeit 2:

$7 \cdot 16 = \square$

$7 \cdot 6 = 42$

$7 \cdot 10 = 70$

$7 \cdot 16 = 112$

Möglichkeit 3: Malkreuz mit einstelligem Faktor

$7 \cdot 16$

·	10	6	
7	70	42	
			112

Malkreuz mit mehrstelligen Faktoren

$17 \cdot 16$

·	10	6	16
10	100	60	160
7	70	42	112
17	170	102	272

Schriftliche Multiplikation

Bei der schriftlichen Multiplikation wird schrittweise gerechnet.

Ist der **zweite Faktor einstellig**, wird so gerechnet:

THZE ←

8946 · 6

53676

Sprechweise:

6 · 6 = 36, schreibe 6, merke 3

6 · 4 = 24, 24 + 3 = 27, schreibe 7, merke 2

6 · 9 = 54, 54 + 2 = 56, schreibe 6, merke 5

6 · 8 = 48, 48 + 5 = 53, schreibe 53

Ist der **zweite Faktor zweistellig,** wird mit der höchsten Stelle des zweiten Faktors begonnen. Die Teilprodukte werden untereinander geschrieben und dann addiert.

364 · 27

 728

 25₁48

 9828

Multiplizieren nach John Napier (Neper) (1550–1617)

John Neper hat Rechenstäbe entwickelt, die als Rechenhilfe für die Multiplikation und Division dienen.

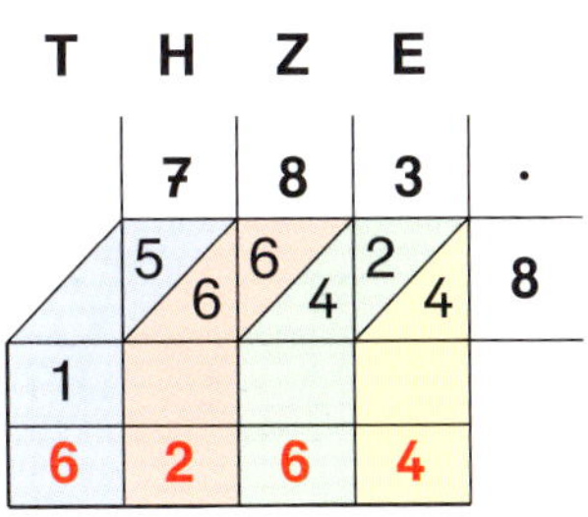

Rechenschritte:

Schritt 1: 8 · 3 = 24

Schritt 2: 8 · 8 = 64

Schritt 3: 8 · 7 = 56

Schritt 4: Die Zahlen in einer Farbe werden addiert wie bei der schriftlichen Addition.

Division

Der Begriff **Dividieren** beschreibt viele Handlungen in Sachsituationen, wie z. B. aufteilen, verteilen.
Es ist wichtig, den Zusammenhang zwischen Multiplikation und Division zu kennen: Die Division ist die **Umkehroperation der Multiplikation.**
Bei der Division wird ermittelt, wie oft eine Zahl (Divisor) in einer anderen Zahl enthalten ist (Dividend).

$42 : 7 = 6$

Manchmal lässt sich eine Menge nicht genau aufteilen oder verteilen. Es bleiben Elemente übrig: der **Rest.**

$32 : 6 = 5$ Rest 2, denn $5 \cdot 6 + 2 = 32$

Eine Division mit dem Divisor gleich null ist nicht lösbar.

Aufteilen
Die Elemente einer vorgegebenen Menge werden nach Vorgabe gebündelt. **Ermittelt wird die Anzahl der Bündel.**

30 Eier sollen in Sechser-Eierkartons verpackt werden. Wie viele Kartons werden gebraucht?

Notationsform:
Fortgesetzte Subtraktion: $30 - 6 - 6 - 6 - 6 - 6 = 0$

5 Eierkartons können gefüllt werden.

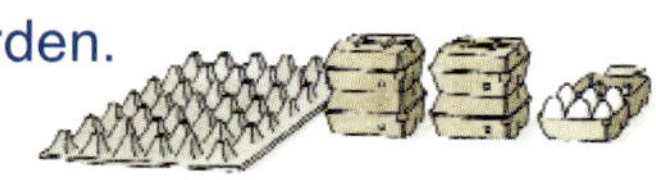

Division: $30 : 6 = 5$, denn $5 \cdot 6 = 30$

Sprechweise bei der **Division:** $30 : 6 = 5$
dreißig (geteilt) durch sechs gleich fünf.

Verteilen
Die Elemente einer vorgegebenen Menge werden auf eine vorgegebene Anzahl von Bündeln verteilt. **Ermittelt wird die Anzahl der Elemente in jedem Bündel.**

Aus 15 Comics sollen 3 gleich hohe Stapel gemacht werden.

Über die fortgesetzte Subtraktion kann diese Aufgabe nur verdeutlicht werden, indem von 15 (Menge der Steckwürfel) die 3 (Anzahl der Stapel (Türme)) so oft subtrahiert wird, bis kein Steckwürfel mehr übrig bleibt.

Notationsform:
Fortgesetzte Subtraktion: 15 – 3 – 3 – 3 – 3 – 3 = 0

Auf jeden Stapel muss insgesamt fünfmal ein Comic verteilt werden.

Division: 15: 3 = 5, denn 3 · 5 = 15

Spieltipp

Karten verteilen

Material: Kartenspiel
Mit einem Kartenspiel ausprobieren, an wie viele Mitspieler die Karten so verteilt werden können, dass alle gleich viele Karten haben und keine Karte übrig bleibt.

Die Division als Umkehrung der Multiplikation
Jede Divisionsaufgabe kann aus der entsprechenden Multiplikationsaufgabe hergeleitet werden, da die Division die Umkehrung der Multiplikation ist.

18 : 3 = □, denn □ · 3 = 18
Die Umkehraufgabe heißt also: □ · 3 = 18

Da bei der Multiplikation das Vertauschungsgesetz gilt, können die Faktoren auch vertauscht werden:

3 · □ = 18

Besonders beim Kopfrechnen werden Divisionsaufgaben oft als Umkehraufgaben gerechnet. Außerdem dient die Umkehraufgabe zur Kontrolle der Division.

Verteilungsgesetz oder Zerlegungsgesetz (Distributivgesetz)
Eine Divisionsaufgabe kann so zerlegt werden, dass sie auf bekannte Aufgaben zurückgeführt werden kann. Diese können durch Addition oder Subtraktion miteinander verknüpft werden.

48 : 8 = 6
(40 + 8) : 8 = 6
40 : 8 + 8 : 8 = 5 + 1 = 6

54 : 6 = 9
(60 – 6) : 6 = 9
60 : 6 – 6 : 6 = 10 – 1 = 9

Beim Verteilungsgesetz kommt es darauf an, den Dividenden so zu zerlegen, dass auf bekannte Aufgaben zurückgegriffen werden kann, z. B. auf Kernaufgaben.

Division durch Zehnerzahlen

Es gibt verschiedene Möglichkeiten, durch Zehnerzahlen zu dividieren.

1. Analogien anwenden:

Beispiel 1:

100 : 20 = 5

10 : 2 = 5

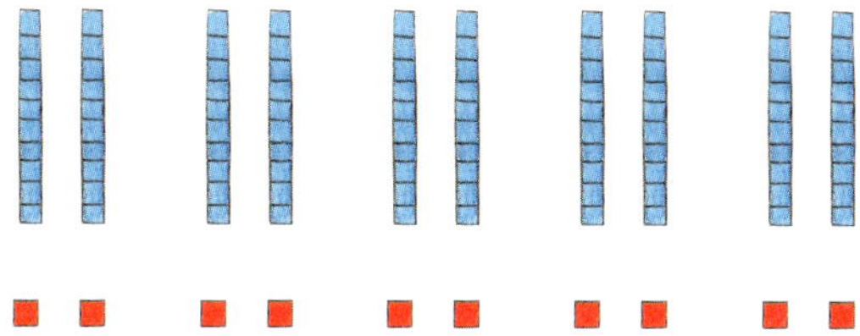

Beispiel 2:

100 : 20 = 5
100 : 10 : 2 = 5
100 : 20 = 5,
weil 10 : 2 = 5

Beispiel 3:

100 : 20 = 5
100 : 2 = 50
10 : 2 = 5

Beispiel 4:

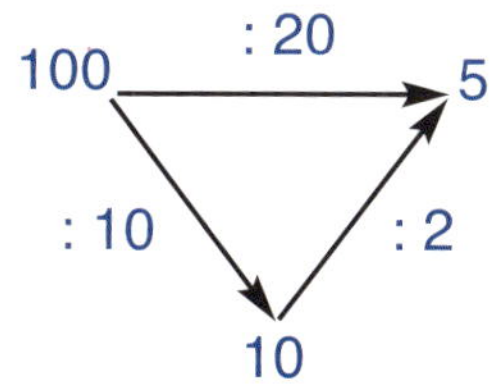

2. Dividieren in der Stellenwerttafel:

Beispiel 1: Aus Zehnern werden Einer.

H	Z	E
	5	0

50 : 10

H	Z	E
		5

50 : 10 = 5

Beispiel 2: Aus Hundertern werden Zehner.

H	Z	E
3	0	0

300 : 10

H	Z	E
	3	0

300 : 10 = 30

Alle Ziffern des Dividenden rücken beim Teilen durch 10 eine Stelle nach rechts.

Division

Halbschriftliche Division

Beim Dividieren mit mehrstelligem Dividenden kann beim halbschriftlichen Dividieren das Distributivgesetz (Verteilungsgesetz) angewendet werden.

384: 6 = □

Schritt 1: Zerlegen des Dividenden in Vielfache des Teilers

384 = 300 + 60 + 24

Schritt 2: Dividieren jedes Summanden durch 6

300 : 6 = 50 und 60 : 6 = 10 und 24 : 6 = 4

Schritt 3: Die Teilergebnisse addieren

50 + 10 + 4 = 64

Notationsformen:

Dividieren ohne Rest

384 : 6 = □
300 : 6 = 50
60 : 6 = 10
24 : 6 = 4
384 : 6 = 64

Probe:

·	50	10	4	
6	300	60	24	
				384

Dividieren mit Rest

57 : 4 = □
40 : 4 = 10
17 : 4 = 4 Rest 1
57 : 4 = 14 Rest 1

Probe:

14 · 4 = 56
56 + 1 = 57

Auch beim Teilen hilft das Auswendigwissen des kleinen Einmaleins.

Schriftliche Division

Jede schriftliche Division sollte aus drei Teilschritten bestehen:

1. Überschlagsrechnung,
2. Division,
3. Probe, auch Kontrollaufgabe genannt.

Division ohne Rest: 8472 : 6 = □

Schritt 1: Überschlag: 8400 : 6 = 1400

Schritt 2: Rechnung

T H Z E

8 4 7 2 : 6 = 1 4 1 2	T	dividiere	8 : 6 = 1 Rest 2
6		multipliziere	1 · 6 = 6
		subtrahiere	8 − 6 = 2
2 4	H	hole herunter	4
		dividiere	24 : 6 = 4
2 4		multipliziere	4 · 6 = 24
		subtrahiere	24 − 24 = 0
0 7	Z	hole herunter	7
		dividiere	7 : 6 = 1 Rest 1
6		multipliziere	1 · 6 = 6
		subtrahiere	7 − 6 = 1
1 2	E	hole herunter	2
		dividiere	12 : 6 = 2
1 2		multipliziere	2 · 6 = 12
0		subtrahiere	12 − 12 = 0

Schritt 3: Probe: 1 4 1 2 · 6

8 4 7 2

Spiel-tipp

Schnell und richtig

Material: 3 Augenwürfel und 1 Würfel, der mit den Zahlen 4, 5, 6, 7, 8, 9 beklebt ist; Papier, Stift

Mit allen vier Würfeln würfeln. Aus den drei Würfeln mit Würfelaugen eine Zahl bilden, diese aufschreiben und durch die Zahl des vierten Würfels teilen.

Division mit Rest: 545 : 8 = □

Ist die höchste Stelle des Dividenden kleiner als der Divisor, wird mit den beiden „ersten“ Stellen begonnen.

Schritt 1: Überschlag: 560 : 8 = 70

Schritt 2: Rechnung: 545 : 8 = 68 Rest 1

```
545 : 8 = 68 Rest 1
48
 65
 64
  1
```

Schritt 3: Probe: 68 · 8

544   544 + 1 = 545

Teilbarkeitsregeln

Teiler	Regel	Aufgabe
: 10	wenn eine 0 in der Einerstelle ist	374 544 : 10 mit Rest
: 5	wenn eine 5 oder 0 in der Einerstelle ist	374 544 : 5 mit Rest
: 2	wenn die Einerstelle gerade ist	374 544 : 2 ohne Rest
: 4	wenn die Zahl aus den beiden letzten Ziffern durch 4 teilbar ist	374 544 : 4 ohne Rest
: 8	wenn die letzten 3 Ziffern durch 8 teilbar sind	374 544 : 8 ohne Rest
: 3	wenn die Quersumme durch 3 teilbar ist	374 544 : 3 ohne Rest Quersumme 27
: 9	wenn die Quersumme durch 9 teilbar ist	374 544 : 9 ohne Rest Quersumme 27
: 6	wenn die Zahl gerade und die Quersumme durch 3 teilbar ist	374 544 : 6 ohne Rest Quersumme 27

Die Quersumme ist die Summe aller Ziffern:
544 = 5 + 4 + 4 = 13

Überschlagsrechnung Addition/Subtraktion

Beim Rechnen mit großen Zahlen ist es wichtig, das Ergebnis schnell überprüfen zu können oder zu überlegen, in welcher Größenordnung es sich befinden wird. Jede Additions- und Subtraktionsaufgabe und jede Multiplikations- und Divisionsaufgabe kann überschlagen werden. Dabei werden die Zahlen so verändert, dass das Ergebnis schnell im Kopf überprüft werden kann. Voraussetzung für das überschlagende Rechnen ist der zielgerichtete Umgang mit den Zahlen und der ist abhängig von der jeweiligen Rechenoperation. Beim **Addieren** und **Subtrahieren** wird häufig die Technik des **Rundens** angewendet.

Addition: 437 + 625 + 879 = □

437 ≈ 400   625 ≈ 600   879 ≈ 900

400 + 600 + 900 = 1900

```
  437
  625
+ 879
   12
-----
 1941
```

Subtraktion: 782 − 324 = □

782 ≈ 800   324 ≈ 300   800 − 300 = 500

```
  782
- 324
   1
-----
  458
```

Eine Zahl lässt sich je nach Größe mit der Rundungsregel (vgl. S. 41) auf Zehner, Hunderter, Tausender, Zehntausender oder sogar Hunderttausender runden.

Überschlagendes Rechnen

Überschlagsrechnung Multiplikation/Division
Beim **überschlagenden Rechnen** von **Multiplikationsaufgaben** kann gerundet oder auch eine Art „gegensinniges Verändern“ angewendet werden, um im Kopf rechnen zu können.

Multiplikation:
Mit gerundeten Zahlen:

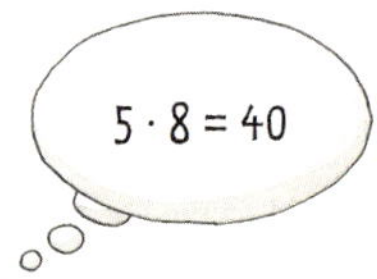

456 · 8 = □   456 ≈ 500   500 · 8 = 4000

$$\begin{array}{r} 456 \cdot 8 \\ \hline 3648 \end{array}$$

Eine Art gegensinniges Verändern:

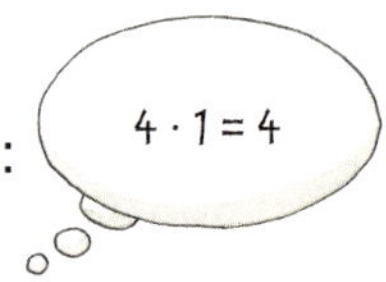

456 · 8 = □   400 · 10 = 4000

Beim **überschlagenden Rechnen** von **Divisionsaufgaben** kann gerundet oder auch eine Art „gleichsinniges Verändern“ angewendet werden, um im Kopf rechnen zu können.

Division:
Mit gerundeten Zahlen:

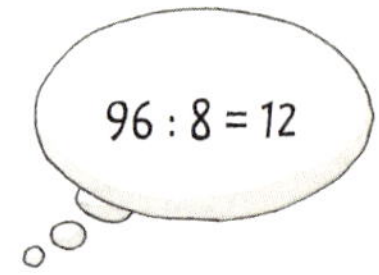

96 432 : 8 = □   96 432 ≈ 96 000   96 000 : 8 = 12 000

96 432 : 8 = 12 054

Es kann aber nach dem Runden noch durch gleichsinniges Verändern der Faktoren vereinfacht werden.

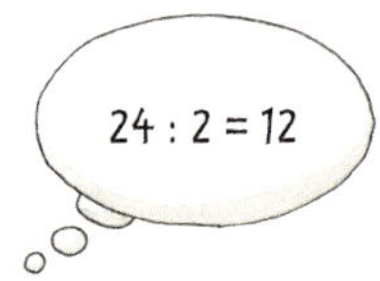

$$\underbrace{96\,000 : 8}_{:2} = \underbrace{48\,000 : 4}_{:2} = 24\,000 : 2 = 12\,000$$

Vielfache und Teiler

Die **Vielfachen** einer Zahl sind alle Zahlen der Einmaleinsreihe dieser Zahl:

Vielfache von 7: 7, 14, 21, 28, 35, 42, …, 84, …, 714

Gemeinsame Vielfache von Zahlen sind alle Zahlen, die gleiche Ergebnisse in der Einmaleinsreihe haben.

Gemeinsame Vielfache von 5 und 10 sind alle Zahlen mit einer Null in der Einerstelle:
10, 20, 30, …, 120, 130, 140, …

Vielfache von 5: 5, 10, 15, 20, 25, 30, 35, 40, 45, 50

Vielfache von 10: 10 20 30 40 50

10 ist das kleinste gemeinsame Vielfache von 5 und 10.

Durch ihre **Teiler** kann jede Zahl ohne Rest geteilt werden.

Teiler von 18: 1, 2, 3, 6, 9, 18

Mehrere Zahlen können **gemeinsame Teiler** haben.

Teiler von 14: 1, 2, 7, 14
Teiler von 42: 1, 2, 3, 6, 7, 14, 21, 42

14 ist der größte gemeinsame Teiler von 14 und 42.

Das kleinste gemeinsame Vielfache wird mit **kgV** und der größte gemeinsame Teiler mit **ggT** bezeichnet.

Zahlenfolgen

Unter einer Zahlenfolge versteht man eine Reihe von Zahlen, die nach einer bestimmten Regel gebildet wird. Die Regel sagt, mit welcher Zahl und welchem Rechenzeichen (+, –, ·, :) gerechnet wird. Das können auch mehrere Zahlen und verschiedene Rechenzeichen sein. Deshalb unterscheiden sich Zahlenfolgen in ihrem Schwierigkeitsgrad. Oft werden zur Kontrolle die Anzahl der Lücken, Zwischenzahlen oder die Endzahl angegeben.

+ 2

2, __, __, __, __, 12

Lösung: 2, 4, 6, 8, 10, 12

?

__, __, 15, 20, 25, __, __, __, 45

+ 5

Lösung: 5, 10, 15, 20, 25, 30, 35, 40, 45

– 5

?

1280, 640, 320, __, __, __, __, __, 5

: 2

Lösung: 1280, 640, 320, 160, 80, 40, 20, 10, 5

? ?

2, 4, 12, 14, 42, 44, __, __, __, 404

+ 2 + 2

Lösung: 2, 4, 12, 14, 42, 44, 132, 134, 402, 404

· 3 · 3

Zahlenhäuser

Zahlenhäuser bestehen aus Stockwerken und einem Dach. In jedem Stockwerk steht eine mögliche Zahlzerlegung zu der Zahl im Dach.

10	
5	
3	
	6
	9

10 = 5 + 5
10 = 3 + 7
10 = 4 + 6
10 = 1 + 9

10	
5	5
3	7
4	6
1	9

Rechenhäuser

In Rechenhäusern steht im Dach die Regel, wie etwas gerechnet werden soll. Die Regel besteht aus einem Operationszeichen (+, –, · oder :) und einer Zahl, z. B. + 3.

In die Stockwerke eines Rechenhauses müssen Zahlen eingesetzt werden, die zu der Regel im Dach passen. Wenn die Zahl im Dach fehlt, muss sie zuerst aus einer vorgegebenen Aufgabe ermittelt werden.

+ 3	
3	
5	
	19
17	

3 + 3 = 6
5 + 3 = 8
16 + 3 = 19
17 + 3 = 20

+ 3	
3	6
5	8
16	19
17	20

– 3	
14	
	12
18	
	9

14 – 3 = 11
15 – 3 = 12
18 – 3 = 15
12 – 3 = 9

– 3	
14	11
15	12
18	15
12	9

Rechenräder

Es gibt Additions-, Subtraktions-, Multiplikations- und Divisionsräder. Die Ergebnisse stehen entweder in der Mitte des Kreises oder in den Feldern außen.
Es müssen immer zwei Zahlen durch Addieren, Subtrahieren, Multiplizieren oder Dividieren so miteinander verknüpft werden, dass die fehlenden Zahlen berechnet werden können.

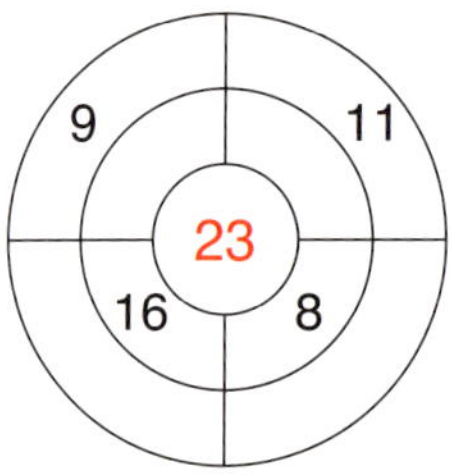

$11 + \boxed{12} = 23$
$\boxed{15} + 8 = 23$
$\boxed{7} + 16 = 23$
$9 + \boxed{14} = 23$

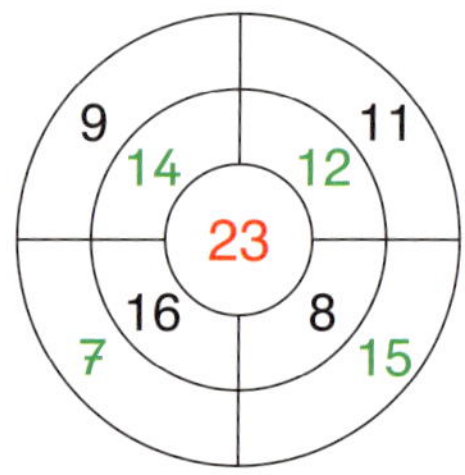

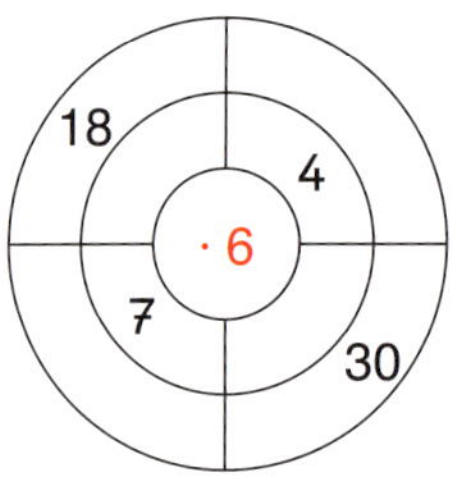

$4 \cdot 6 = 24$
$\boxed{5} \cdot 6 = 30$
$7 \cdot 6 = \boxed{42}$
$\boxed{3} \cdot 6 = 18$

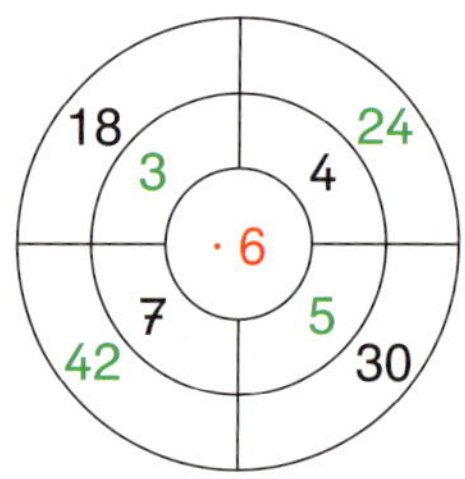

Rechenmauern, Rechenpyramiden oder Zahlenmauern

Rechenmauern bestehen aus drei Grundelementen.

Die Zahlen auf den Grundsteinen werden addiert und das Ergebnis im Deckstein notiert. So werden die Mauern immer weiter aufgebaut.

Die Aufgabenstellung kann variieren: Es gibt Rechenmauern mit vorgegebenen Zahlen in den Grundsteinen, mit verstreut eingefügten Zahlen, nur mit vorgegebener Endzahl (Deckstein) oder ganz leere Mauern.

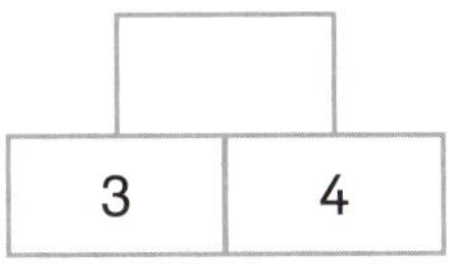

$3 + 4 = 7$

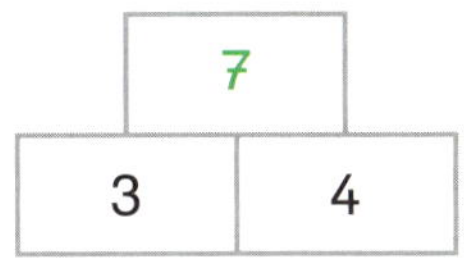

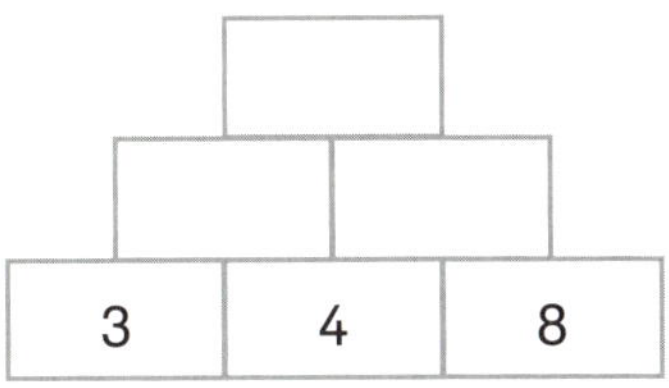

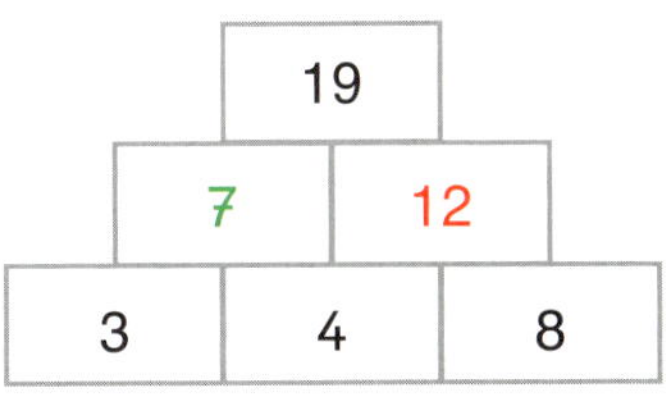

$3 + 4 = 7$

$4 + 8 = 12$

$7 + 12 = 19$

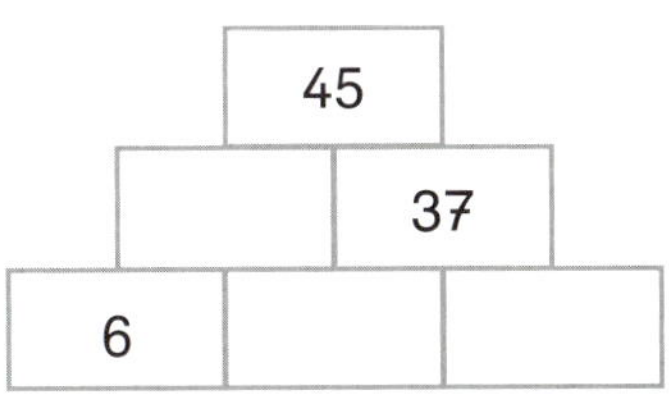

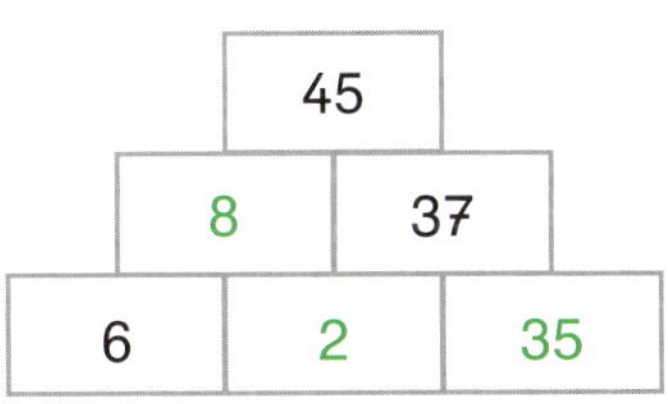

$45 - 37 = \boxed{8}$ oder $\boxed{8} + 37 = 45$

$8 - 6 = \boxed{2}$ oder $6 + 2 = \boxed{8}$

$37 - 2 = \boxed{35}$ oder $2 + \boxed{35} = 37$

Rechentafeln oder Rechentabellen

Bei Tabellen werden die Zahlen mit dem vorgegebenen **Operationszeichen** verknüpft. Das Operationszeichen kann ein Plus- (+), ein Minus- (–), ein Mal- (·) oder ein Geteiltzeichen (:) sein.

Jede Zahl in der 1. Spalte wird mit jeder Zahl in der 1. Zeile verknüpft. Jedes Ergebnis hat seinen bestimmten Platz.
25 + 5 = 30

Wenn eine Zahl in der ersten Reihe oder in der ersten Spalte fehlt, aber das Ergebnis schon eingetragen ist, dann kann die fehlende Zahl durch die Umkehraufgabe gefunden werden.
30 + □ = 40 Umkehraufgabe: 40 – 30 = 10

+	5	7		20
15				
25				
30			40	
45				

40 – 30 = 10
15 + 5 = 20
15 + 7 = 22
15 + 10 = 25
15 + 20 = 35
25 + 5 = 30
25 + 7 = 32
⋮
45 + 20 = 65

+	5	7	10	20
15	20	22	25	35
25	30	32	35	45
30	35	37	40	50
45	50	52	55	65

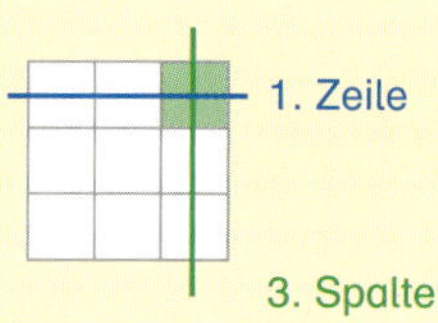

In einer Tabelle kann jedes Feld genau bestimmt werden, z. B. 1. Zeile und 3. Spalte.

Rechendreiecke

Bei einem Rechendreieck stehen innen die Zahlen, die miteinander verknüpft werden, und außen die entsprechenden Ergebnisse.

Die Verknüpfung kann eine Addition, eine Subtraktion, eine Multiplikation oder eine Division sein. Die Art der Verknüpfung muss durch die vorgegebenen Zahlen herausgefunden werden.

25 + 36 = 61

25 + □ = 97 → 97 − 25 = 72

72 + 36 = 108

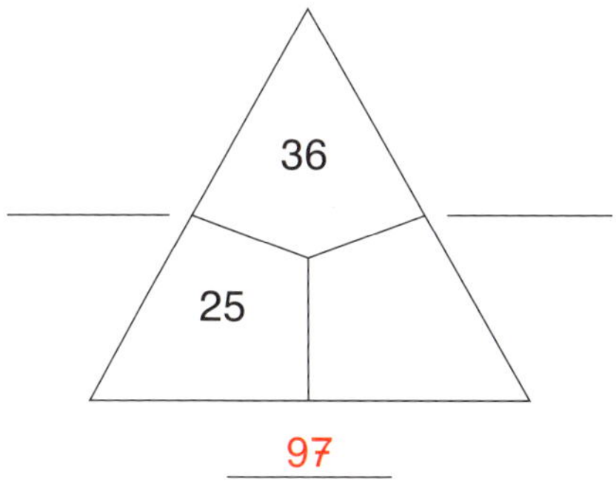

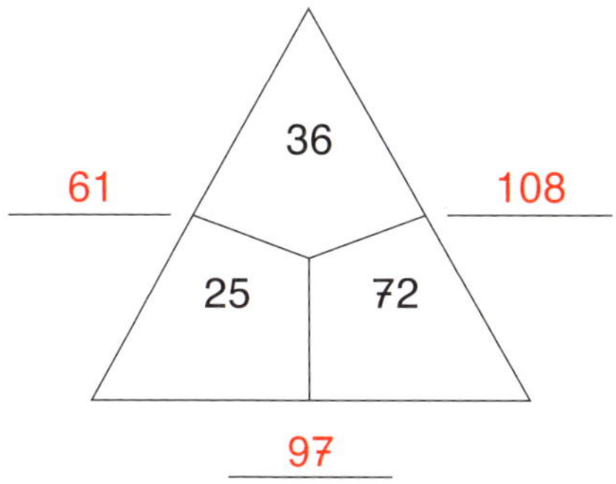

Zahlenrätsel

Beim Zahlenrätsel ist die Aufgabenstellung in Textform vorgegeben.

- Addiere zu der Differenz der Zahlen 25 und 9 die Zahl 40 und dividiere das Ergebnis durch 8. Wie heißt die gesuchte Zahl?

  $25 - 9 = 16$ $16 + 40 = 56$ $56 : 8 = 7$

- Ich denke mir eine Zahl. Zu der gedachten Zahl wird 12 addiert. Das Ergebnis wird durch 2 geteilt und mit 10 multipliziert. Das Ergebnis ist 100. Wie heißt die gedachte Zahl?

  $100 : 10 = 10$ $10 \cdot 2 = 20$ $20 - 12 = 8$

Zauberquadrate

Zauberquadrate heißen deshalb so, weil immer das gleiche Ergebnis, die Zauberzahl, herauskommt, egal, ob die Zahlen in jeder Zeile, in jeder Spalte oder in jeder Diagonalen addiert werden.
Entweder ist nur die Ergebniszahl vorgegeben oder ein paar Zahlen, sodass die Ergebniszahl zuerst gefunden werden muss.

Immer 15!

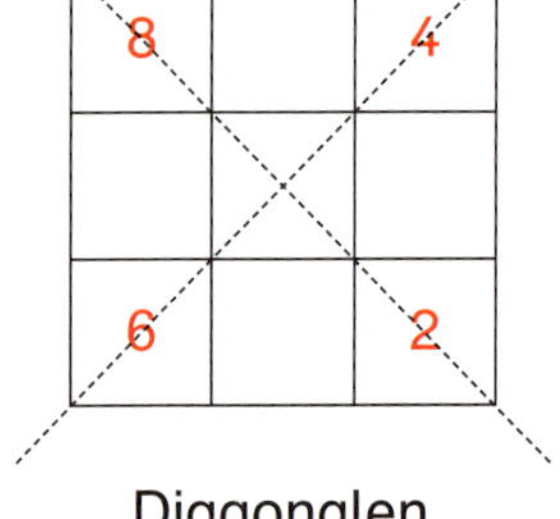

Diagonalen

$8 + \boxed{3} + 4 = 15$
$8 + \boxed{1} + 6 = 15$
$6 + \boxed{7} + 2 = 15$
$4 + \boxed{9} + 2 = 15$
$8 + \boxed{5} + 2 = 15$
$6 + \boxed{5} + 4 = 15$

Immer 15!

8	3	4
1	5	9
6	7	2

Magische Dreiecke

In einem magischen Dreieck bilden die Zahlen jeder Seite die gleiche Summe. Wenn die kleinstmögliche Summe gesucht ist, müssen immer die kleinsten der vorgegebenen Zahlen in die Ecken geschrieben werden. Wird die größtmögliche Summe gesucht, müssen immer die größten der vorgegebenen Zahlen in die Ecken, weil die Eckzahlen auf immer zwei Seiten addiert werden.

In ein magisches Dreieck sollen die Zahlen 20 bis 25 so eingefügt werden, dass die Summe der drei Seiten stets gleich ist. Zu suchen ist die kleinst- und die größtmögliche Summe.

Gesucht: die kleinstmögliche Summe

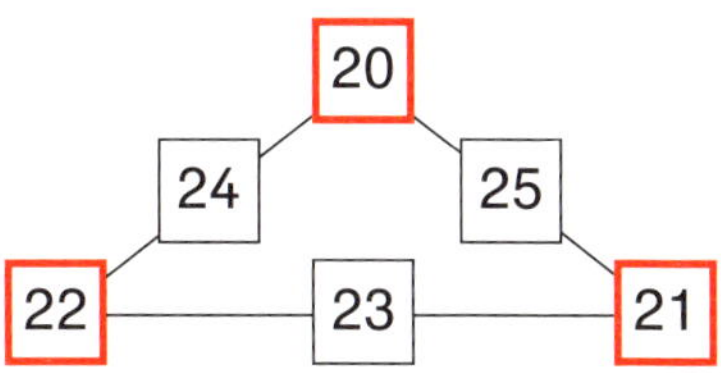

20 + 25 + 21 = 66
20 + 24 + 22 = 66
22 + 23 + 21 = 66

Gesucht: die größtmögliche Summe

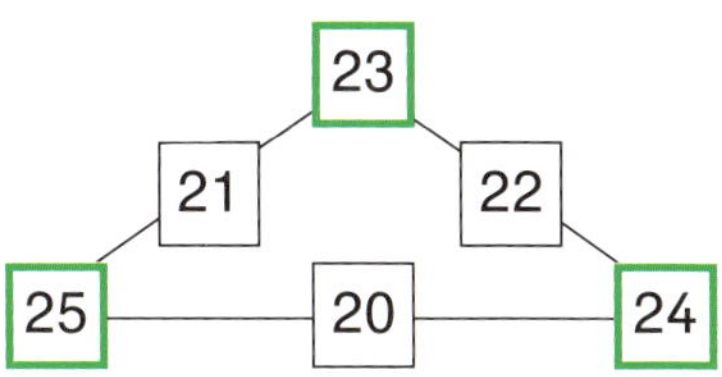

23 + 22 + 24 = 69
23 + 21 + 25 = 69
25 + 20 + 24 = 69

Zu den **Knobelaufgaben** gehören alle Aufgaben, die nicht auf einen Blick gelöst werden können. Bei diesen Aufgaben muss immer ein eigener Lösungsweg gefunden werden.

Lösen von zweigliedrigen Platzhalteraufgaben in den Grundrechenarten

Beispiele: 23 + 6 = □   37 − □ = 33   □ : 8 = 6

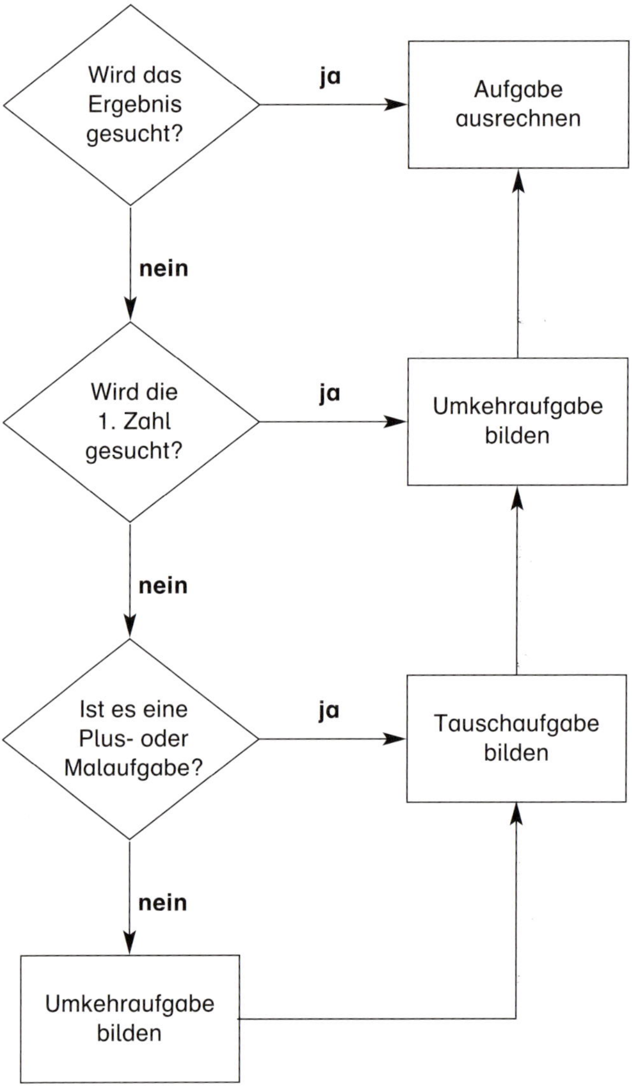

Überschlagen – ausrechnen – überprüfen

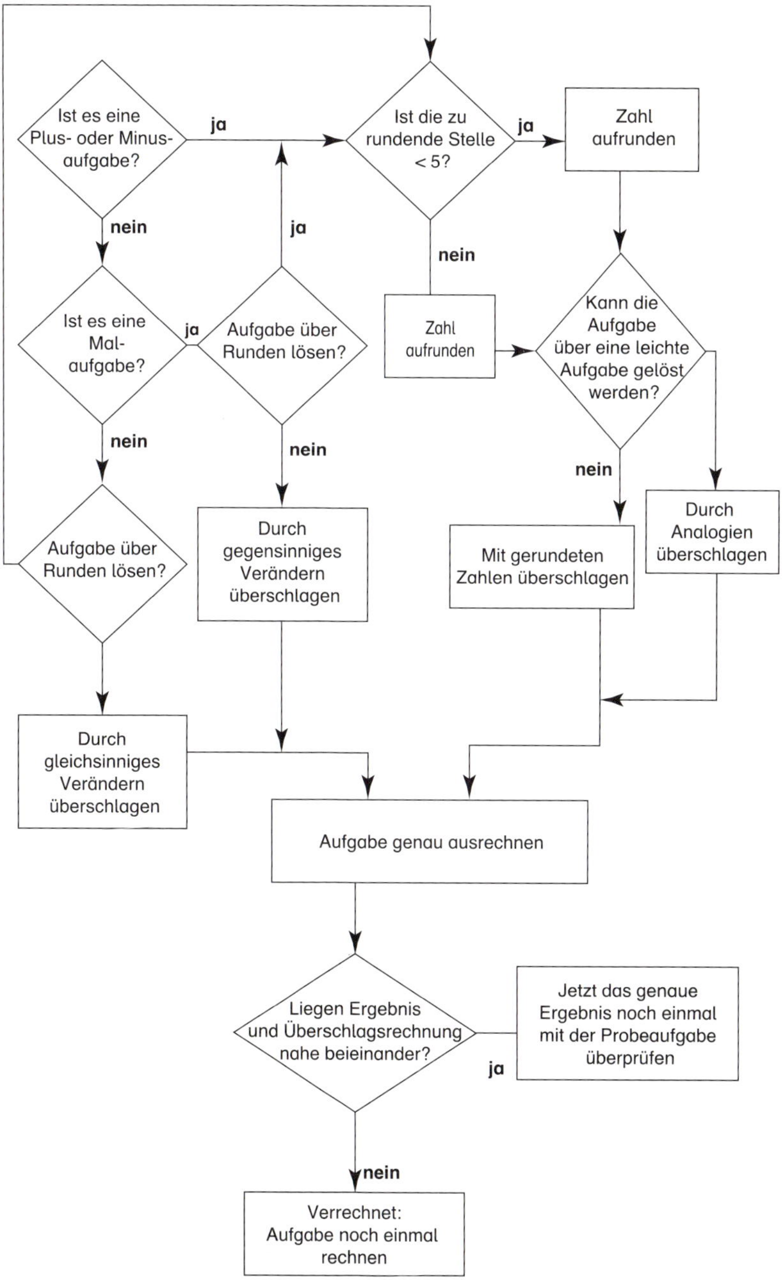

Größen und Maßeinheiten

Im Alltag und in der Umwelt spielen Zahlen mit Größenangaben eine wichtige Rolle: beim Bezahlen, beim Messen, beim Wiegen und bei der Uhrzeit. Dabei werden die Zahlen durch eine **Maßeinheit** näher bestimmt:

2 €, 3 m, 6 kg, 2 l, 4 min

Alle diese Maßeinheiten gehören zu den wichtigsten Größenbereichen: **Geld, Längen, Gewichte, Rauminhalte** und **Zeit.**

Früher wurden Waren gegen Waren getauscht. Im Laufe der Geschichte ist das Geld entstanden, um den Austausch von Waren zu erleichtern. Das Geld wurde als Zahlungsmittel eingeführt. Verschiedene Länder haben unterschiedliche Zahlungsmittel (Währungen). In der Europäischen Union (EU) wurden am 1. Januar 2002 in zwölf Ländern **Euro** und **Cent** als gemeinsame **Währung** eingeführt.

Maßeinheiten: Euro (EUR oder €), Cent (ct)
1 Euro entspricht 100 Cent, 1 € = 100 ct

Euro-Banknoten:

Die sieben Euro-Banknoten unterscheiden sich durch unterschiedliche Farbgebung und Größe. Je höher der Wert der Banknote ist, desto größer ist der Schein.

Euro-Münzen:

Die acht Euro-Münzen unterscheiden sich in Größe, Gewicht, Material, Farbe und Dicke. Auf allen Münzen ist auf der Vorderseite der Wert geprägt. Die Rückseite wurde von jedem Land mit landestypischen Merkmalen gestaltet.

Spiel-tipp

Geld hören

Material: Würfel, beschriftet mit den Cent-Werten (1 ct, 2 ct …), leere Konservenbüchse, Centstücke (insgesamt etwa 2 €)
Spielverlauf: Zweimal würfeln und die Beträge addieren. Ein Mitspieler schließt die Augen, der andere wirft in die Büchse den Betrag. Mit welchen Münzen wurde der Betrag „bezahlt"?

Geldbeträge

Gleiche Geldbeträge können mit verschiedenen Geldscheinen und Münzen bezahlt werden.

8 €
1 €, 1 €, 1 €, 1 €, 1 €, 1 €, 1 €, 1 €
5 €, 1 €, 1 €, 50 ct, 20 ct, 20 ct, 10 ct
2 €, 2 €, 1 €, 1 €, 50 ct, 50 ct, 50 ct, 20 ct, 20 ct, 10 ct

Geldbeträge notieren

Geldbeträge können ganz unterschiedlich aufgeschrieben werden. In Kommaschreibweise werden Euro und Cent durch Komma voneinander getrennt. Es gibt unterschiedliche Sprechweisen.

1,00 Euro	1 Euro	1 €	100 Cent	100 ct
10 Cent	10 ct	0,10 €	0 Euro	10 Cent
1 Cent	1 ct	0,01 €	0 Euro	1 Cent

4 € 75 ct = 4,75 €

15 € 6 ct = 15,06 €

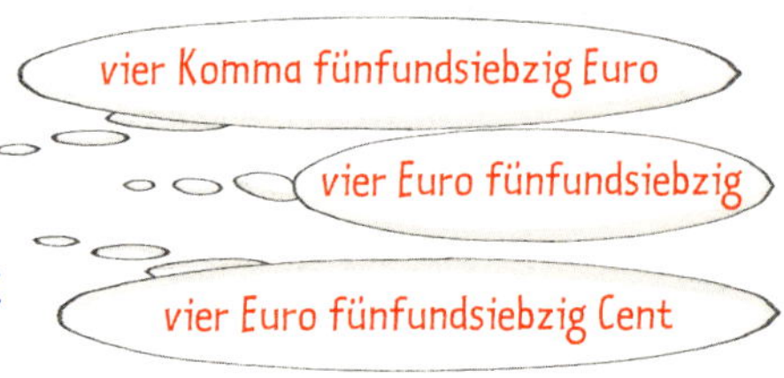

52 ct = 0,52 €

Beim Zählen von Geld ist der **Geldwert** entscheidend und **nicht die Anzahl** der Münzen und Scheine.

Geldbeträge können in eine Stellenwerttafel eingetragen werden. Das hilft bei der richtigen Umwandlung von Euro in Cent oder umgekehrt.

	100 000 €	10 000 €	1000 €	100 €	10 €	1 €	10 ct	1 ct
5,85 €						5	8	5
0,45 €							4	5
45872,00 €		4	5	8	7	2	0	0

Rechnen mit Geldbeträgen

Beim Rechnen mit Geld werden die Rechenverfahren der vier Grundrechenarten angewendet (vgl. Kapitel Grundrechenarten). Es gibt allerdings noch einige Besonderheiten, die beachtet werden müssen:

Geldbeträge können nur miteinander verglichen, addiert oder subtrahiert werden, wenn sie in der gleichen **Maßeinheit** stehen. Stehen sie nicht in der gleichen Maßeinheit, müssen sie in die gleiche Einheit umgewandelt werden.

2153 ct + 8 € 42 ct = 2153 ct + 842 ct = 2995 ct = 29 € 95 ct oder
2153 ct + 8 € 42 ct = 21 € 53 ct + 8 € 42 ct = 29 € 95 ct oder
21,53 € + 8,42 € = 29,95 €

Geldbingo für zwei

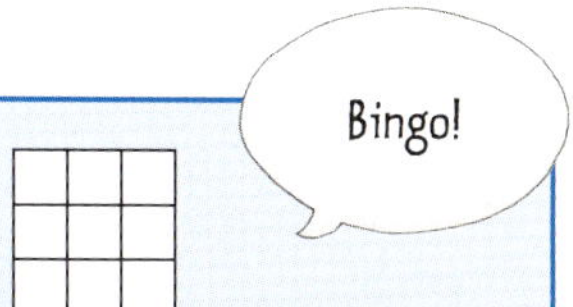

Material: Neuner-Bingofeld, Stift
Spielverlauf: Zunächst wird ein Geldbetrag vereinbart, z. B. 5,25 €. In das Bingofeld schreibt jeder Mitspieler neun verschiedene Möglichkeiten, mit welchen Münzen der Geldbetrag bezahlt werden kann. Die Möglichkeiten werden abwechselnd genannt. Wer zuerst alle Möglichkeiten des Partners erraten hat, ist Sieger und ruft: „Bingo!“

Spieltipp

Rechnen mit Kommazahlen

Jeder Geldbetrag in Kommaschreibweise kann in einen Geldbetrag ohne Kommaschreibweise umgewandelt werden (Euro in Cent).

6,23 € = 623 ct

Mögliche Rechenwege für das **schriftliche Addieren** und **Subtrahieren** von Geldbeträgen:

Rechenweg 1: Die Kommazahl in volle Beträge umwandeln (Euro in Cent). Das Ergebnis muss dann wieder in eine Kommazahl „zurück“verwandelt werden (Cent in Euro).

6,23 € + 21,95 € = □
623 ct + 2195 ct = □

		6	2	3	ct
+	2	$_1$1	9	5	ct
	2	8	1	8	ct

2818 ct = 28,18 €

8,46 € – 3,05 € = □
846 ct – 305 ct = □

	8	4	6	ct
–	3	0	5	ct
	5	4	1	ct

541 ct = 5,41 €

Rechenweg 2: Es wird mit der Kommazahl gerechnet. Die Geldbeträge müssen dabei genau untereinander stehen (Euro/Euro und Cent/Cent – Komma unter Komma).

512,78 € + 3254,21 € = □

		5	1	2,	7	8	€
+	3	2	5	4,	2	1	€
	3	7	6	6,	9	9	€

5472,98 € – 3110,53 € = □

	5	4	7	2,	9	8	€
–	3	1	1	0,	5	3	€
	2	3	6	2,	4	5	€

Euro in Cent umwandeln: den Betrag mit 100 multiplizieren, Cent in Euro: den Geldbetrag durch 100 dividieren.

Mögliche Rechenwege für das **schriftliche Multiplizieren** und **Dividieren** von Geldbeträgen:

Rechenweg 1: Die Kommazahl in volle Beträge umwandeln (Euro in Cent). Das Ergebnis muss dann wieder in eine Kommazahl „zurück"verwandelt werden (Cent in Euro).

45,20 € · 6 = □
4520 ct · 6 = □

271,20 € : 6 = □
27120 ct : 6 = □

```
4 5 2 0 ct · 6
---------------
    2 7 1 2 0 ct

  = 2 7 1, 2 0 €
```

```
2 7 1 2 0 ct : 6 = 4 5 2 0 ct
2 4
---
  3 1                = 4 5, 2 0 €
  3 0
  ---
    1 2
    1 2
    ---
      0 0
      0 0
      ---
      0 0
```

Rechenweg 2: Es wird mit der Kommazahl gerechnet.

```
4 5, 2 0 € · 6
---------------
    2 7 1, 2 0 €
```

```
2 7 1, 2 0 € : 6 = 4 5, 2 0 €
2 4
---
  3 1
  3 0
  ---
    1 2
    1 2
    ---
      0 0
      0 0
      ---
      0 0
```

Beim Rechnen mit Geld an die Maßeinheit (Euro oder Cent) denken und auf das Komma achten!

Längen

Vor einigen Jahrhunderten wurden **Längen** noch mit Maßeinheiten gemessen, die vom menschlichen Körper abgeleitet waren (z. B. Daumen-, Finger-, Handbreite, Fuß, Elle, Spanne, Schritt). Sie waren ungenau, weil nicht jeder Mensch z. B. die gleiche Handbreite hat. Deshalb wurden feste Maße vereinbart.
Heute werden Längen mit einheitlichen Grundmaßen gemessen. Aber diese Maßeinheiten sind nicht in allen Ländern gleich. In den USA und England wird z. B. in Inch, Foot und Miles gemessen. In vielen Ländern Europas werden Längen in Teilen oder Vielfachen des **Meters** angegeben: in **Kilometern (km), Metern (m), Dezimetern (dm), Zentimetern (cm)** und **Millimetern (mm)**.

Maßeinheiten:
1 km = 1 000 m = 10 000 dm = 100 000 cm = 1 000 000 mm

Mit diesen Einheiten kann gemessen werden, wie lang, tief, breit, hoch, dick und groß etwas ist. Zum Messen gibt es verschiedene Werkzeuge: Lineal, Zentimetermaß, Zollstock … Kleinere Längen werden meistens mit dem Lineal gemessen, größere mit dem Zollstock. Es gibt Lineale mit unterschiedlicher Länge (von 5 bis 100 cm).

Die Messinstrumente werden beim Messen am Nullpunkt angelegt.

Auf Linealen gibt es häufig auch eine Inch-Einteilung. Inch ist eine englische Längeneinheit:
1 inch = 2,54 cm.

Gleiche Längen können unterschiedlich aufgeschrieben werden, indem sie in einer größeren oder kleineren Maßeinheit angegeben werden.

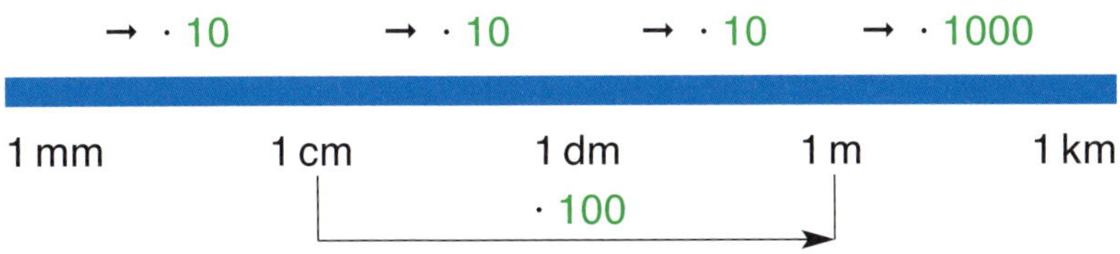

1 m = 10 dm = 100 cm = 1 000 mm

Die grünen Zahlen heißen Umwandlungszahlen.

50 mm = 5 cm   700 cm = 7 m   3000 m = 3 km

Längenangaben können auch in Bruchteilen angegeben werden:

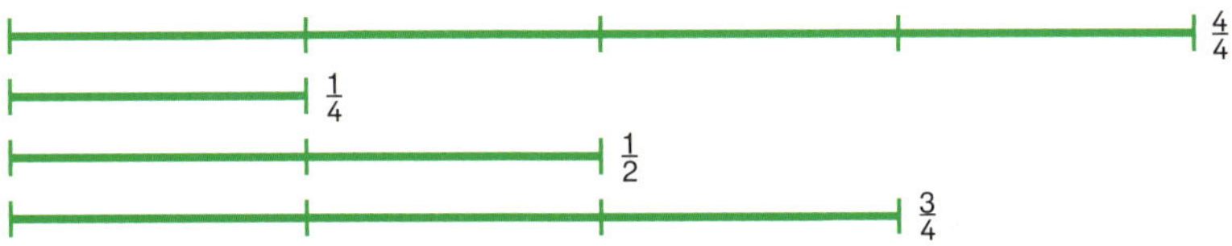

$\frac{1}{2}$ m = $\frac{1}{2}$ von 1 m = 50 cm   gerechnet: 100 cm : 2 = 50 cm

$\frac{1}{4}$ m = $\frac{1}{4}$ von 1 m = 25 cm   gerechnet: 100 cm : 4 = 25 cm

$\frac{3}{4}$ m = $\frac{3}{4}$ von 1 m = 75 cm   gerechnet: 100 cm : 4 = 25 cm
25 cm · 3 = 75 cm

Spieltipp

Wer wirft oder pustet am weitesten?

Material: Gegenstände zum Werfen und Pusten

- Watte, Federn, Seidenpapier … pusten. Die gepustete Strecke ausmessen. Wer hat am weitesten gepustet?
- Eine Papierschwalbe, einen Ball (Tennis-, Fuß- oder Tischtennisball) … werfen. Die geworfene Strecke ausmessen. Wer hat am weitesten geworfen?

Längenmaße können auch in Kommaschreibweise angegeben werden:

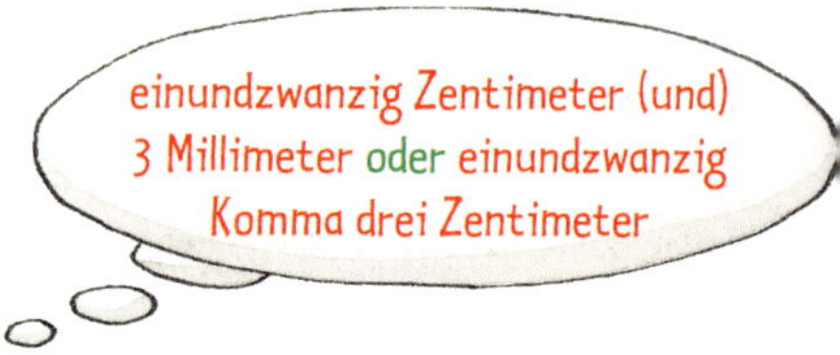

213 mm = 21 cm 3 mm = 21,3 cm

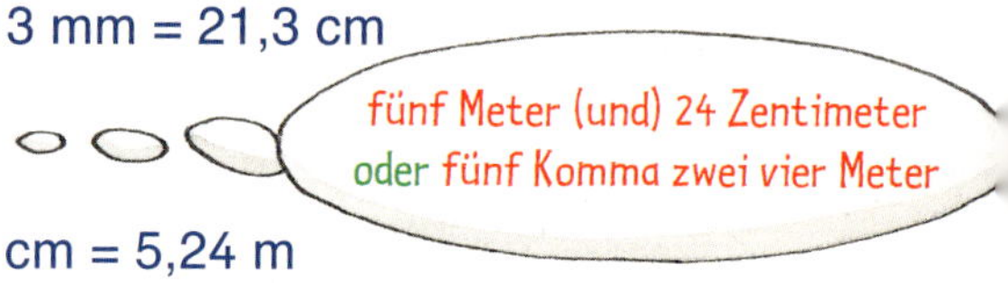

524 cm = 5 m 24 cm = 5,24 m

3500 m = 3 km 500 m = 3,5 km

Das Komma trennt die größere Einheit von der kleineren Einheit: Zentimeter und Millimeter, Meter und Zentimeter oder Kilometer und Meter.

Längenangaben können in eine Stellenwerttafel eingetragen werden. Das hilft bei der richtigen Umwandlung von Längenmaßen in eine größere oder kleinere Maßeinheit.

	km	**100 m**	**10 m**	**1 m**	**10 cm**	**1 cm**
12 cm					1	2
3,45 m				3	4	5
6,25 km	6	2	5	0	0	0
2,5 km	2	5	0	0	0	0

Bei Kilometerangaben werden die Nullen nach dem Komma oft einfach weggelassen:
2,5 km = 2,500 km = 2500 m.
Dabei verändert sich der Wert der Zahl nicht.

Rechnen mit Längen

Beim Rechnen mit Längen werden die Rechenverfahren der vier Grundrechenarten angewendet (vgl. Kapitel Grundrechenarten).
Es gibt allerdings noch einige Besonderheiten, die beachtet werden müssen:

Zahlen mit Längenangaben können nur miteinander verglichen, addiert oder subtrahiert werden, wenn sie in der gleichen Maßeinheit stehen. Stehen sie nicht in der gleichen Maßeinheit, müssen sie zunächst in die gleiche Einheit umgewandelt werden.

43 m + 27 cm = 4300 cm + 27 cm = 4327 cm =
43 m 27 cm oder
43 m + 27 cm = 43 m + 0,27 m = 43,27 m

Rechnen mit Kommazahlen

Jede Längenangabe in Kommaschreibweise kann in eine Längenangabe ohne Kommaschreibweise übertragen werden, indem sie in eine kleinere Einheit umgewandelt wird:

5,24 m = 524 cm

Spieltipp

Wer ist am größten, wer am kleinsten,
wer hat den längsten Arm,
wer das kürzeste Bein,
wer die längste Nase, wer ...?

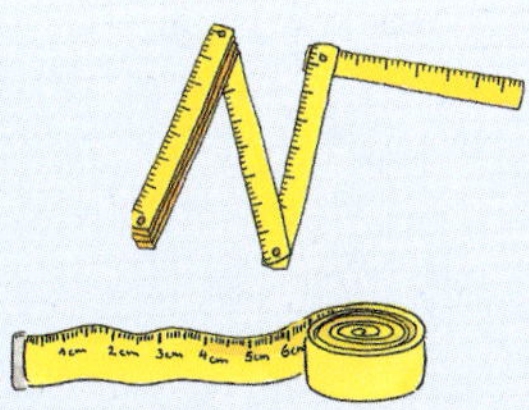

Material: Metermaß oder Zollstock
Spielverlauf: Familienmitglieder oder Freunde messen. Die gemessenen Längen aufschreiben und miteinander vergleichen. Wer ist am größten? Wer ist am kleinsten? ...

Längen

Das Rechnen mit Längenangaben ist dann ganz einfach (vgl. Kapitel Grundrechenarten). Das Ergebnis muss aber wieder in die größere Einheit umgewandelt werden.
Für die vier Grundrechenarten gibt es deshalb immer zwei Rechenwege. Mögliche Rechenwege für das **schriftliche Addieren** und **Subtrahieren** von Längen:

Rechenweg 1: Die Kommazahl in eine Zahl ohne Komma umwandeln, d. h. in die nächstkleinere Einheit. Das Ergebnis muss dann wieder in eine Kommazahl „zurück"-verwandelt werden.

7,54 m + 24,76 m = □ 16,45 m – 8,63 m = □
754 cm + 2476 cm = □ 1645 cm – 863 cm = □

		7	5	4	c	m
+	$_{1}$2	$_{1}$4	$_{1}$7	6	c	m
	3	2	3	0	c	m

	1	6	4	5	c	m
–	$_{1}$	$_{1}$8	6	3	c	m
		7	8	2	c	m

3230 cm = 32,30 m 782 cm = 7,82 m

Rechenweg 2: Es wird mit der Kommazahl gerechnet. Beim Addieren und Subtrahieren von Zahlen mit Längenangaben müssen die Zahlen dabei genau untereinander stehen (Komma unter Komma).

51,32 m + 345,76 m = □ 678,32 m – 235,79 m = □

		5	1,	3	2	m
+	3	4	$_{1}$5,	7	6	m
	3	9	7,	0	8	m

	6	7	8,	3	2	m
–	2	3	$_{1}$5,	$_{1}$7	9	m
	4	4	2,	5	3	m

Beim Umwandeln von einer kleineren in eine größere Einheit wird die Zahl kleiner und umgekehrt.

Beim **schriftlichen Multiplizieren** und **Dividieren** von Zahlen mit Längenmaßen gibt es auch zwei Rechenwege:

Rechenweg 1: Die Kommazahl in eine Zahl ohne Komma umwandeln, d. h. in die nächstkleinere Einheit. Das Ergebnis muss dann wieder in eine Kommazahl „zurück"-verwandelt werden.

42,50 m · 7 = 4250 cm · 7

```
4 2 5 0 cm · 7          2 9 7 5 0 cm : 7 = 4 2 5 0 cm
-------------           2 8
    2 9 7 5 0 cm        ---
                          1 7                = 4 2, 5 0 m
    2 9 7, 5 0 m          1 4
                          ---
                            3 5
                            3 5
                            ---
                            0 0
                            0 0
                            ---
                              0
```

Rechenweg 2: Es wird mit der Kommazahl gerechnet.

```
4 2, 5 0 m · 7          2 9 7, 5 0 m : 7 = 4 2, 5 0 m
--------------          2 8
    2 9 7, 5 0 m        ---
                          1 7
                          1 4
                          ---
                            3 5
                            3 5
                            ---
                            0 0
                            0 0
                            ---
                              0
```

Spieltipp

Rechnen mit Körpermaßen

Material: Maßband, Lineal, Papier, Stift

Mit der eigenen Handbreite verschiedene Längen messen und aufschreiben.

Beispiele: Länge/Breite eines Tisches, Breite einer Tür.

Dann die Längen mit dem Maßband nachmessen.

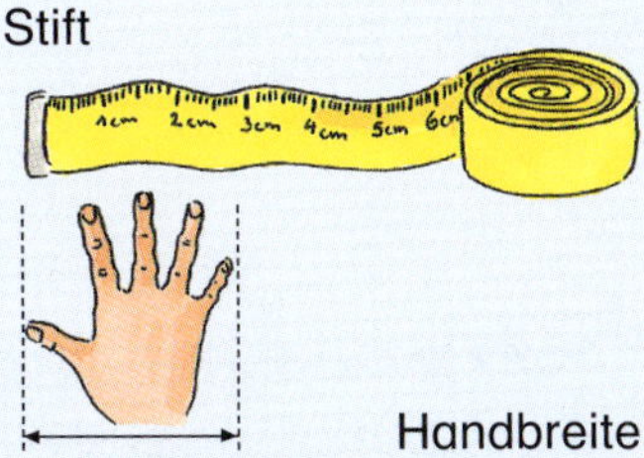

Handbreite

Gewichte

Gewichtsmaß ist der Sammelbegriff für die Maßeinheiten, mit denen das Gewicht von Personen oder Gegenständen gemessen wird. In den meisten Ländern in Europa werden Gewichte in **Tonnen (t), Kilogramm (kg), Gramm (g)** und **Milligramm (mg)** angegeben. Diese Einheiten werden manchmal auch Masseeinheiten genannt.

Maßeinheiten: 1 t = 1 000 kg = 1 000 000 g

Mit diesen Einheiten kann gemessen werden, wie schwer etwas ist. In der Maßeinheit Tonne werden schwere Dinge oder sehr große Mengen angegeben, z. B. 2 t Abfall. Kilogramm und Gramm werden im Alltag z. B. auf Märkten und in Lebensmittelgeschäften benutzt. Dort werden diese Maßeinheiten häufig in Zusammenhang mit dem Preis einer Ware angegeben: z. B. Tomaten 1,49 €/kg oder 100 g Pralinen kosten 2,50 €. Milligrammangaben stehen oft auf Beipackzetteln von Medikamenten oder auch auf den Verpackungen von Säften und Milch.

Zum Wiegen gibt es verschiedene Waagen. Welche verwendet wird, hängt davon ab, was gewogen werden soll.

Es gibt Waagen, die mit Gewichten aufwiegen, und Waagen, die elektronisch wiegen und das Gewicht elektronisch anzeigen.

Gleiche Gewichte können unterschiedlich angegeben werden. Sie müssen dann in eine größere oder kleinere Maßeinheit umgewandelt werden.

→ · 1000 → · 1000

1 g 1 kg 1 t

← : 1000 ← : 1000

1 t = 1000 kg = 1 000 000 g

Die grünen Zahlen heißen Umwandlungszahlen.

3000 g = 3 kg 5000 kg = 5 t

Gewichtsangaben können auch in Bruchteilen angegeben werden:

$\frac{1}{2}$ kg = $\frac{1}{2}$ von 1 kg = 500 g	gerechnet: 1000 g : 2 = 500 g
$\frac{1}{4}$ kg = $\frac{1}{4}$ von 1 kg = 250 g	gerechnet: 1000 g : 4 = 250 g
$\frac{3}{4}$ kg = $\frac{3}{4}$ von 1 kg = 750 g	gerechnet: 1000 g : 4 = 250 g
	250 g · 3 = 750 g
$\frac{1}{8}$ kg = $\frac{1}{8}$ von 1 kg = 125 g	gerechnet: 1000 g : 8 = 125 g

Spieltipp

Eine Kleiderbügelwaage bauen

Material: Kleiderbügel (am besten ein Rockbügel), 2 Tüten

Gegenstände aussuchen, deren Gewicht als gleich schwer eingeschätzt wird. Durch Anhängen an die Kleiderbügelwaage überprüfen, ob richtig geschätzt wurde.

Gewichte

Gewichtsangaben können auch in Kommaschreibweise aufgeschrieben werden.

zwei Kilogramm, 475 Gramm oder zwei Komma vier sieben fünf Kilogramm

2475 g = 2 kg 475 g = 2,475 kg

sechs Tonnen (und) 500 Kilogramm oder sechs Komma fünf Tonnen

6500 kg = 6 t 500 kg = 6,5 t

Das Komma trennt die größere Einheit von der kleineren Einheit:
Kilogramm und Gramm oder Tonnen und Kilogramm.

Rechnen mit Gewichtsmaßen
Gewichtsangaben können in eine Stellenwerttafel eingetragen werden.
Das hilft bei der richtigen Umwandlung von Gewichtsmaßen in eine größere oder kleinere Maßeinheit.

	t	100 kg	10 kg	1 kg	100 g	10 g	1 g
23 kg			2	3	0	0	0
7,45 kg				7	4	5	0
385,5 kg		3	8	5	5	0	0
1 t	1	0	0	0	0	0	0

Bei Kilogramm- und Tonnenangaben werden die Nullen nach dem Komma oft einfach weggelassen:
2,5 kg = 2,500 kg = 2500 g.
Dabei verändert sich der Wert der Zahl nicht.
Beim Eintragen in eine Stellenwerttafel müssen die Nullen aber geschrieben werden.

Beim Rechnen mit Gewichten werden die Rechenverfahren der vier Grundrechenarten angewendet (vgl. Kapitel Grundrechenarten).
Es gibt allerdings noch einige Besonderheiten, die beachtet werden müssen:

Gewichtsangaben können nur miteinander verglichen, addiert oder subtrahiert werden, wenn sie in der gleichen Maßeinheit stehen. Stehen sie nicht in der gleichen Maßeinheit, müssen sie zunächst in die gleiche Einheit umgewandelt werden.

83 kg + 56 g = 83 000 g + 56 g = 83 056 g = 83 kg 56 g
oder
83 kg + 56 g = 83 kg + 0,056 kg = 83,056 kg

Rechnen mit Kommazahlen
Jede Gewichtsangabe in Kommaschreibweise kann in eine Angabe ohne Kommaschreibweise übertragen werden. Dazu muss die Gewichtsangabe in eine kleinere Einheit umgewandelt werden:

8,750 kg = 8750 g

Wer kann am besten Gewichte schätzen?

Material: Waage (Haushalts- oder Personenwaage)
Spielverlauf: Das Gewicht von Gegenständen in der Küche, im Kinderzimmer … schätzen, aufschreiben und dann mit einer Waage überprüfen. Die Differenz vom geschätzten und dem tatsächlichen Gewicht ausrechnen.
Derjenige, der am besten geschätzt hat, bekommt einen Punkt.
Wer zuerst 10 Punkte gesammelt hat, ist Sieger.

Spieltipp

Gewichte

Das Rechnen mit Gewichtsmaßen ist dann ganz einfach (vgl. Kapitel Grundrechenarten). Das Ergebnis muss aber wieder in die größere Einheit umgewandelt werden.
Für die vier Grundrechenarten gibt es deshalb immer zwei Rechenwege. Mögliche Rechenwege für das **schriftliche Addieren** und **Subtrahieren** von Gewichten:

Rechenweg 1: Die Kommazahl in eine Zahl ohne Komma umwandeln, d. h. in die nächstkleinere Einheit. Das Ergebnis muss dann wieder in eine Kommazahl „zurück“-verwandelt werden.

8,750 kg + 13,675 kg = □ 12,638 kg – 5,830 kg = □
8750 g + 13675 g = □ 12638 g – 5830 g = □

		8	7	5	0	g
+	$_1$1	$_1$3	$_1$6	7	5	g
	2	2	4	2	5	g

	1	2	6	3	8	g
–	$_1$	$_1$5	8	3	0	g
		6	8	0	8	g

22425 g = 22,425 kg 6808 g = 6,808 kg

Rechenweg 2: Es wird mit der Kommazahl gerechnet. Beim Addieren und Subtrahieren von Zahlen mit Gewichtsmaßen müssen die Zahlen dabei genau untereinander stehen (Komma unter Komma).

57,375 kg + 4,5 kg 895,250 kg – 241,125 kg

	5	7,	3	7	5	kg
+ $_1$		4,	5	0	0	kg
	6	1,	8	7	5	kg

	8	9	5,	2	5	0	kg
–	2	4	1,	1	$_1$2	5	kg
	6	5	4,	1	2	5	kg

Auf stellengerechtes Schreiben achten!

Beim **schriftlichen Multiplizieren** und **Dividieren** von Zahlen mit Gewichtsmaßen gibt es auch zwei Rechenwege:

Rechenweg 1:

13,375 kg · 6 = 13 375 g · 6

```
1 3 3 7 5 g · 6          8 0 2 5 0 g : 6 = 1 3 3 7 5 g
---------------          6
      8 0 2 5 0 g        -
      8 0, 2 5 0 kg      2 0                = 1 3, 3 7 5 kg
                         1 8
                         ---
                           2 2
                           1 8
                           ---
                             4 5
                             4 2
                             ---
                               3 0
                               3 0
                               ---
                                 0
```

Rechenweg 2:

```
1 3, 3 7 5 kg · 6        8 0, 2 5 0 kg : 6 = 1 3, 3 7 5 kg
-----------------        6
      8 0, 2 5 0 kg      -
                         2 0
                         1 8
                         ---
                           2 2
                           1 8
                           ---
                             4 5
                             4 2
                             ---
                               3 0
                               3 0
                               ---
                                 0
```

Spiel-tipp

Schultasche auf dem Prüfstand

Material: gepackte Schultasche, Waage, Papier, Stift
Das eigene Gewicht notieren und durch 10 dividieren. So schwer darf die Schultasche höchstens sein. Die Schultasche wiegen und die beiden Gewichte miteinander vergleichen. Ist die Schultasche schwerer, mit dem Stundenplan überprüfen, was ausgepackt werden kann.
Noch einmal wiegen.

Hohlmaße

Das Fassungsvermögen von kleineren Gefäßen wird in den meisten Ländern Europas in **Liter (l)** oder **Milliliter (ml)** gemessen. Liter und Milliliter gehören zu den **Hohlmaßen.**

Maßeinheiten: 1 l = 1000 ml

Zum Messen des Fassungsvermögens gibt es verschiedene Messinstrumente. Welches verwendet wird, hängt davon ab, was gemessen werden soll. Für kleinere Mengen werden Messbecher oder Messzylinder benutzt, die meistens mit einer Skala versehen sind.

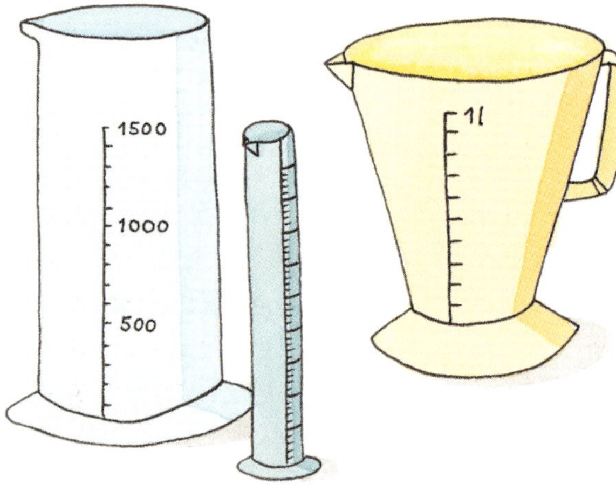

Eine **Skala** ist eine gleichmäßig eingeteilte Anzeigefläche, die dazu dient, einen Wert anzuzeigen. Auf Messbechern ist sie oft noch mit Ziffern versehen. Dadurch kann die Menge, die sich z. B. in einem Messbecher befindet, genau abgelesen werden.

Gleiche Mengenangaben können unterschiedlich angegeben werden.
Sie müssen dann in eine größere oder kleinere Hohlmaßeinheit umgewandelt werden.

← · 1000

1 ml ——— 1 l

→ : 1000

1 l = 1000 ml

Die grünen Zahlen werden Umwandlungszahlen genannt.

6000 ml = 6 l

Das Fassungsvermögen kann auch in Bruchteilen von einem Liter angegeben werden:

$\frac{1}{2}$ l = $\frac{1}{2}$ von 1 l = 500 ml	gerechnet: 1000 ml : 2 = 500 ml
$\frac{1}{4}$ l = $\frac{1}{4}$ von 1 l = 250 ml	gerechnet: 1000 ml : 4 = 250 ml
$\frac{3}{4}$ l = $\frac{3}{4}$ von 1 l = 750 ml	gerechnet: 1000 ml : 4 = 250 ml
	250 ml · 3 = 750 ml
$\frac{1}{8}$ l = $\frac{1}{8}$ von 1 l = 125 ml	gerechnet: 1000 ml : 8 = 125 ml

Spieltipp

Flüssigkeiten umfüllen

Material: Messbecher, verschieden große durchsichtige Gefäße, Wasser
Mit dem Messbecher 1/2 l Wasser abmessen. An den anderen Gefäßen mit einem wasserlöslichen Stift markieren, wie hoch das jeweilige Gefäß mit dem halben Liter gefüllt sein wird. Anschließend durch Umschütten überprüfen. Was fällt auf?

Hohlmaße

Liter- und Milliliterangaben können auch in Kommaschreibweise aufgeschrieben werden.

2500 ml = 2 l 500 ml = 2,5 l

Das Komma trennt die größere Einheit von der kleineren Einheit: Liter und Milliliter.

Rechnen mit Hohlmaßen

Mengenangaben in Hohlmaßen können in eine Stellenwerttafel eingetragen werden.
Das hilft bei der richtigen Umwandlung von Mengenangaben in eine größere oder kleinere Maßeinheit.

	100 l	10 l	1 l	100 ml	10 ml	1 ml
17 l		1	7	0	0	0
6,5 l			6	5	0	0
375 ml				3	7	5

Bei Litern lässt man die Nullen nach dem Komma oft einfach weg:
1,5 l = 1,500 l = 1500 ml
Dabei verändert sich der Wert der Zahl nicht.
Beim Eintragen in eine Stellenwerttafel müssen die Nullen aber geschrieben werden.

Beim Rechnen mit Hohlmaßen werden die Rechenverfahren der vier Grundrechenarten angewendet (vgl. Kapitel Grundrechenarten).
Es gibt allerdings noch einige Besonderheiten, die beachtet werden müssen:

Mengenangaben in Hohlmaßen können nur miteinander verglichen, addiert oder subtrahiert werden, wenn sie in der gleichen Maßeinheit stehen. Stehen sie nicht in der gleichen Maßeinheit, müssen sie zunächst in die gleiche Einheit umgewandelt werden.

27 l + 275 ml = 27 000 ml + 275 ml = 27 275 ml =
27 l 275 ml oder
27 l + 275 ml = 27 l + 0,275 l = 27,275 l

Rechnen mit Kommazahlen
Jede Flüssigkeitsangabe in Kommaschreibweise kann in eine Angabe ohne Kommaschreibweise umgewandelt werden. Dann muss die Angabe in eine kleinere Einheit umgewandelt werden:

3,750 l = 3750 ml

Fit bleiben

Material: Messbecher, Papier, Stift, zuckerfreie Getränke
Für das Denken ist es wichtig, mindestens 1,5 l am Tag zu trinken. Einen Tag lang überprüfen, ob man ausreichend trinkt. Dazu jedes Getränk vor dem Trinken in einem Messbecher abmessen und die Milliliter notieren. Am Ende des Tages die Angaben addieren und vergleichen, ob es mindestens 1,5 l waren.

Spieltipp

Hohlmaße

Das Rechnen mit Hohlmaßen ist dann ganz einfach (vgl. Kapitel Grundrechenarten). Das Ergebnis muss aber wieder in die größere Einheit umgewandelt werden. Für die vier Grundrechenarten gibt es deshalb immer zwei Rechenwege. Mögliche Rechenwege für das **schriftliche Addieren** und **Subtrahieren** von Gewichten:

Rechenweg 1: Die Kommazahl in eine Zahl ohne Komma umwandeln, d. h. in die nächstkleinere Einheit. Das Ergebnis muss dann wieder in eine Kommazahl „zurück"-verwandelt werden.

6,250 l + 13,375 l = ☐ 17,368 l – 6,869 l = ☐
6250 ml + 13 375 ml = ☐ 17 368 ml – 6869 ml = ☐

		6	2	5	0	ml
+	1	3	3	7	5	ml
	1	9	$_1$6	2	5	ml

	1	7	3	6	8	ml
–		$_1$6	$_1$8	$_1$6	9	ml
	1	0	4	9	9	ml

19 625 ml = 19,625 l 10 499 ml = 10,499 l

Rechenweg 2: Es wird mit der Kommazahl gerechnet. Beim Addieren und Subtrahieren von Zahlen mit Hohlmaßen müssen die Zahlen dabei genau untereinander stehen (Komma unter Komma).

36,125 l + 6,758 l 367,25 l – 35,855 l

	3	6,	1	2	5	l
+ $_1$		6,	7	$_1$5	8	l
	4	2,	8	8	3	l

	3	6	7,	2	5	0	l
–		3	$_1$5,	$_1$8	$_1$8	5	l
	3	3	1,	3	6	5	l

Auf stellengerechtes Schreiben achten!

Beim **schriftlichen Multiplizieren** und **Dividieren** von Zahlen mit Hohlmaßen gibt es zwei Rechenwege:

Rechenweg 1: Die Kommazahl in eine Zahl ohne Komma umwandeln, d. h. in die nächstkleinere Einheit. Das Ergebnis muss dann wieder in eine Kommazahl „zurück“-verwandelt werden.

15,127 l · 8 = 15 127 ml · 8

```
15127 ml · 8        121016 ml : 8 = 15127 ml
-------------       8
   121016 ml        -
   121,016 l        41            = 15,127 ml
                    40
                    --
                     10
                      8
                      -
                      21
                      16
                      --
                       56
                       56
                       --
                        0
```

Rechenweg 2: Es wird mit der Kommazahl gerechnet.

```
15,127 l · 8        121,016 l : 8 = 15,127 l
-------------       8
   121,016 l        -
                    41
                    40
                    --
                     10
                      8
                      -
                      21
                      16
                      --
                       56
                       56
                       --
                        0
```

Zeit

Zeit wird als Abfolge eines Geschehens erfahren. Sie wird als Vergangenheit, Gegenwart und Zukunft erlebt. Die Zeit wird in **Jahren, Monaten, Wochen, Tagen** oder in **Stunden, Minuten** und **Sekunden** gemessen. Als es noch keine Zeitmessinstrumente gab, haben sich die Menschen nach den Jahreszeiten, der Sonne und dem Mond gerichtet. Dennoch lebten sie auch schon nach der „Uhr", indem sie sich am Sonnenstand (Sonnenuhren) oder am rieselnden Sand (Sanduhren) orientierten. Seit dem Mittelalter gibt es mechanische Uhren. Inzwischen gibt es auch elektronische Uhren.

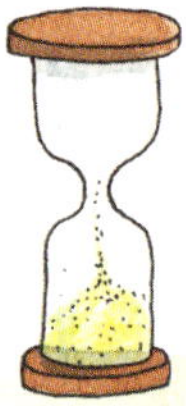

Zeitspannen werden in verschiedenen Einheiten gemessen.

1 Jahr = 12 Monate = 365 Tage oder 366 Tage
1 Monat dauert zwischen 28 und 31 Tagen
1 Woche = 7 Tage
1 Tag = 24 Stunden (h)
1 Stunde = 60 Minuten (min)
1 Minute = 60 Sekunden (s)

Mit diesen Einheiten kann berechnet werden, wie lange etwas dauert oder wann etwas begonnen oder geendet hat.

Die Zeit ist eine Größe, die überall auf der Welt gleich gemessen wird.

Eine **Zeitspanne** oder **Zeitdauer** kann in unterschiedlichen Maßeinheiten angegeben werden. Die Angabe muss dann in eine andere Zeiteinheit umgewandelt werden: in eine größere oder kleinere Einheit.

Bei der Zeit gibt es ganz unterschiedliche Umwandlungszahlen. Das macht das Umwandeln von einer Einheit in die andere sehr schwierig.

3 h 20 min = 3 · 60 min + 20 min = 200 min
5 min 4 s = 5 · 60 s + 4 s = 304 s
8 Tage 3 h = 8 · 24 h + 3 h = 195 h
2 Jahre 3 Monate = 2 · 12 Monate + 3 Monate = 27 Monate

Spieltipp

Schätzkönig

Material: Stoppuhr

Ein Mitspieler stoppt die Zeit, der andere schätzt die Zeit.
- Den Kopf so lange auf den Tisch legen, bis eine Minute vergangen ist.
- Auf einem Bein stehen, bis 2 Minuten vergangen sind.
- Schätzen, wie viele Minuten gebraucht werden, um einmal um das Haus zu laufen.

Anschließend werden die Rollen getauscht.
Schätzkönig ist derjenige, der am besten geschätzt hat.

Die Zeitdauer oder Zeitspanne kann auch in Bruchteilen angegeben werden.

Minuten als Bruchteile von Stunden:

$\frac{1}{4}$ Stunde = 15 min 60 min : 4 = 15 min	**$\frac{1}{2}$ Stunde = 30 min** 60 min : 2 = 30 min	**$\frac{3}{4}$ Stunde = 45 min** 60 min : 4 = 15 min 15 min · 3 = 45 min

Monate als Bruchteile von einem Jahr:

$\frac{1}{4}$ Jahr = 3 Monate   gerechnet: 12 Monate : 4 = 3 Monate

$\frac{1}{2}$ Jahr = 6 Monate   gerechnet: 12 Monate : 2 = 6 Monate

$\frac{3}{4}$ Jahr = 9 Monate   gerechnet: 12 Monate : 4 = 3 Monate

gerechnet: 3 Monate · 3 = 9 Monate

So heißen die **Monate:**
Januar, Februar, März, April, Mai, Juni, Juli, August, September, Oktober, November, Dezember.
So heißen die **Wochentage:**
Montag, Dienstag, Mittwoch, Donnerstag, Freitag, Samstag, Sonntag.

Beim Rechnen mit Zeitmaßen wird unterschieden, ob eine **Zeitdauer** oder **Zeitspanne** oder ein **Zeitpunkt** berechnet werden soll.

Der Unterschied wird auch durch die verschiedenen Schreibweisen deutlich.

Zeitdauer/Zeitspanne:

Der Ausflug dauert 6 Stunden.
Er brauchte $1\frac{1}{2}$ Stunden für die Hausaufgaben.

Zeitpunkt:

Es ist 7.30 Uhr.
Die Schule beginnt um 8.00 Uhr.

Pfeilbilder können helfen, Zeitspannen auszurechnen oder Zeitpunkte zu bestimmen.

13.27 Uhr → + 3 h 25 min → 16.52 Uhr
Zeitpunkt → Zeitpunkt
Zeitdauer oder Zeitspanne
+ 3 h → 16.27 Uhr → + 25 min

22.43 Uhr → – 2 h 16 min → 20.27 Uhr
Zeitpunkt → Zeitpunkt
Zeitdauer oder Zeitspanne
– 2 h → 20.43 Uhr → – 16 min

Sachrechnen

Sachaufgaben sind meistens in Textform geschrieben. Die Texte müssen ganz genau gelesen werden, um aus ihnen die richtigen Daten für die Rechnung herauszufinden.

Folgende zehn Schritte können dabei helfen, die richtigen Angaben zu finden:

1. Die Aufgabe genau lesen (manchmal hilft auch laut lesen).

2. Alle wichtigen Angaben unterstreichen.

3. Über die Frage noch einmal nachdenken oder selbst eine mögliche Frage finden.
4. Überlegen, ob eine Zeichnung möglich ist, um die Rechnung zu verdeutlichen.
5. Die einzelnen Rechenschritte aufschreiben.

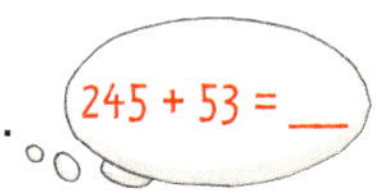

6. Wenn möglich eine Überschlagsrechnung machen.

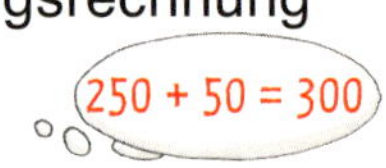

7. Die Rechenschritte ausrechnen und aufschreiben.
8. Das Ergebnis mit dem Überschlag vergleichen. | 298 | 300 |
9. Zur genauen Kontrolle des Ergebnisses die Umkehraufgabe rechnen. | 298 − 53 = 245 |

10. Eine passende Antwort aufschreiben.

Bei Sachaufgaben sind die Zahlen meistens in Maßeinheiten angegeben. Deshalb ist ein sicherer Umgang mit den Umwandlungszahlen wichtig.

Schritt 1: Lesen: „Für eine Theateraufführung …“

Schritt 2: Unterstreichen

Für eine Theateraufführung stellt eine Klasse mit 24 Kindern Tiermasken her. Für jede Tiermaske wird ein Gummiband von 42 cm benötigt. Auf der Gummibandrolle sind 15 m. Wie viel Gummiband bleibt auf der Rolle übrig?

Schritt 3:

Schritt 4:

Schritt 5:

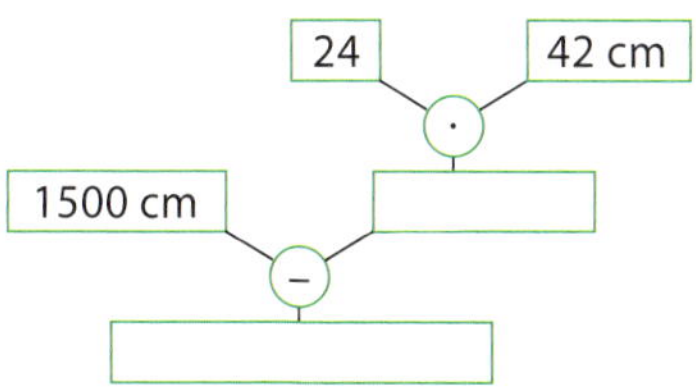

Schritt 6: 25 · 40 cm = 1000 cm 1500 cm – 1000 cm = 5 m

Schritt 7:

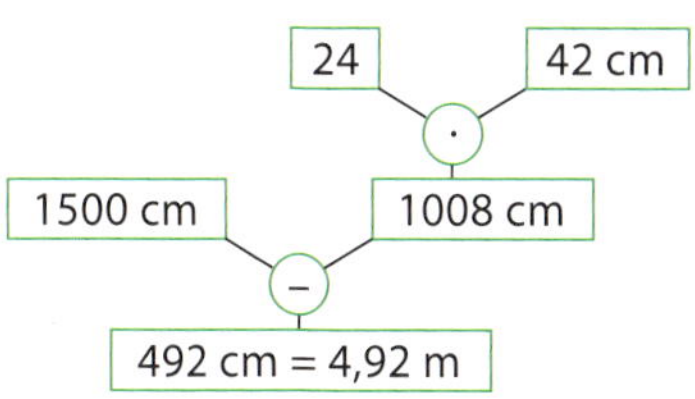

Schritt 8: Überschlag 5 m, gerechnet 4,92 m

Schritt 9: 1008 cm + 492 cm = 1500 cm
1008 cm : 24 = 42 cm

Schritt 10: Es bleiben 4,92 m Gummiband übrig.

Rechenwege veranschaulichen

Manchmal ist es schwierig, die richtigen Rechenwege zu finden. Dann kann ein Schaubild oder eine Zeichnung helfen, die Rechenwege zu verdeutlichen.

Pfeilbild

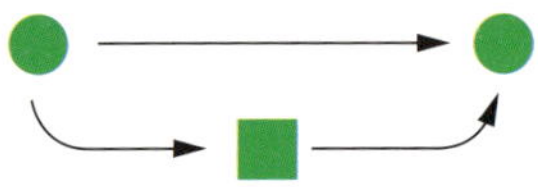

Rechenbaum Zeichnung Tabelle

Der Rechenbaum oder die Tabelle eignen sich besonders, wenn von der Einheit zur Mehrheit oder umgekehrt gerechnet werden soll.

Von der Einheit zur Mehrheit:

1 Ananas kostet 2,50 E. Wie viel kosten 4 Ananas?

Rechenbaum

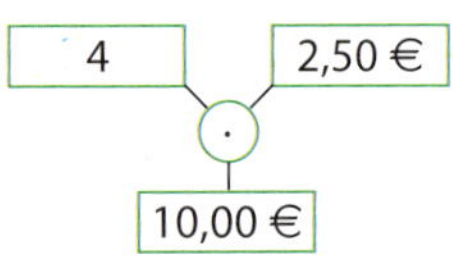

Tabelle

·4	1	2,50 €	·4
	4	10,00 €	

Von der Mehrheit zur Einheit:

1 Dose mit 12 Bleistiften kostet 8,40 E. Was kostet ein Bleistift?

Rechenbaum

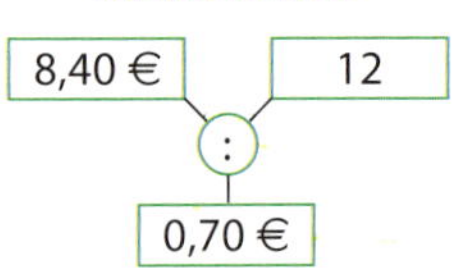

Tabelle

: 12	12	8,40 €	: 12
	1	0,70 €	

Es gibt aber auch Textaufgaben, die nicht gelöst werden können, weil Angaben fehlen. Diese Aufgaben werden **Kapitänsaufgaben** genannt.

Ein Kranführer und 15 Hafenarbeiter laden 25 Container auf ein Schiff. Sie brauchen dazu $1\frac{1}{2}$ Stunden. Wie alt ist der Kapitän?

Diese Aufgabe ist nicht lösbar, weil hier Angaben fehlen, um das Alter des Kapitäns zu errechnen.

In der großen Pause werden Brezeln verkauft. Eine Brezel kostet 52 ct. Wie viel Geld wurde eingenommen, wenn vorher 8,50 € Wechselgeld in der Kasse waren?

Diese Aufgabe ist nicht lösbar, weil die Angabe fehlt, wie viele Brezeln verkauft wurden oder aber wie viel Geld insgesamt in der Kasse ist.

Spieltipp

Wer ist der Kapitän?

Material: Kappe oder Hut
Spielverlauf: Einer der Mitspieler erzählt eine Sachaufgabe. Die Mitspieler wissen nicht, ob diese lösbar ist oder nicht. Wer eine nicht lösbare Aufgabe zu rechnen beginnt, bekommt den Hut und muss sich eine neue Aufgabe ausdenken.

Bei Sachaufgaben kann es vorkommen, dass die Angaben aus einem **Schaubild,** einem **Diagramm** oder einer **Tabelle** entnommen oder aber Ergebnisse in einem Schaubild, in einem Diagramm oder in einer Tabelle dargestellt werden müssen.

Tabelle:

Kreisdiagramm:

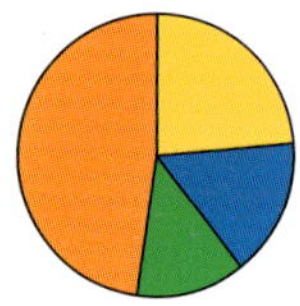

Streifendiagramm:

Säulendiagramm:

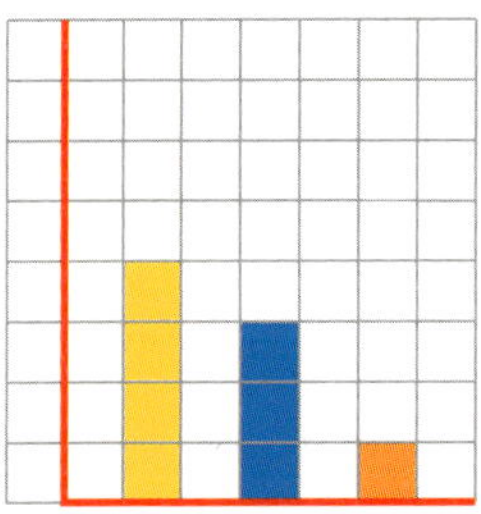

Balkendiagramm:

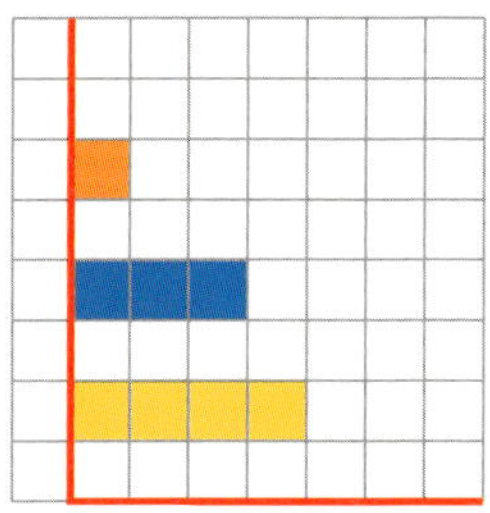

Säulen- oder Balkendiagramme werden häufig auf Millimeterpapier gezeichnet.

Aus Diagrammen können vielfältige Informationen entnommen werden.

Eine Aufgabe lautet in Textform:

> In der Klasse 4 b sind 30 Schüler. 15 Schüler kommen mit dem Bus, 9 mit dem Fahrrad und 6 gehen zu Fuß in die Schule.

Die Angaben könnten auch aus folgenden Schaubildern abgelesen werden: Wie viele Kinder kommen mit dem Fahrrad, wie viele mit dem Bus, wie viele gehen zu Fuß? Wie viele Kinder sind in der Klasse?

Tabelle:

	Fahrrad	Bus	zu Fuß
Kinder der 4 b	卌 IIII	卌 卌 卌	卌 I

oder

Anzahl Kinder	Fahrrad	Bus	zu Fuß
6			X
9	X		
15		X	

Bei Kreis-, Streifen- und Säulendiagramm kann mit einem Blick die größte Menge erkannt werden: Die meisten Kinder fahren mit dem Bus.

Säulendiagramm:

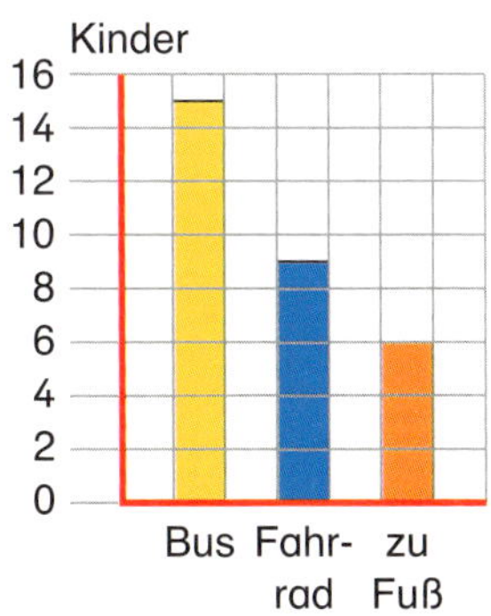

Kreisdiagramm:

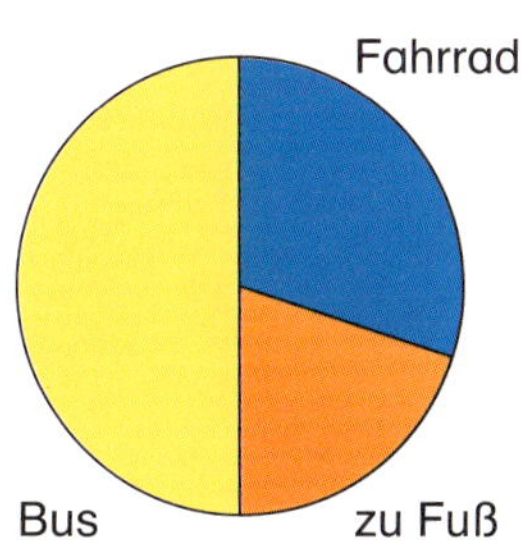

Streifendiagramm:

Geld, Längen, Gewichte und Hohlmaße umwandeln

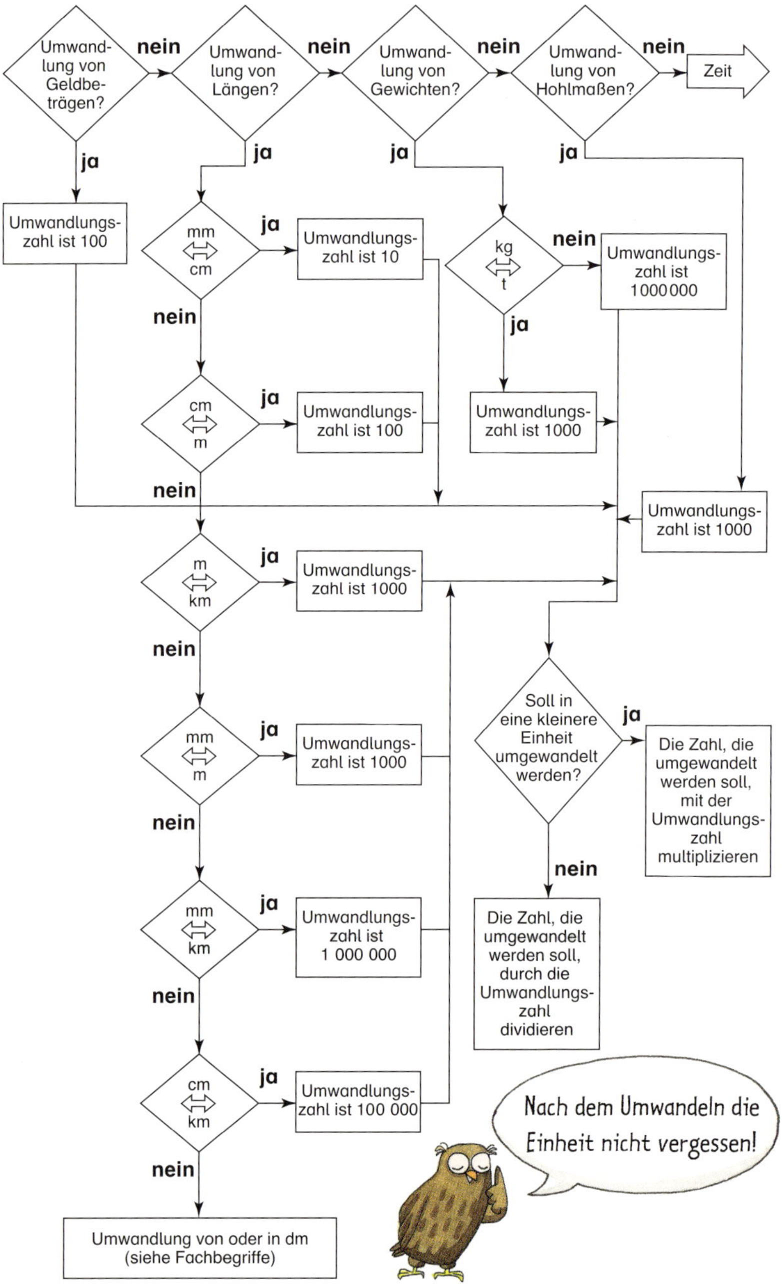

Sekunden, Minuten, Stunden, Tage und Wochen umwandeln

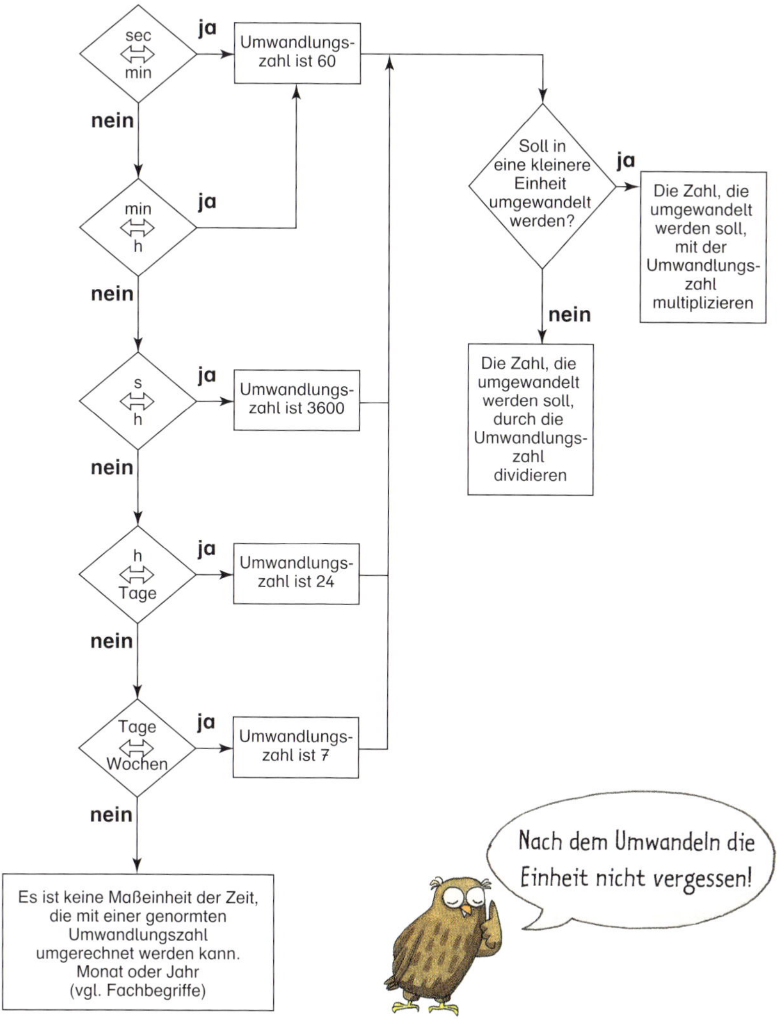

Lagebeziehungen

Lagebeziehungen zu erkennen und zu beschreiben gehört zu den ersten Raumerfahrungen. Dazu werden Begriffe der räumlichen Lage benutzt, wie z. B.:

Diese Begriffe helfen, sich in einem vorgegebenen Raum zu orientieren.

Wo liegt die große rote Zange?

Sie liegt neben dem Werkzeugkasten. Sie liegt auf der linken Seite und unter der Säge.

Die kleinen Wörter über, unter, hinter, neben, zwischen … heißen **Verhältniswörter** (Präpositionen), weil sie genau den Platz angeben, wo etwas ist.

Wegbeschreibung

Von der Schule zur Kirche:
An der Schule rechts gehen – an der ersten Möglichkeit nach links gehen – an der nächsten Querstraße gleich wieder nach links gehen – an der nächsten Abzweigung nach rechts gehen – die Kirche steht auf der rechten Straßenseite.

Maßstab

Dinge, die in der Wirklichkeit sehr groß oder sehr klein sind, können auf Papier nicht in der echten Größe abgebildet werden. Deshalb werden sie verkleinert oder vergrößert.

verkleinert Originalgröße vergrößert

Spieltipp

Was ist vergrößert, was ist verkleinert?

Material: Zeitschriften, Schere, Papier, Klebstoff
In Zeitschriften Bilder ausschneiden und nach **vergrößert**, **verkleinert** oder **Originalgröße** ordnen und aufkleben.

Maßstab

Das rechte Bild ist **maßstabsgetreu** vergrößert, sodass durch Umrechnung eine richtige Größenvorstellung entsteht.

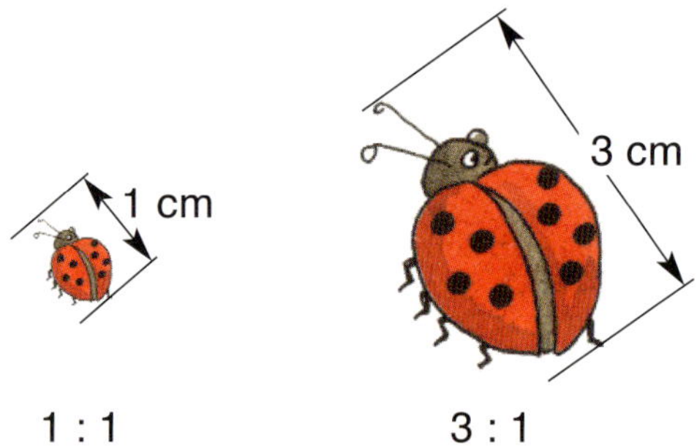

Als **Maßstab** wird das Verhältnis zwischen der abgebildeten Größe und der entspr
Wirklichkeit bezeichnet.

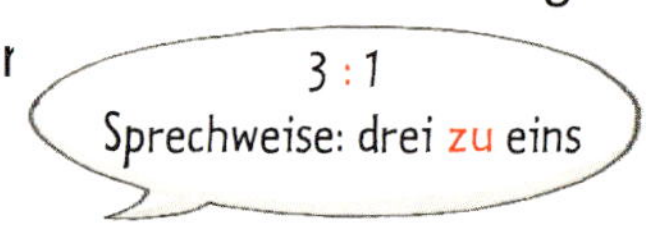

Der Maßstab 3 : 1 bedeutet:
Der große Marienkäfer ist 3-mal so lang wie in Wirklichkeit oder: Der Marienkäfer ist
so vergrößert, dass er 3-mal lä
als in Wirklichkeit.

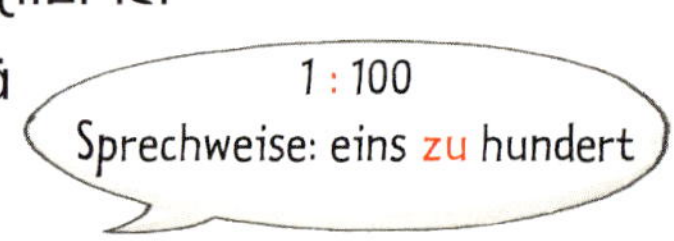

Der Maßstab 1: 100 bedeutet:
Das Haus ist 100-mal kleiner als in Wirklichkeit oder: Das Haus ist so verkleinert, dass es 100-mal kleiner ist als in Wirklichkeit.

Alle Seiten der Figur B sind doppelt so lang wie die der Figur A: Der Maßstab ist also 2 : 1.

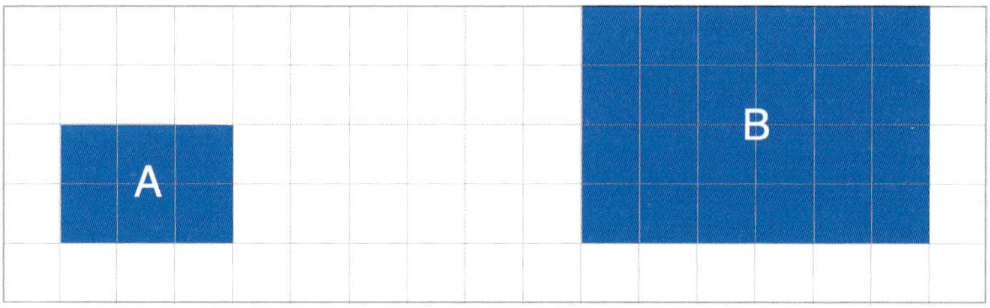

Das rechte Bild ist **maßstabsgetreu** vergrößert, sodass durch Umrechnung eine richtige Größenvorstellung entsteht.

1 : 1 3 : 1

Als **Maßstab** wird das Verhältnis zwischen der abgebildeten Größe und der entsprechenden Größe in der Wirklichkeit bezeichnet.

3 : 1
Sprechweise: drei zu eins

Der Maßstab 3 : 1 bedeutet:
Der große Marienkäfer ist 3-mal so lang wie in Wirklichkeit oder: Der Marienkäfer ist so vergrößert, dass er 3-mal länger ist als in Wirklichkeit.

1 : 100
Sprechweise: eins zu hundert

Der Maßstab 1: 100 bedeutet:
Das Haus ist 100-mal kleiner als in Wirklichkeit oder: Das Haus ist so verkleinert, dass es 100-mal kleiner ist als in Wirklichkeit.

Alle Seiten der Figur B sind doppelt so lang wie die der Figur A: Der Maßstab ist also 2 : 1.

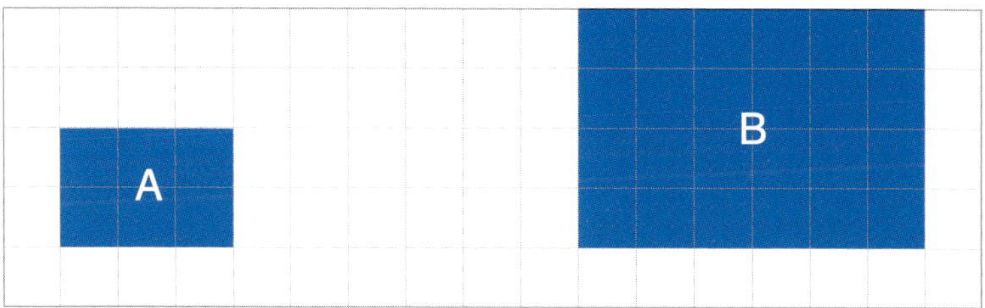

Bei Grundrissen von Gebäuden oder Zimmern, bei Stadtplänen, Land- und Wanderkarten ist immer ein Maßstab angegeben, damit ihre Maße in der Wirklichkeit berechnet werden können.

Schulhof:

7 cm

2 cm

Maßstab 1: 1000

So wird gerechnet:

7 cm · 1000 = 7000 cm = 70 m

2 cm · 1000 = 2000 cm = 20 m

In der Wirklichkeit ist der Schulhof 70 m lang und 20 m breit.

Plan einer Wohnung:

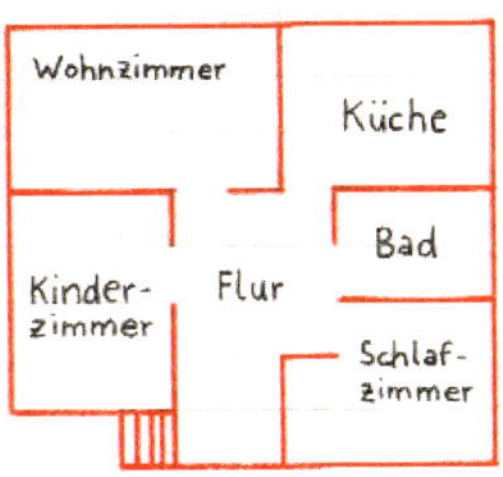

Maßstab 1: 300

Stadtplan:

Maßstab 1 : 10 000

Wenn beim Maßstab die größere Zahl zuerst steht, ist das Bild vergrößert. Steht die kleinere Zahl zuerst, ist das Bild verkleinert.

Ebene Figuren

Ebene Figuren bestehen aus einer **Fläche.** Sie werden nach der Anzahl ihrer **Ecken** benannt.

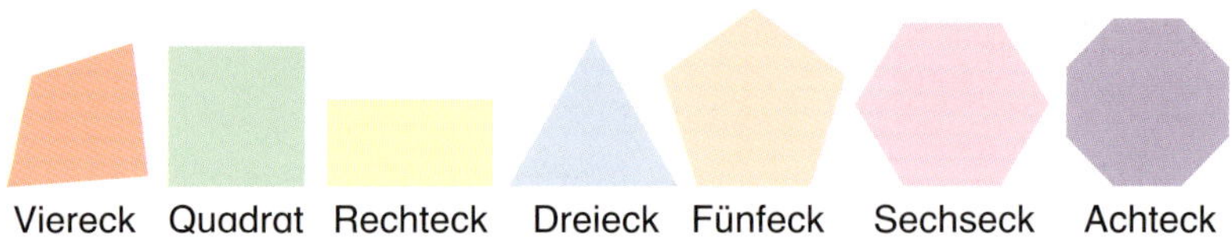

Jedes **Viereck** hat vier Ecken und vier Seiten. Ein Viereck, bei dem die zwei gegenüberliegenden Seiten gleich lang sind, heißt Rechteck. Ein besonderes Rechteck ist das Quadrat. Seine vier Seiten sind alle gleich lang.

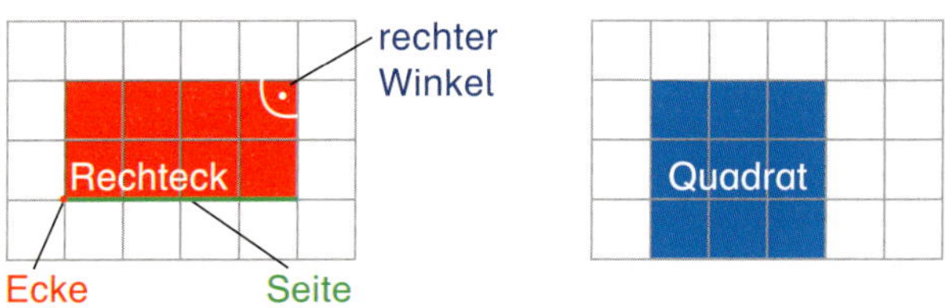

Jedes **Dreieck** hat drei Ecken und drei Seiten. Es gibt besondere Dreiecke:
Ein Dreieck, bei dem alle drei Seiten gleich lang sind, heißt gleichseitiges Dreieck.
Ein Dreieck, bei dem nur zwei Seiten gleich lang sind, heißt gleichschenkliges Dreieck.
Ein Dreieck, das einen rechten Winkel hat, heißt rechtwinkliges Dreieck.

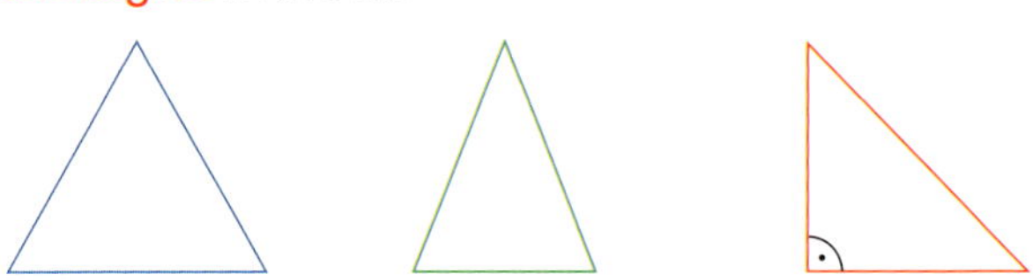

Ein rechter Winkel hat 90 ° (neunzig Grad).

Der **Kreis** gehört auch zu den ebenen Figuren, obwohl er keine sichtbaren Ecken hat. (vgl. Geometrisches Zeichnen Seite 170).

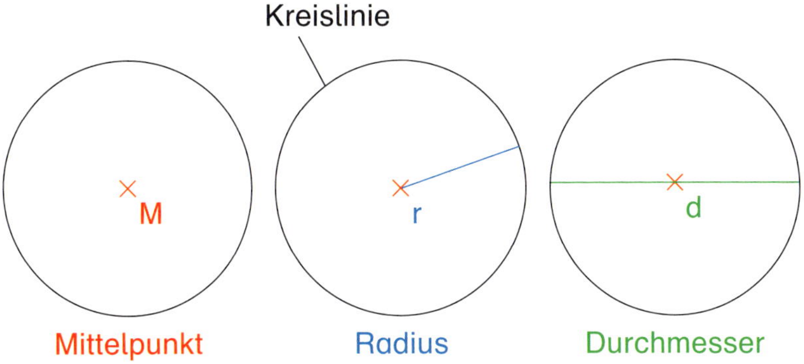

Spiel-tipp

Legespiel herstellen

Material: quadratisches Papier (mindestens 15 cm · 15 cm), Schere

Das Quadrat so falten, dass diese Faltlinien entstehen:

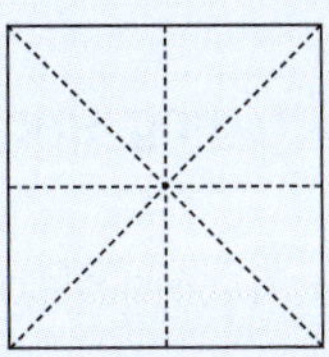

An den Faltlinien entlangschneiden, sodass acht Dreiecke entstehen.

– Mit allen acht Dreiecken Figuren frei legen.
– Nach Vorschrift legen:
  • verschieden große Quadrate, Rechtecke und Dreiecke;
  • mit allen acht Dreiecken ein Quadrat, dann ein Rechteck und dann ein Dreieck.

Ebene Figuren

Mit ebenen Figuren können freie Figuren, Muster, Bandornamente und Parkette erfunden, gelegt und gezeichnet werden.

Figuren:

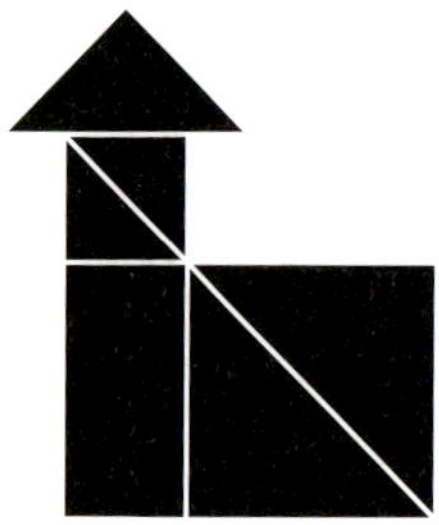

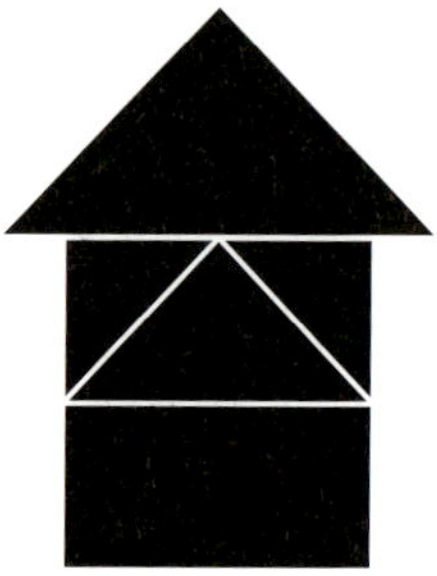

Muster:

Bandornament:

Parkette:

Bei Parketten wird ähnlich wie bei einem Parkettfußboden eine Fläche mit gleichen Figuren ohne Zwischenräume ausgelegt.
Das wird auch Parkettierung genannt.

Bei ebenen Figuren wird der **Umfang einer Figur** so berechnet: Alle **Seitenlängen** der Figur werden addiert.

Figur A: 2 cm + 1 cm + 2 cm + 1 cm = 6 cm
Figur B: 2 cm + 1 cm + 1 cm + 1 cm + 1 cm + 2 cm = 8 cm
Figur C: 1,5 cm + 2 cm + 1,5 cm + 2 cm = 7 cm
Figur D: 2 cm + 0,5 cm + 0,5 cm + 0,5 cm + 0,5 cm + 0,5 cm + 0,5 cm + 0,5 cm + 0,5 cm + 2 cm = 8 cm

Bei ebenen Figuren kann die **Größe der Fläche** (Flächeninhalt) berechnet werden. Sie kann mit quadratischen Karos ☐ oder mit Zentimeterquadraten ausgemessen werden. So sieht ein Zentimeterquadrat aus: ⊞

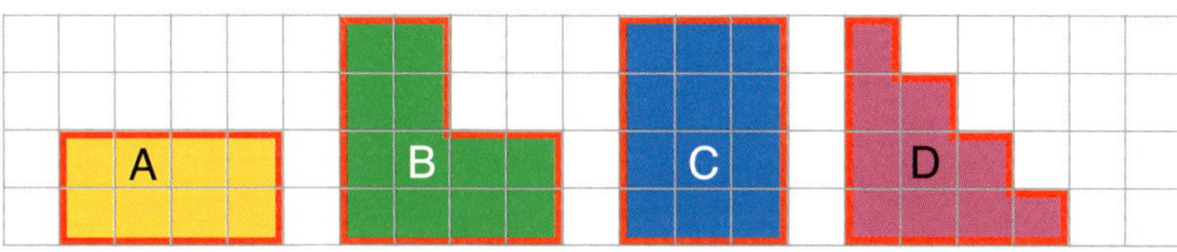

	Figur A	Figur B	Figur C	Figur D
Umfang (cm) ⊢⊣	6 cm	8 cm	7 cm	8 cm
Flächeninhalt ☐	8	12	12	10
Flächeninhalt ⊞	2	3	3	$2\frac{1}{2}$

Sprechweise: Die Fläche ist 8 Karos groß. Oder:
Die Fläche ist 2 Zentimeterquadrate groß.

Spieltipp: Parkettmuster erfinden

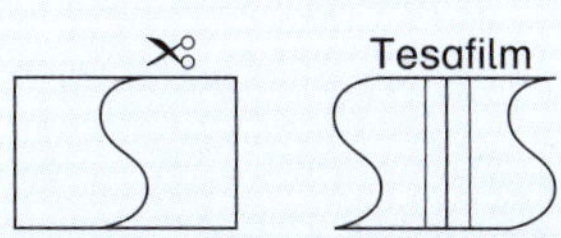

Material: Rechteck aus Fotokarton, Schere, Tesafilm, Papier, Stift
Von einem Rechteck ein Stück abschneiden und an der rechten Seite ankleben. Mit dieser Schablone kann ein Parkettmuster gezeichnet werden.

Spieltipp

Geometrische Körper

Geometrische Körper sind räumliche Gebilde.

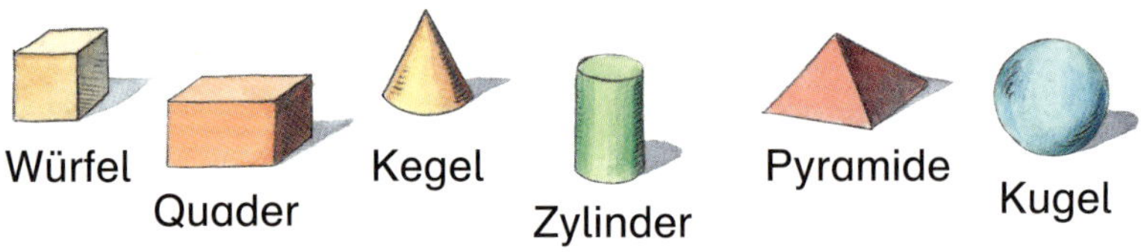

Viele Körper haben **Flächen, Kanten** und **Ecken.**
Die Anzahl ist je nach Körper unterschiedlich.

Flächenmodell eines Quaders:

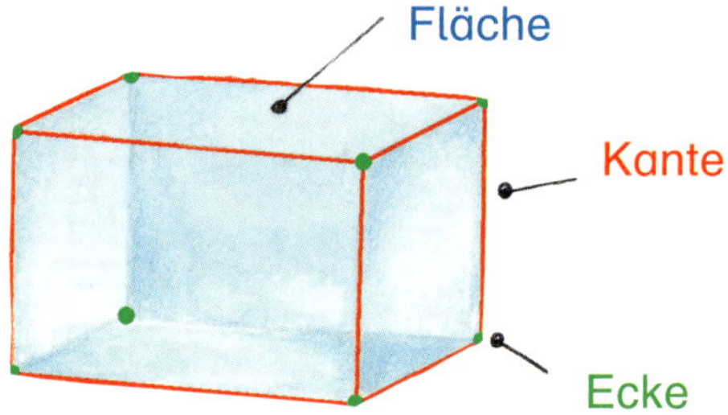

Kantenmodell eines Quaders:

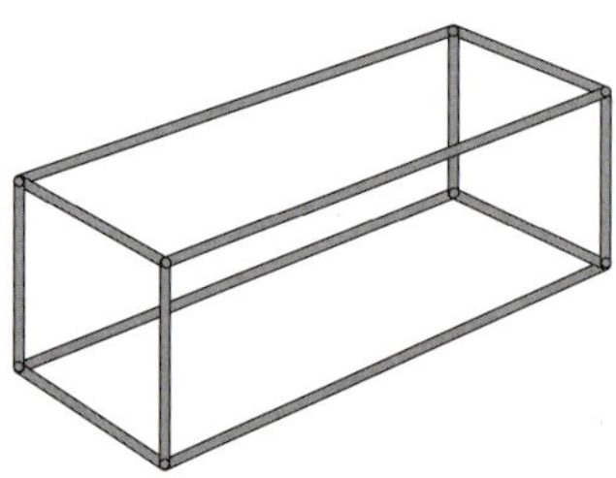

Ein Würfel ist ein besonderer Quader. Er hat genauso viele Ecken, Flächen und Kanten wie ein Quader, aber seine Flächen sind quadratisch und nicht rechteckig.

Wenn Körperformen gezeichnet werden, dann entstehen Schrägbilder.

Schrägbilder von Quadern:

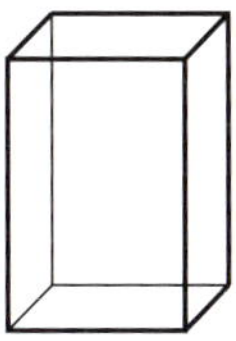

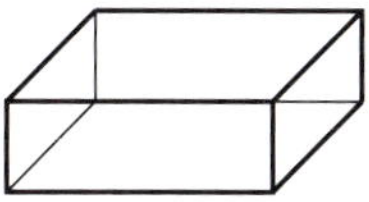

Das sind zwei Schrägbilder des gleichen Quaders. Sie sind nur von verschiedenen Seiten abgebildet.

Schrägbilder von Würfeln:

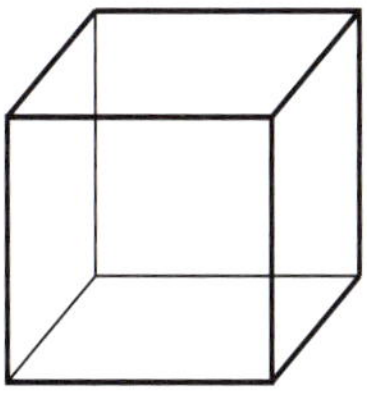

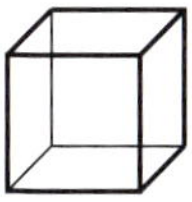

Spieltipp

Körperformen entdecken

Material: Haushaltsgegenstände, Tuch

Spielverlauf: Körperformen an Gegenständen im Haushalt entdecken, z. B.: CD-Hülle, Buch, Ball, Schuhkarton …
Einem Mitspieler die Augen verbinden.
Er muss ertasten, um welche Körperform es sich handelt. Schwieriger wird es, wenn er auch noch die Ecken, Kanten und Flächen blind zählen muss. Die Körperform, die richtig erfühlt und benannt wurde, wird auf die Seite gestellt. Dann wird getauscht.

Geometrische Körper

Einen Körper kann man von verschiedenen Seiten betrachten:

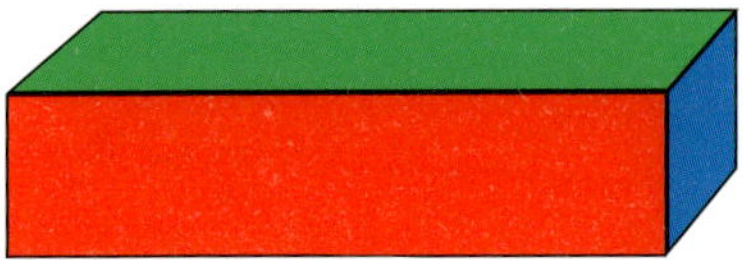

– von vorne: Vorderansicht

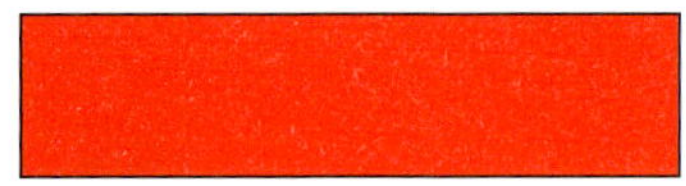

– von der Seite: Seitenansicht

– von oben: Draufsicht

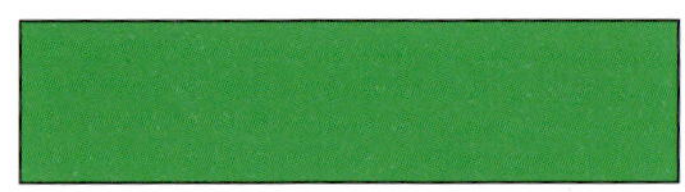

Körper können zu neuen Körpern zusammengesetzt werden. Dabei können verschiedene Körper aufeinander gesetzt werden.

Vorderansicht

von der Seite (von rechts)

Draufsicht

Bei einem Einheitswürfel haben alle Kanten eine Länge (Kantenlänge) von 1 cm.

Wenn ein zusammengesetzter Körper nur aus Würfeln besteht, wird das als Würfelbau bezeichnet. Meistens werden dazu **Einheitswürfel** verwendet. Zu jedem Würfelbau kann ein Bauplan erstellt werden oder umgekehrt. Der Bauplan wird so aufgeschrieben, dass jeder Würfel der Grundfläche mit der Zahl 1 notiert wird. Stehen mehrere Würfel aufeinander, wird die Anzahl der übereinander stehenden Würfel angegeben.

3	1
	1
	1

Dieser Würfelbau besteht aus 6 Würfeln.

2	2	3	4
2	1	1	1
3	1	1	1
4	1	1	1

Dieser Würfelbau besteht aus 29 Würfeln.

Körpernetze

Jeder Körper kann so aufgeklappt werden, dass ein Netz entsteht. Ein Körpernetz hat die Eigenschaft, dass die aufgeklappten Flächen so zusammenhängen, dass der Körper daraus durch Klappen wieder zusammengebaut werden kann.

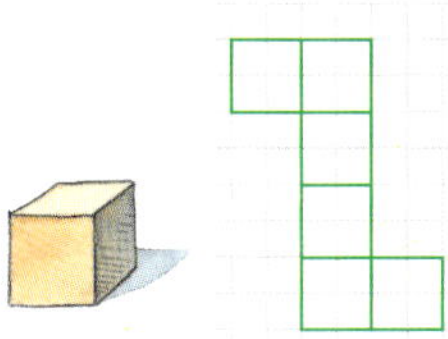
Würfelnetz

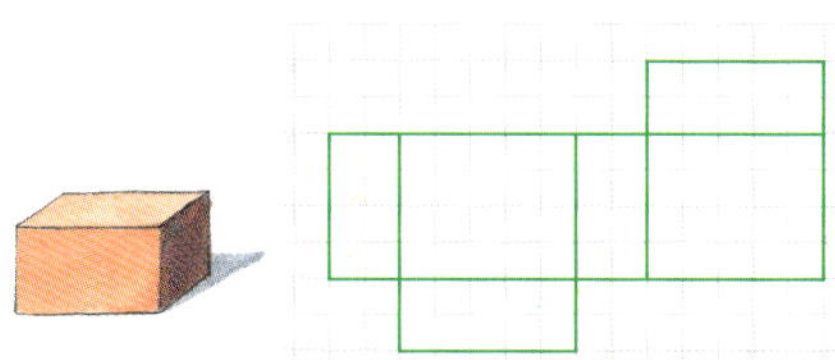
Quadernetz

Kegelnetz

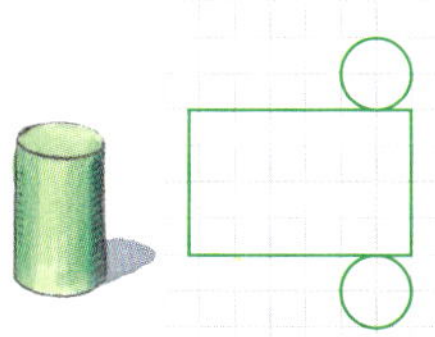
Zylindernetz

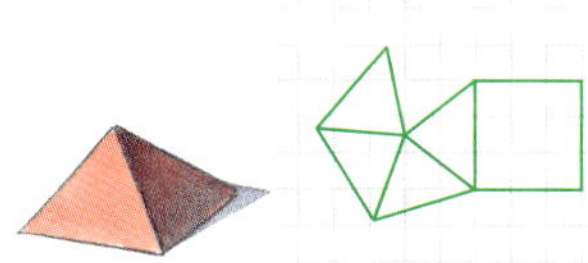
Pyramidennetz

Das sind Arbeitsmittel, die bei Aufgaben zur **Achsensymmetrie** wichtig sind.

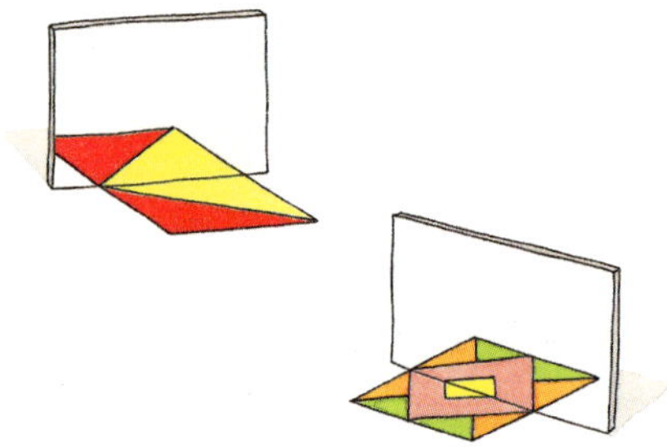

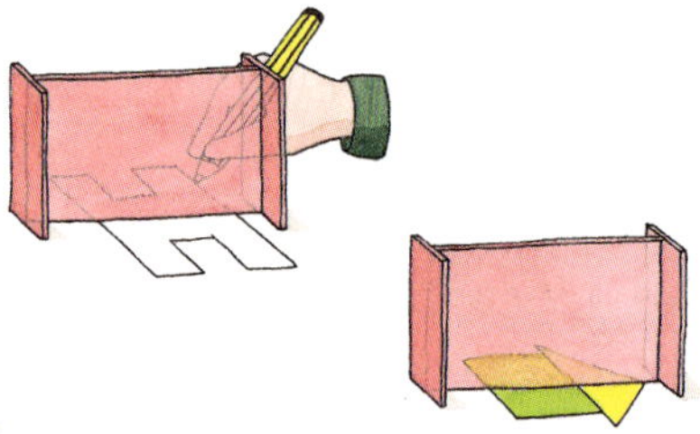

Handspiegel — Zauber- oder Mira-Spiegel

Der Handspiegel
Der Handspiegel kann zum Spiegeln von Gegenständen oder zum Überprüfen von Spiegelbildern benutzt werden.

Der Zauberspiegel
Der Zauberspiegel ist ein durchsichtiger Geometriespiegel mit einem Standfuß. Er reflektiert wie ein Spiegel und ist durchsichtig wie Glas. Wird dieser Spiegel vor eine Abbildung (z. B. eine geometrische Figur) gestellt, ist das Spiegelbild auf dem Papier hinter der farbigen Scheibe zu sehen. Das Spiegelbild kann dann mühelos nachgezeichnet werden.

Spiel-tipp

Einen Zauberspiegel herstellen

Material: Farbige Plexiglasscheibe (ca. 10 cm · 18 cm), 2 Holzklötzchen
Die Holzklötzchen als „Füße" mit einem durchsichtigen Kleber an das Plexiglas kleben.
Fertig ist der Zauberspiegel.

Fast überall gibt es achsensymmetrische Figuren.

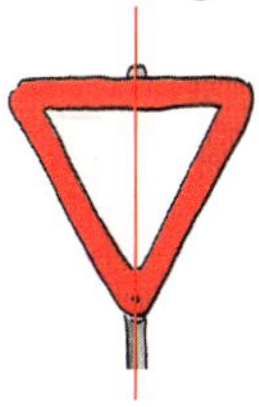

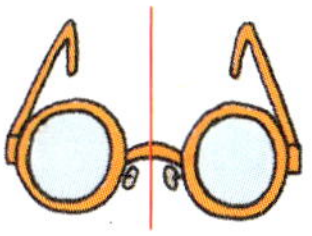

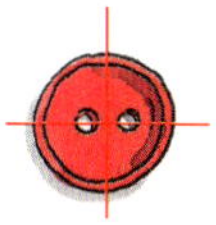

Die Achsensymmetrie ist eine Form der Symmetrie, die auftritt, wenn entlang einer **Symmetrieachse** gespiegelt wird. Deshalb heißt die Symmetrieachse auch **Spiegelachse.** Manchmal heißt die Spiegelachse auch Faltachse, da durch Falten überprüft werden kann, ob etwas symmetrisch ist.
Ebene Figuren können eine oder auch mehrere Symmetrieachsen haben.

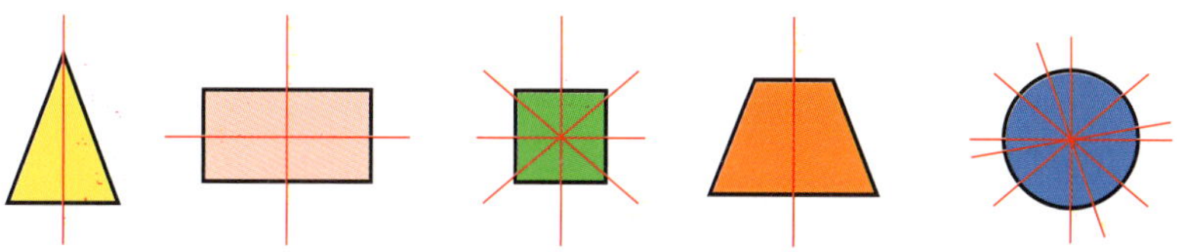

Achsensymmetrische ebene Figuren können auch am **Geobrett** gespannt werden.

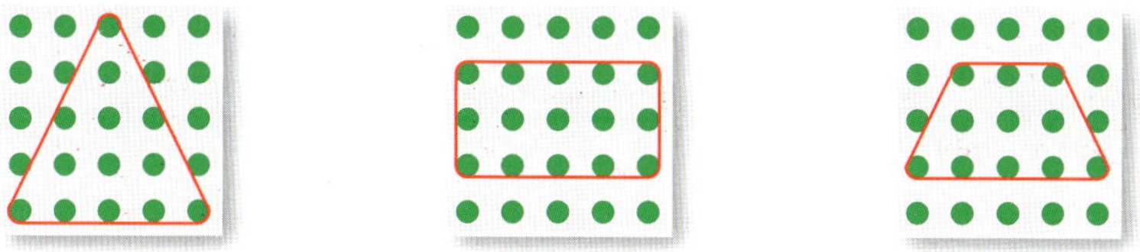

Bei symmetrischen Figuren kommt es nicht nur auf die **Form**, sondern auch auf die **Größe** und **Farbe** an. Wenn Bild und Spiegelbild genau gleich sind, dann sind sie **deckungsgleich,** d. h. **achsensymmetrisch.**

Abgebildete Figuren können mit einem Spiegel oder einem Zauberspiegel auf Achsensymmetrie überprüft werden. Der Spiegel muss genau auf der Spiegelachse stehen. Wenn die Hälfte vor dem Spiegel und die Hälfte im Spiegel genau gleich sind, dann ist die Figur achsensymmetrisch.

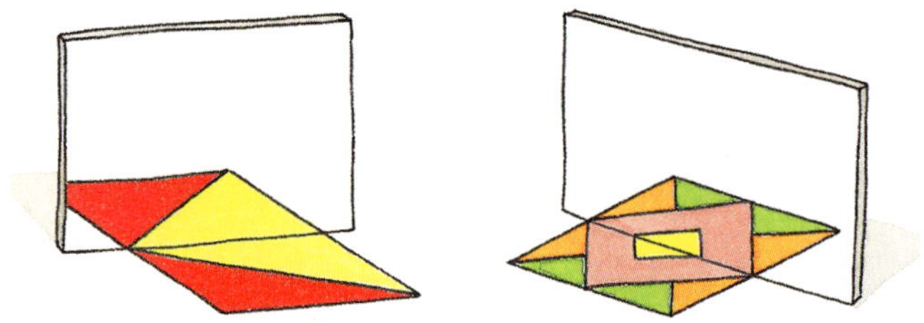

Mit einem Zauberspiegel ist es noch einfacher. Wenn die Linien der Figur vor dem Spiegel sich mit den Linien hinter dem Spiegel genau decken, dann ist die Figur achsensymmetrisch.

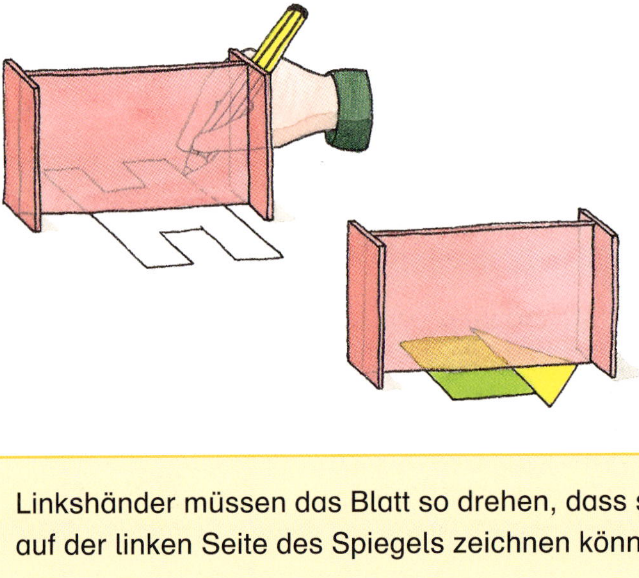

Linkshänder müssen das Blatt so drehen, dass sie auf der linken Seite des Spiegels zeichnen können.

Achsensymmetrische Figuren, bei denen nur eine Hälfte vorgegeben ist, können auch mit einem Hand- oder Zauberspiegel gezeichnet werden. Ohne Spiegel geht es ganz leicht, wenn die eine Hälfte auf Karopapier vorgegeben ist.

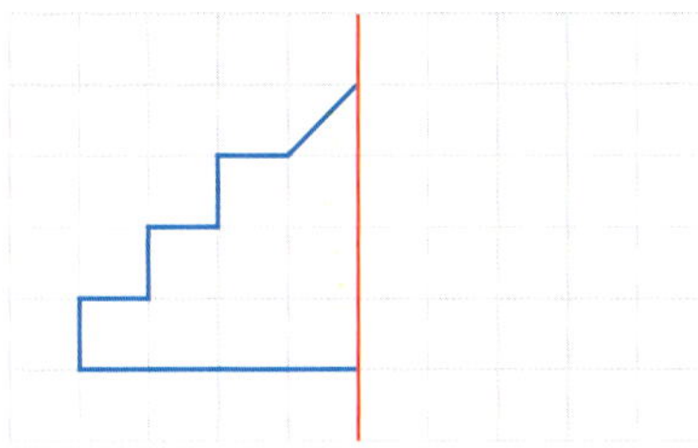

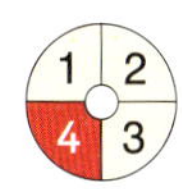

Drehsymmetrie

Drehsymmetrie ist auch eine Form der Symmetrie. Eine Figur ist drehsymmetrisch, wenn sie durch Drehung um einen Drehpunkt und mit einem gewissen Drehwinkel wieder mit sich selbst zur Deckung kommt. Es gibt weniger drehsymmetrische als achsensymmetrische Figuren.

drehsymmetrisch

nicht drehsymmetrisch

Spieltipp

Faltschnitt-Memory

Material: Quadratisches farbiges Papier (ca. 9 cm · 9 cm), Schere, Klebstoff, unbedruckte Memorykärtchen
Papier in der Mitte falten und eine halbe Figur ausschneiden. Die ausgeschnittene Figur und den gefalteten Rest auf die Memorykärtchen kleben.
Ungefähr 20 Paare herstellen und dann als Memory spielen.

Das sind wichtige Zeichengeräte, die zum geometrischen Zeichnen gebraucht werden:

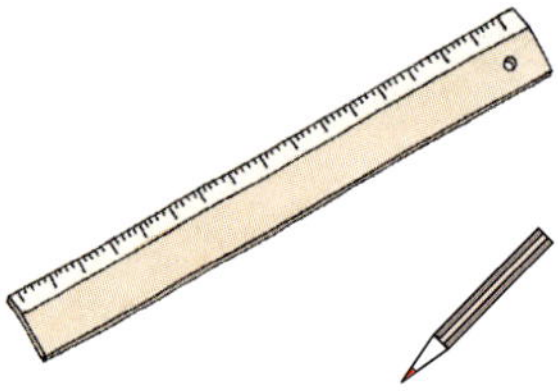

Lineal und Bleistift

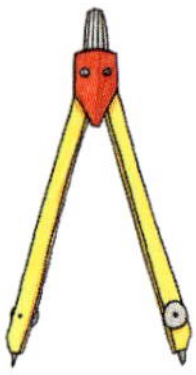

Zirkel

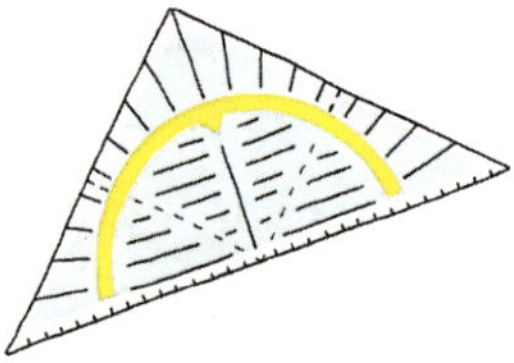

Geodreieck

Das Lineal

Lineale werden hauptsächlich zum Zeichnen und Messen von geraden Linien benutzt (vgl. auch Längen, Seite 169).

Der Zirkel

Ein Zirkel ist ein Gerät, mit dem ein Kreis um einen gegebenen Punkt gezogen werden kann.
Zirkel bestehen aus zwei Schenkeln. Der eine Schenkel hat eine Metallspitze, mit der in das Papier eingestochen wird. Der andere Schenkel hat meistens eine Bleistiftmine, mit der die Kreislinie gezogen wird.

Das Geodreieck

Das Geodreieck ist ein Dreieck, das zwei gleich lange Seiten (Schenkel) und eine dritte, etwas längere Seite (Grundseite) hat. Die beiden gleich langen Seiten schließen einen rechten Winkel ein.

Beim geometrischen Zeichnen kommt es besonders auf Genauigkeit an. Deshalb müssen Bleistifte und die Mine des Zirkels immer gespitzt sein. Ein guter Radiergummi gehört auch dazu.

Auf dem Geodreieck sind Linien und Skalen abgedruckt:

- Auf der langen Seite ist eine Millimeter-Skala wie auf einem Lineal, aber der Nullpunkt liegt in der Mitte und nicht links auf der Skala.
- Im Halbkreis und auf den gleich langen Seiten ist eine Winkelskala von 0° bis 180°.
- Parallele Linien zu der Grundseite im Abstand von 5 Millimetern helfen, parallele Strecken besser zeichnen zu können.
- Senkrecht zu der Grundseite ist im Nullpunkt die Höhe eingezeichnet, mit deren Hilfe sich sehr genau rechte Winkel zeichnen lassen.

Mit Lineal und Geodreieck können gerade Linien gezogen werden.

Die Gerade

Eine gerade Linie heißt Gerade, wenn sie nicht durch Endpunkte begrenzt ist.
Die Länge einer Geraden kann deshalb nicht gemessen werden.

Die Strecke

Eine gerade Linie heißt Strecke, wenn sie durch einen Anfangs- und einen Endpunkt begrenzt ist.
Die Länge einer Strecke $\overline{AB}$ kann gemessen werden.

Der Strahl

Eine gerade Linie heißt Strahl, wenn sie durch einen Anfangs-, aber keinen Endpunkt begrenzt ist. Die Länge eines Strahls kann deshalb nicht gemessen werden.

Geometrisches Zeichnen

Winkel können durch Falten oder auch durch Zeichnen mit dem Geodreieck hergestellt werden. Winkel, die durch Falten entstehen, werden auch Faltwinkel genannt. Ein besonderer Winkel ist der rechte Winkel. Er ist genau 90 ° groß. In der Geometrie werden **rechte Winkel** immer besonders gekennzeichnet: ⊾
Wenn Linien senkrecht zueinander stehen, dann schließen sie einen rechten Winkel ein. Solche Linien können auch durch Falten oder durch Zeichnen mit dem Geodreieck entstehen.

Falten:

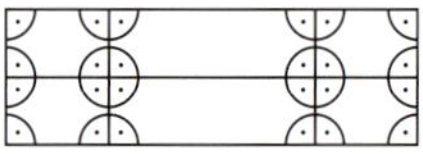

Zeichnen:

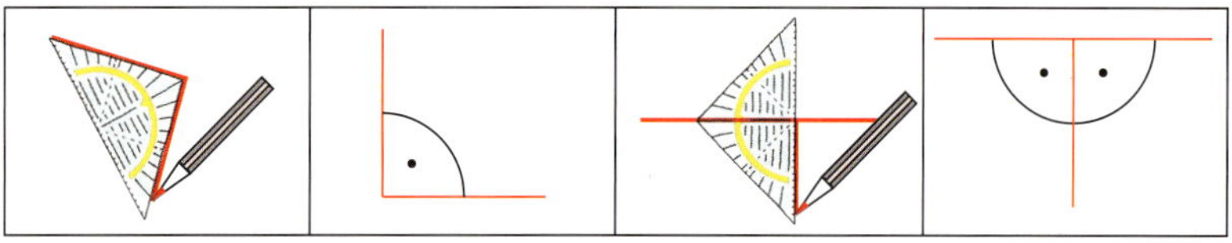

Auch **Rechtecke** und **Quadrate** lassen sich ganz einfach mit dem Geodreieck zeichnen.

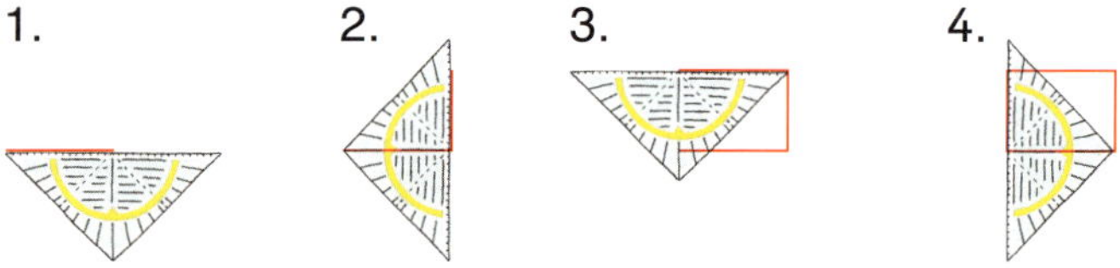

Zwei Linien stehen **senkrecht** zueinander ⊥, wenn sie an ihren Schnittpunkten rechte Winkel miteinander bilden. Zwei Linien sind **parallel** zueinander, wenn sie den gleichen Abstand voneinander haben || =.

Parallele Linien können durch Falten entstehen.

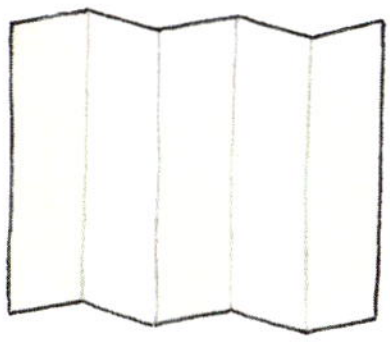

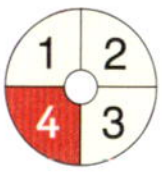

Parallele Linien können nur mit dem **Geodreieck** so gezeichnet werden:

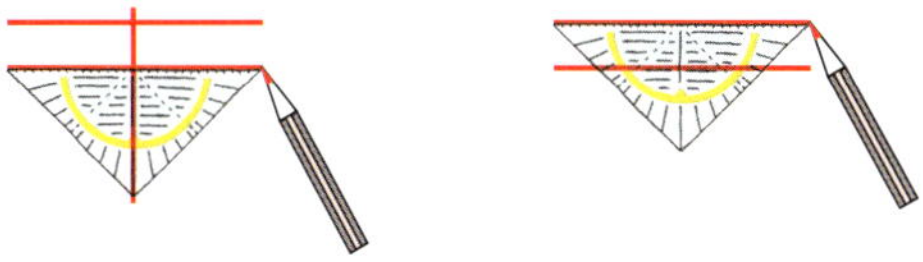

Oder sie werden mit **Lineal** und **Geodreieck** gezeichnet:

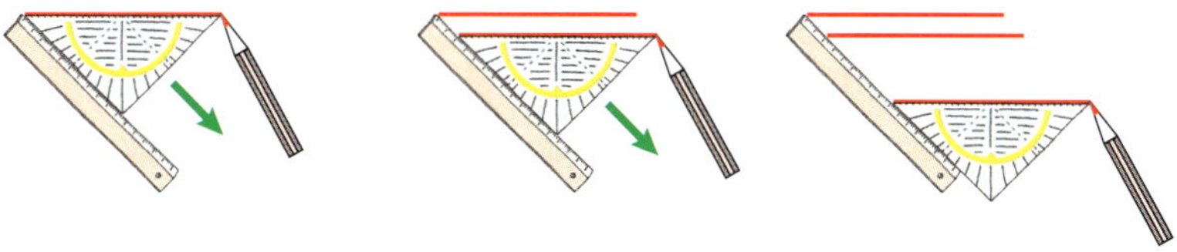

Mit **parallelen Linien** und **senkrecht zueinander stehenden Linien** können viele Muster gezeichnet werden (vgl. Ebene Figuren, Seite 157).

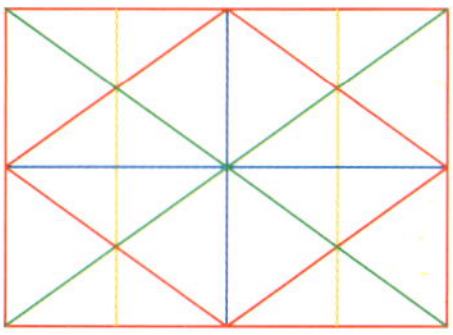

Das schönste Lesezeichen

Material: Geodreieck, Stifte, Papier, Schere, Klebstoff
Mit dem Geodreieck auf Papier eigene Muster zeichnen. Farbig gestalten, ausschneiden und auf einen Kartonstreifen kleben. Fertig ist das Lesezeichen!

Spiel-tipp

Kreise können gezeichnet werden, indem man runde Gegenstände wie Schablonen mit einem Stift umfährt.

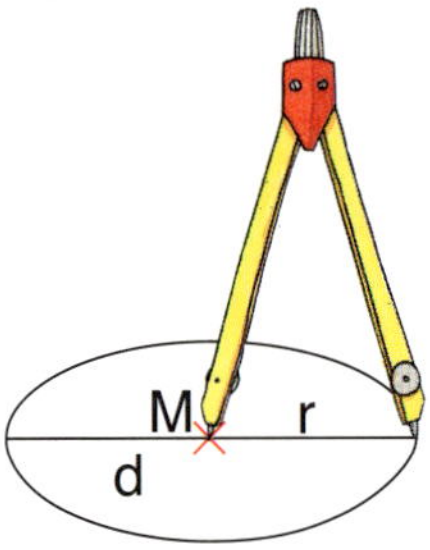

Mit dem **Zirkel** kann man viele verschiedene Kreise genau zeichnen (vgl. Ebene Figuren, Seite 154).

Der Einstichpunkt heißt **Mittelpunkt** (M). Die Strecke, um die der Zirkel geöffnet ist, heißt **Radius** (r). Der doppelte Radius heißt **Durchmesser** (d). Die Linie, die der Zirkel zeichnet und die die Kreisfläche begrenzt, heißt **Kreislinie.**

Auch mit dem Zirkel können Muster gezeichnet werden. Manchmal werden dazu auch nur Teile eines Kreises gebraucht. Das sind Kreisteile:

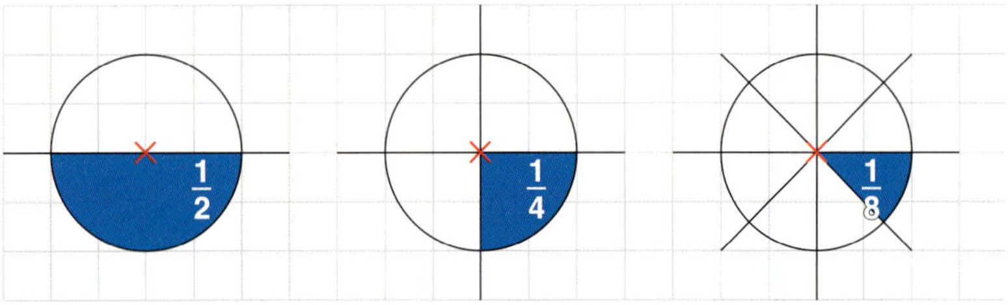

Halbkreis | Viertelkreis | Achtelkreis

Der Zirkel wird beim Zeichnen (Schlagen) eines Kreises an der Zirkelschraube gehalten.

Kreismuster

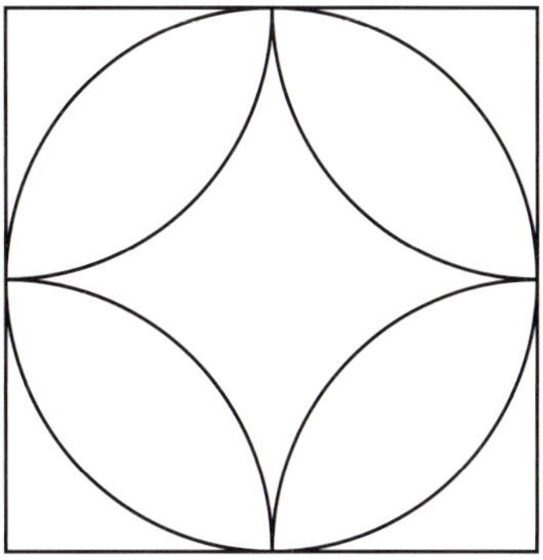

Diese Kreismuster werden **Rosetten** genannt, weil sie so aussehen wie Rosen.

Rosetten kopieren

Material: Papier, Zirkel
Spielverlauf: Ein Mitspieler entwirft eine Rosette, ohne dass die anderen sehen, wie sie entsteht.
Wer die Rosette am schnellsten mit dem Zirkel nachzeichnen kann, darf die nächste Rosette entwerfen.

Spiel-tipp

Ebene Figuren erkennen

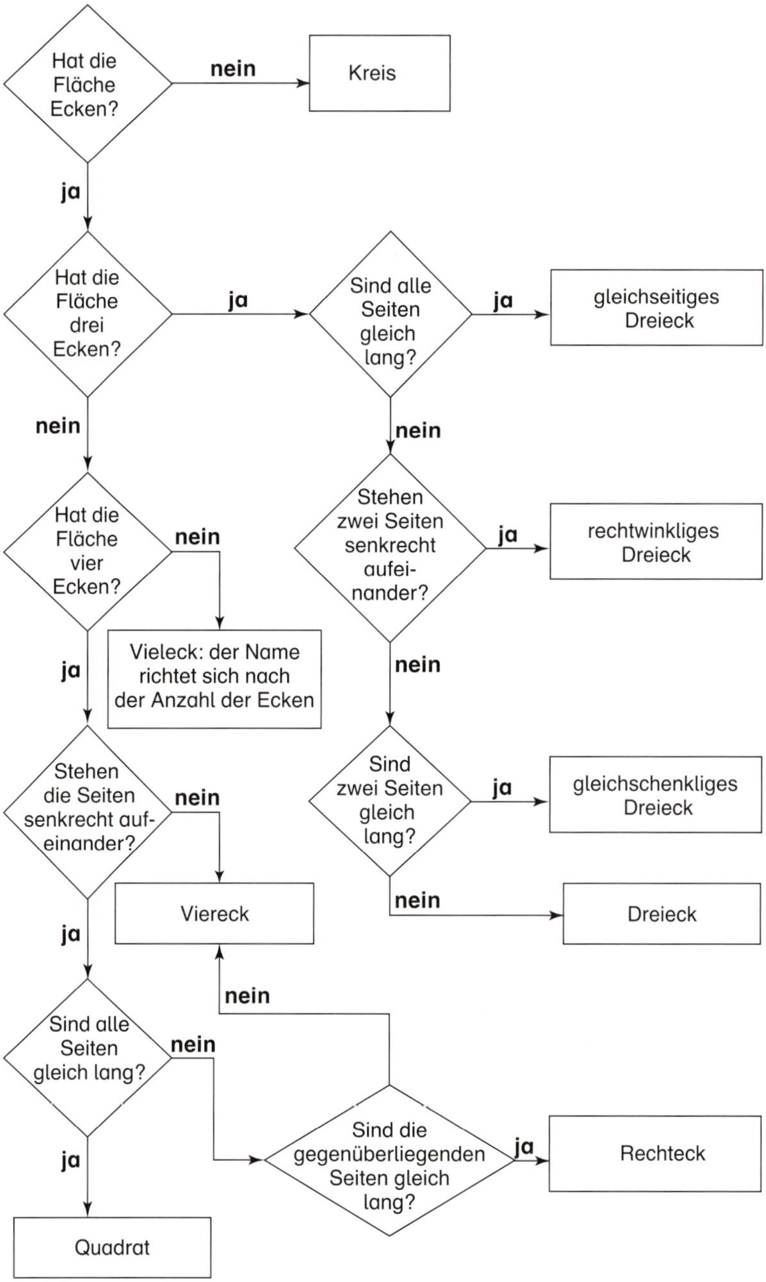

Geometrische Körper erkennen

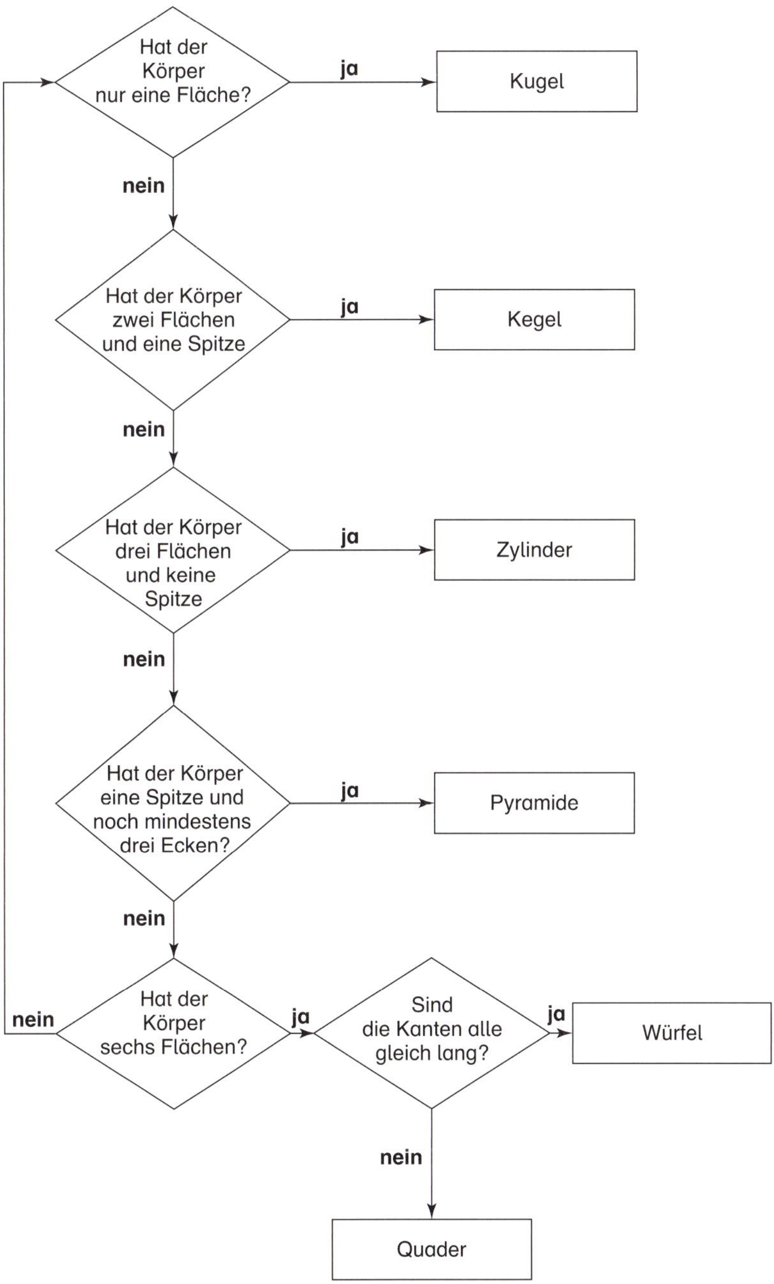

Hinweise für Eltern

Lernmotivation

Emotionen beeinflussen das Lernen.

Angst, Müdigkeit, Erschöpfung, Misserfolge oder Überforderung hemmen das Lernen. Deshalb ist es wichtig, dass Ihr Kind in einer angstfreien Umgebung lernen kann. Bei Fehlern und Misserfolgserlebnissen brauchen Kinder eine liebevolle und verständnisvolle Zuwendung, um zuversichtlich weiterzuarbeiten. Jeder Fehler ist auch eine Chance, etwas dazuzulernen.

Es ist wichtig, dass Ihr Kind entspannt arbeiten kann. Dazu braucht es neben Erfolgserlebnissen auch ausreichend Schlaf und Pausen.
Nicht nur Strafen, sondern auch ungeschickte spontane Äußerungen können das Selbstwertgefühl Ihres Kindes schwächen und zu Lernblockaden führen.

Konflikte in der Schule mit Lehrerinnen und Lehrern, Mitschülerinnen und Mitschülern können belasten und sich negativ auf die Lernhaltung auswirken. Ihr Kind braucht in dieser Situation Verständnis und Unterstützung sowie eine objektive und sachliche Beratung. Eine positive Grundhaltung gegenüber Schule, Lehrerinnen, Lehrern und Unterrichtsfächern ist eine gute Voraussetzung für erfolgreiches Lernen.

> **Ein positives Selbstbild fördert das Lernen.**

Lob, Ermutigung, Anerkennung und Wertschätzung fördern das Selbstbewusstsein aller Kinder. Deshalb ist es wichtig, dass auch Ihr Kind den Blick auf seine Stärken erfährt.
Jeder hat einen Bereich, in dem er mit Freude arbeitet und erfolgreich ist. Dieser Bereich kann auch außerschulisch sein, z. B. beim Sport. Durch Anerkennung erfährt Ihr Kind, dass es etwas kann, und überträgt diese Erfahrung auf andere Bereiche. So wird sein positives Selbstbild gefördert und es traut sich auch an weitere Lernaufgaben.

Mit Belohnungen in Form von konkreten Zuwendungen sollte dagegen eher vorsichtig umgegangen werden. Diese Art der Anerkennung ist nur eine kurzfristige Motivation, die nicht zu einer langfristigen positiven Selbsteinschätzung führt.

Das richtige Maß an Anforderungen ermöglicht Lernerfolge, die sowohl bei Über- als auch bei Unterforderung in geringerem Maße eintreten werden.

Bei der notwendigen Anerkennung der Stärken Ihres Kindes dürfen jedoch auch seine Schwächen nicht übersehen werden. Sie gehören ebenfalls zu einer realistischen Selbsteinschätzung. Erst wenn sie angenommen werden, können auch notwendige Fördermaßnahmen angebahnt werden.

Lernorganisation

Eine gute Lernumgebung und Zeitplanung unterstützen das Lernen.

Ein fester Arbeitsplatz, regelmäßige Arbeitszeiten und ein strukturierter Alltag sind gute Voraussetzungen, um konzentriert arbeiten zu können. Deshalb ist es wichtig, dass Sie gemeinsam mit Ihrem Kind die Lernumgebung gestalten. Dazu gehört ein fester Arbeitsplatz, an dem Ihr Kind in Ruhe, mit genügend Licht und Platz für seine Lernmaterialien ohne Ablenkung lernen kann.

Die Lernzeit sollte gemeinsam vereinbart und begrenzt werden, da es sicher noch weitere Aktivitäten gibt und Ihr Kind nicht überfordert werden soll. Ein Ausgleich zum Lernen, z. B. Bewegung und soziale Kontakte mit Freunden, ist wichtig.
Reicht die vereinbarte Lernzeit für Ihr Kind nicht aus, denken Sie über die Ursachen nach. Arbeitet Ihr Kind wirklich konzentriert, gibt es Ablenkungsquellen oder hat es sich zu viel vorgenommen? Kleinere Lerneinheiten mit Pausen sind effektiver.
Wenn Ihr Kind gerne mit anderen Kindern zusammen lernt, richten Sie auch gemeinsame Lernzeiten ein.
Planen Sie auch längerfristig, besonders zur Vorbereitung einer Klassenarbeit. Regelmäßige kleine Wiederholungseinheiten tragen dazu bei, dass der Lernstoff auch anhaltend gespeichert wird.

Wenn Sie mit Ihrem Kind klare – möglichst ritualisierte – Strukturen vereinbaren, entlasten Sie sich und müssen es nicht täglich von Neuem zum Lernen auffordern.

Hinweise für Eltern

Sinnvolle Strategien erleichtern das Lernen.

Da sich Wissen heute ständig verändert und ein lebenslanges Lernen vorausgesetzt wird, braucht Ihr Kind Grundkompetenzen und Strategien für das Lernen. Sie können Ihr Kind darin unterstützen, indem Sie sich gemeinsam mit dem „Lernenlernen“ beschäftigen. Anregungen finden Sie und Ihr Kind auf den Seiten 12 bis 21. So kann Ihr Kind zunehmend selbstständig arbeiten und auch selbstbewusst und angstfrei an seine Lernaufgaben gehen.

Nachschlagen und Recherchieren sind wichtige Grundqualifikationen. Das Duden Grundschul-Lexikon sollte an keinem Arbeitsplatz fehlen, damit Ihr Kind den selbstverständlichen Umgang mit Nachschlagewerken trainiert und sie als Hilfsmittel benutzen kann. Auch Lexika, Atlanten und das Internet sollten im Laufe der Grundschulzeit immer häufiger als Informationsquellen zur Verfügung stehen.

Lernprobleme

Lernerfolg und Lernlust durch die richtige Wahl der Schule.

Kinder lernen am liebsten das, was ihnen leicht fällt. Achten Sie deshalb darauf, dass Ihr Kind sich auch den Aufgaben zuwendet, die ihm Mühe bereiten. Damit es nicht zu größeren Lernproblemen kommt, erklären Sie Ihrem Kind, dass die Anstrengung sich lohnt.

Denken Sie daran, dass nicht jeder Fehler auf größere Schwierigkeiten hindeutet, sondern nur zeigt, woran Ihr Kind noch arbeiten sollte. Wenn Sie jedoch anhaltende Lernprobleme beobachten, ist es notwendig, nach den Ursachen zu suchen. Nehmen Sie rechtzeitig Kontakt mit der Lehrerin oder dem Lehrer auf und bitten Sie um Einschätzung und Unterstützung. Überlegen Sie gemeinsam gezielte schulische und häusliche Fördermöglichkeiten, da Frustrationen durch quälendes Üben auf Dauer sehr belastend für Ihr Kind sein können. Es kann daraus eine generelle Lernunlust entstehen.

Haben Kinder bei durchschnittlicher Intelligenz auffallend ausgeprägte Lernprobleme, könnte es sich auch um eine Lese-Rechtschreib-Schwäche oder um eine Rechenschwäche handeln.

Lese-Rechtschreib-Schwäche (Legasthenie): Stockendes Lesen, das Auslassen, Vertauschen oder Hinzufügen einzelner Buchstaben, Silben oder Wörter sind typische Probleme, die Kinder mit dieser Teilleistungsstörung beim Lesen und beim Schreiben haben. Auch beim Abschreiben können viele Fehler beobachtet werden.

Als Folge der Lese-Rechtschreib-Schwierigkeiten kann es auch in anderen Fächern zu Lernproblemen kommen, da die Wissensaufnahme nur eingeschränkt möglich ist.

Rechenschwäche (Dyskalkulie): Dies ist eine Teilleistungsstörung im Umgang mit Zahlen. Bei dem rechenschwachen Kind ist das zugrunde liegende Mengen- und Zahlenverständnis unzureichend entwickelt und es geht mit Größen um, die es nicht begreift.
Die Ursachen für eine Dyskalkulie können vielfältig sein. Rechenschwache Kinder haben jedoch häufig gravierende Wahrnehmungsstörungen.
Wenn Ihr Kind nur Probleme mit Textaufgaben hat, könnte das auch auf eine Lese-Rechtschreib-Schwäche hinweisen.

Bei beiden Lernstörungen ist es wichtig, speziell ausgebildete Lehrer oder Schulpsychologen um Rat zu fragen, die die Schwierigkeiten genauer diagnostizieren können. Eine frühzeitige gezielte Förderung an der Schule oder eine geeignete Therapie durch anerkannte Institute können langfristig zu Erfolgserlebnissen führen.
Ihr Verständnis und die geduldige Mithilfe von Ihrer Seite werden dabei für Ihr Kind eine wichtige Stütze sein.

ADS und Hyperaktivität: Lernprobleme können auch durch ADS (Aufmerksamkeitsdefizit-Syndrom) hervorgerufen werden. ADS-Kinder fallen vor allem durch Unruhe (Hyperaktivität) und Unkonzentriertheit auf. Sie sind leicht ablenkbar, haben wenig Ausdauer, zeigen häufig Gefühlsschwankungen und handeln impulsiv und planlos. Ihr Kind braucht auch hier neben einer professionellen Förderung familiäre Hilfestellung, Unterstützung und Ermutigung.

Der Übergang in eine weiterführende Schule

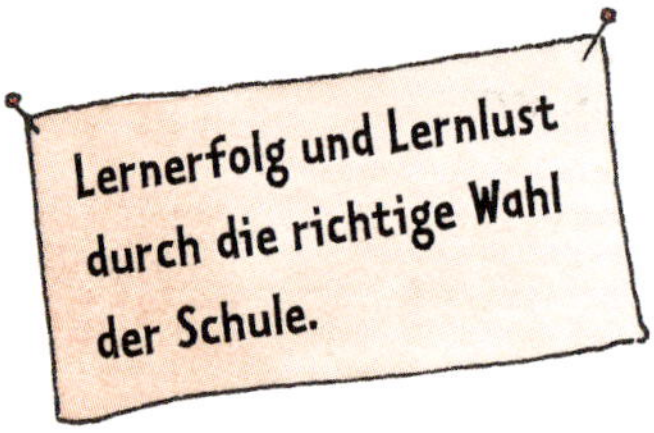

Kinder sind unterschiedlich begabt und motiviert. Daher ist es wichtig, dass am Ende der Grundschulzeit für jedes Kind die passende Schule gefunden wird.

Sowohl Über- als auch Unterforderung sind dabei zu vermeiden. Wenn Eltern zu hohe Erwartungen an ihr Kind haben, können die Folgen Angst und ein geringes Selbstwertgefühl sein. Ebenso können unterforderte Kinder die Lust am Lernen verlieren und zeigen dann weniger Bereitschaft, Leistungen zu erbringen. Die Konsequenz kann sein, dass ihre Mitarbeit am Unterricht leidet. Nicht selten werden diese Kinder zu Störern.

Eine möglichst objektive Sicht auf Ihr Kind sollte bei der Wahl der weiterführenden Schule die zentrale Rolle spielen. Ihre eigenen Wünsche und Vorstellungen sollten nicht ausschlaggebend sein.
Machen Sie sich die speziellen Begabungen Ihres Kindes bewusst. Liegen diese eher im musischen, im mathematisch-naturwissenschaftlichen, im sprachlichen oder im sportlichen Bereich? Suchen Sie aus dem Angebot der Schulen diejenige heraus, die diese Bereiche in ihrem Schulprofil speziell berücksichtigt.
Wichtige Entscheidungskriterien sind auch Arbeitsverhalten, Durchhaltevermögen und Anstrengungsbereitschaft. Eine falsche Schulwahl führt nicht nur bei Ihrem Kind zu Frustrationserlebnissen, sondern wirkt sich auch auf die ganze familiäre Situation aus.

Während der Grundschulzeit konnten Sie Ihr Kind beobachten. Um sich die Entscheidung für eine passende Schule zu erleichtern, können Sie anhand folgender Fragestellungen eine erste Einschätzung vornehmen.

Wie stabil waren die **Schulleistungen** meines Kindes?

- Gab es in den einzelnen Schulfächern unterschiedliche Leistungen?
- Zeigt mein Kind besondere Begabungen oder hat es besondere Schwächen?

Wie schätze ich das **Arbeitsverhalten** meines Kindes ein?

- Kann es auch über einen längeren Zeitraum selbstständig arbeiten?
- Ist mein Kind interessiert an neuen Lerninhalten?
- Zeigt es auch bei höheren Anforderungen Anstrengungsbereitschaft oder gibt es schnell auf?

Da die Lehrerinnen und Lehrer das Lern-, Arbeits- und Sozialverhalten Ihres Kindes im schulischen Alltag am besten kennen, sollte ihre Empfehlung Grundlage Ihrer Entscheidung sein.

Neben dem Schulprofil und den besonderen Angeboten der Schule spielen auch organisatorische Gesichtspunkte eine Rolle:
Ist die Schule für Ihr Kind gut erreichbar?
Soll es auch am Nachmittag betreut werden?
Ist die Ausstattung der Schule so, dass Ihr Kind dort optimal lernen, sich aufhalten und sich wohl fühlen kann?

Hinweise zum Fach Mathematik

Bereits vor der Schule erwerben Kinder vielfältige Erfahrungen im Bereich der Mathematik. Sie lernen sich im Raum, der sie umgibt, zu orientieren. Sie begegnen Zahlen und Sachsituationen, die sie intuitiv für sich klären, ohne dass sie diese Erfahrungen bewusst mit mathematischen Inhalten verknüpfen.

Im Laufe der vierjährigen Grundschule werden diese Vorkenntnisse erweitert, systematisiert und automatisiert. Auf dieses mathematische Grundwissen greifen Schüler während ihrer Schulzeit immer wieder zurück, um daraus neue mathematische Lerninhalte abzuleiten und um darauf aufzubauen.

Zu dem Grundwissen gehört ein solides Zahlenverständnis, das Beherrschen der vier Grundrechenarten, eine Vorstellung vom Messen und von Größen, das Lesen und Verstehen sachbezogener Darstellungsformen wie Texte, Tabellen und Schaubilder, eine Orientierung in Raum und Ebene sowie die Handhabung einfacher Zeichengeräte.

Obwohl zur Mathematik mehr gehört als nur sichere Kenntnisse und Fertigkeiten in diesen Bereichen, sind sie trotzdem eine wichtige Grundlage dafür, dass Kinder sich gerne mit mathematischen Problemen auseinander setzen, eigene Lösungsstrategien entwickeln und sich aktiv-entdeckend mit mathematischen Inhalten beschäftigen.

Einheiten des Geldes

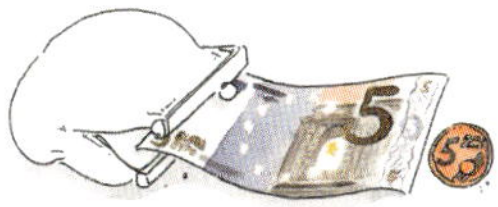

Euro	€	1 € = 100 ct
Cent	ct	

Einheiten der Länge

Kilometer	km	1 km = 1000 m			
Meter	m		1 m = 10 dm		
Dezimeter	dm			1 dm = 10 cm	
Zentimeter	cm				1 cm = 10 mm
Millimeter	mm				

Einheiten des Gewichtes (der Masse)

Tonne	t	1 t = 1000 kg	
Kilogramm	kg		1 kg = 1000 g
Gramm	g		

Einheiten der Hohlmaße (des Rauminhaltes)

Liter	l	1 l = 1000 ml
Milliliter	ml	

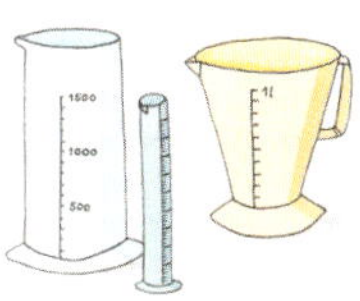

Einheiten der Zeit

Jahr	1 Jahr = 12 Monate	365 oder 366 Tage
Monat	1 Monat ≈ 4 Wochen	28, 29, 30 oder 31 Tage
Woche	1 Woche = 7 Tage	
Tag	1 Tag = 24 h	

Stunde	h	1 h = 60 min	
Minute	min		1 min = 60 s
Sekunde	s		

Fachbegriffe

Linien

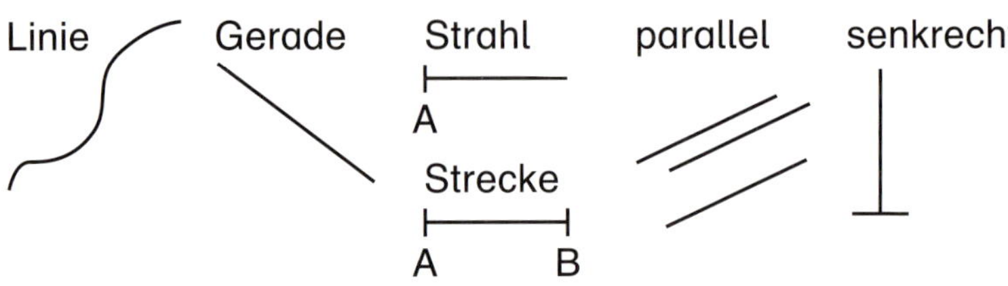

Flächen

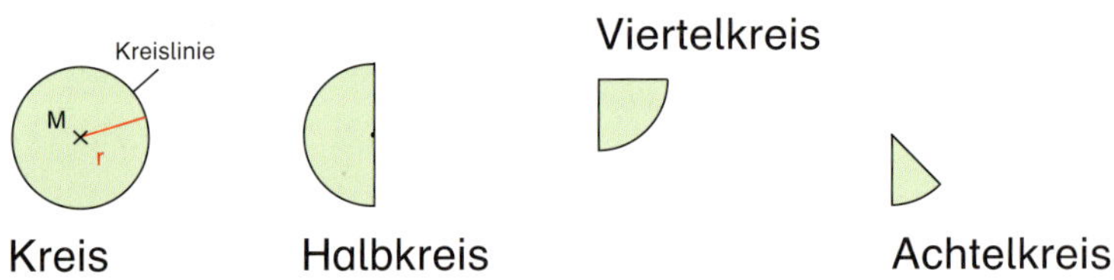

Vierecke

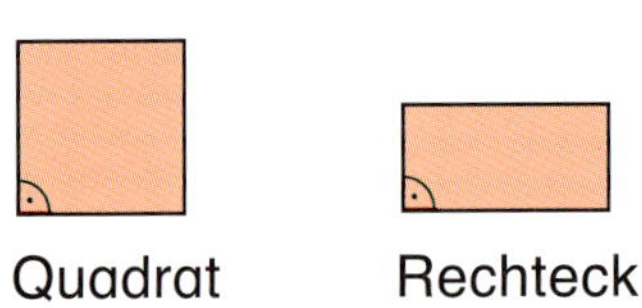

Vielecke

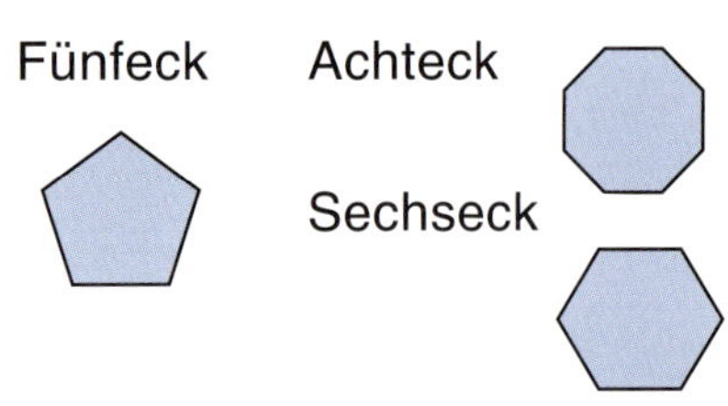

Dreiecke

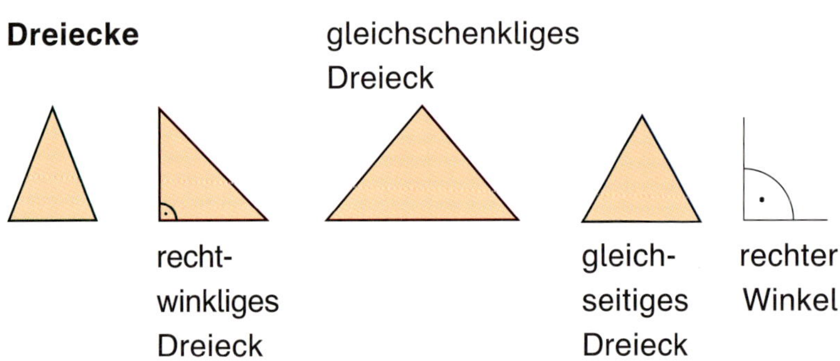

Körper

Würfel

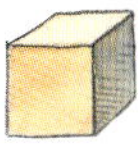

Würfelnetz

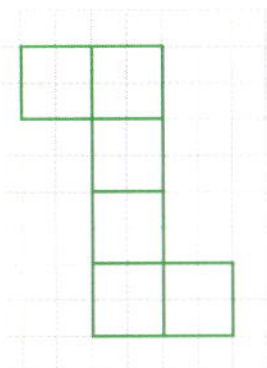

Zylinder

Zylindernetz

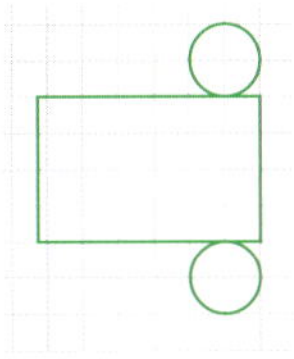

Quader

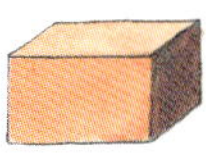

Quadernetz

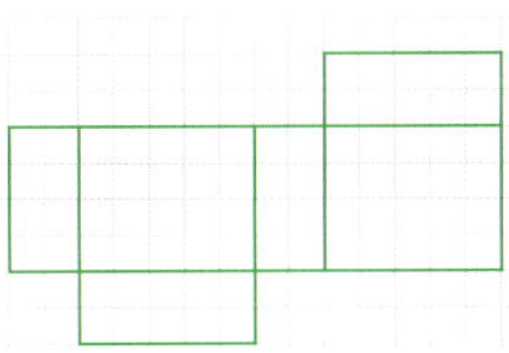

Kegel

Kegelnetz

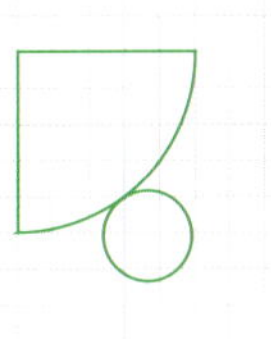

Pyramide

Pyramiden-
netz

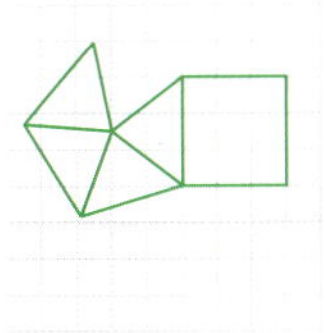

Kugel

Zeichen

Relationszeichen

< ist kleiner als > ist größer als = ist gleich

Rundungszeichen

≈ ist gerundet; ist ungefähr

Register

Q

R

S

Quellenverzeichnis

S. 13, 177: Coverabbildungen: Duden Grundschul-Lexikon, Bibliographisches Institut & F. A. Brockhaus, Mannheim.

S. 114–116: Münzen und Geldscheine: MEV Verlag, Augsburg.

Einfach klasse in ...

Die Lernhilfenreihe für Grundschüler mit dem dreiteiligen System: **Wissen • Üben • Können**

Deutsch und Mathematik 1. Klasse
ISBN 978-3-411-73261-6

Deutsch 2. Klasse
ISBN 978-3-411-72661-5

Deutsch 3. Klasse
ISBN 978-3-411-72671-4

Deutsch 4. Klasse
ISBN 978-3-411-72681-3

Mathematik 2. Klasse
ISBN 978-3-411-72691-2

Mathematik 3. Klasse
ISBN 978-3-411-72701-8

Mathematik 4. Klasse
ISBN 978-3-411-72711-7

Die ergänzenden Übungsblöcke

Schreiben 1. Klasse
ISBN 978-3-411-73661-4

Richtig schreiben 2. Klasse
ISBN 978-3-411-73451-1

Richtig schreiben 3. Klasse
ISBN 978-3-411-73041-4

Richtig schreiben 4. Klasse
ISBN 978-3-411-73061-2

Rechnen 1. Klasse
ISBN 978-3-411-73671-3

Grundrechenarten 2. Klasse
ISBN 978-3-411-73461-0

Grundrechenarten 3. Klasse
ISBN 978-3-411-73051-3

Grundrechenarten 4. Klasse
ISBN 978-3-411-73071-1

Textaufgaben 3. Klasse
ISBN 978-3-411-73921-9

Textaufgaben 4. Klasse
ISBN 978-3-411-73931-8

Ihre Meinung ist uns wichtig! Wie gefällt Ihnen dieses Buch?
Wir freuen uns auf Ihre Rückmeldung unter **www.duden.de/meinung**

Arbeiten mit der CD-ROM – so gehts ...

Auf der **Startseite** werden alle Inhalte der CD-ROM vorgestellt.

Hier können die **100 Arbeitsblätter** nach unterschiedlichen Suchkriterien aufgerufen werden.

Nach dem Klicken auf **„Lösungen“** werden alle Lösungsblätter angezeigt.

Tests zur Wissensüberprüfung am Ende der 2. und der 4. Klasse

Hier gibt es viele zusätzliche **Arbeitsmaterialien** zum Ausdrucken.

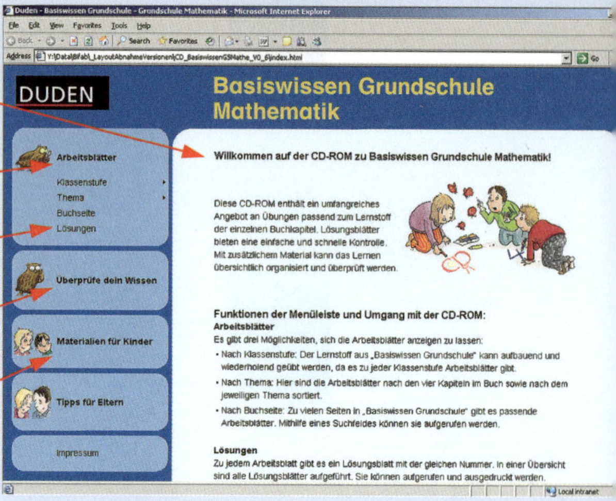

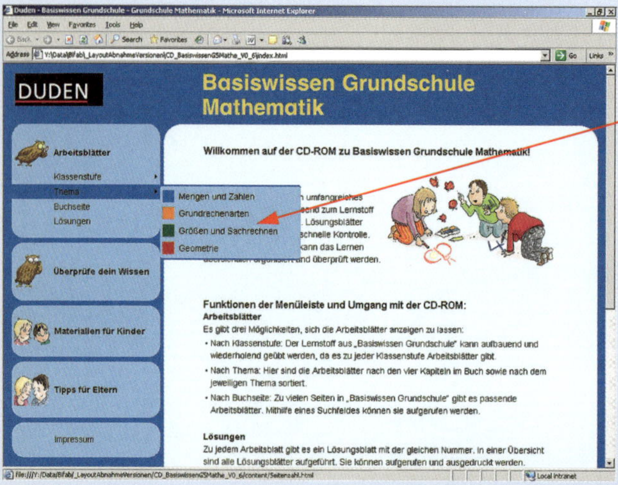

Nach dem Klicken auf **„Thema“** kann das Themengebiet ausgewählt werden, zu dem Arbeitsblätter gesucht werden.

Alternativ kann man nach Arbeitsblättern zu einer bestimmten **Klassenstufe** suchen oder sich die Arbeitsblätter anzeigen lassen, die zu einer speziellen **Buchseite** gehören.

Nach Anklicken eines Themenbereichs werden im Fenster alle **Arbeitsblätter zu diesem Thema** mit Angabe der Klassenstufe angezeigt.

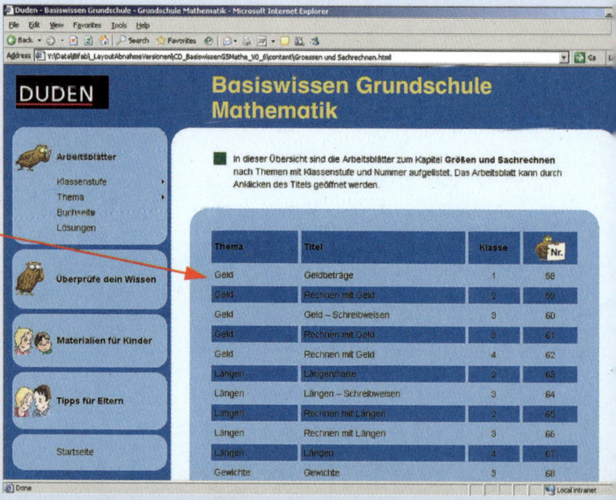